U0592861

川酒高质量发展

（2018）CHUANJIU GAOZHILIANG
FAZHAN 2018

陈一君　毛　亮　熊　山◎主　编
杨　平　付　宇　　　　◎副主编

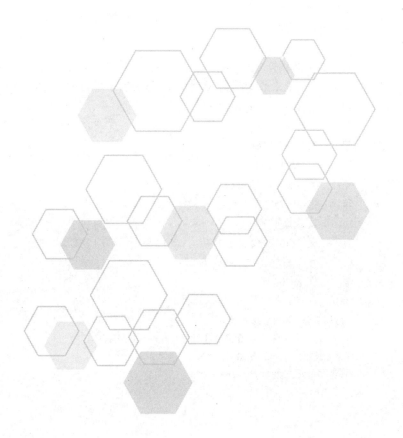

经济管理出版社
ECONOMY & MANAGEMENT PUBLISHING HOUSE

图书在版编目(CIP)数据

川酒高质量发展.2018 / 陈一君,毛亮,熊山主编 . —北京:经济管理出版社,2019.12
ISBN 978-7-5096-6627-2

Ⅰ.①川… Ⅱ.①陈… ②毛… ③熊… Ⅲ.①白酒工业—研究—四川
Ⅳ.①F426.82

中国版本图书馆 CIP 数据核字(2019)第 101468 号

组稿编辑:梁植睿
责任编辑:梁植睿
责任印制:黄章平
责任校对:张晓燕

出版发行:经济管理出版社
　　　　　(北京市海淀区北蜂窝 8 号中雅大厦 A 座 11 层　　100038)
网　　　址:www. E-mp. com. cn
电　　　话:(010)51915602
印　　　刷:北京玺诚印务有限公司
经　　　销:新华书店
开　　　本:720mm×1000mm/16
印　　　张:19.75
字　　　数:355 千字
版　　　次:2019 年 12 月第 1 版　　　2019 年 12 月第 1 次印刷
书　　　号:ISBN 978-7-5096-6627-2
定　　　价:88.00 元

《川酒发展研究论丛》编委会

目 录

川酒营销与发展战略

川酒企业及产业发展战略

专题研究

川酒营销与发展战略

川酒品牌塑造中的新媒体因子研究

陈 涵

(四川轻化工大学人文学院，四川自贡 643000)

摘要：随着新媒体在传播界的崛起，社交媒体、自有媒体等成为了公众认识品牌、购买产品的重要渠道；新媒体传播碎片化、狂欢化的特点改变了固有的品牌理念，创新了品牌传播方式，新媒体也成为了新时代四川白酒企业品牌塑造的重要因子。本文在研究四川白酒企业新媒体使用情况的基础上，重点分析了各企业在新媒体使用过程中存在的问题，进而探索四川白酒企业如何利用新媒体重塑品牌。

关键词：四川白酒；品牌；新媒体

四川是著名的白酒之乡，拥有"六朵金花"（五粮液、泸州老窖、郎酒、剑南春、全兴、沱牌），还有大量新兴品牌，如小角楼、江口醇、丰谷等。随着新媒体在传播界的崛起，社交媒体、自有媒体等成为了公众认识品牌、购买产品的重要渠道，新媒体给四川白酒企业提供了便捷、有效的销售、传播平台，成为了重塑川酒品牌不可或缺的因素。同时，新媒体也深刻影响着品牌的理念、品牌的传播方式等，新媒体语境下，如何重新审视、定义品牌，如何利用新媒体实现四川白酒的营销与传播，以及重塑川酒品牌是四川白酒企业亟待解决的问题。

1.1 新媒体在品牌塑造中的作用

奥美创始人大卫·奥格威认为："品牌是一种错综复杂的象征，它是品牌

作者简介：陈涵（1982— ），四川轻化工大学人文学院副教授。

属性、名称、包装、价格、历史、声誉、广告方式的无形总和，品牌同时也因消费者对其使用者的印象，以及自身的经验而有所界定。"（奥美公司，1998）公众和企业以往对品牌的理解和认知源于此；在狂热追求"概念化"品牌的时期，品牌对消费者来说更多的是一种"印象"，品牌的知名度是公众消费的决定性因素，企业基于市场需求实施差异化的品牌战略，从意识形态层面决定品牌的功能、思考品牌的文化内涵、确定品牌的象征意义，将品牌"符号化"，通过投放广告传播品牌，固化品牌形象；公众实际购买的常常是既定印象中的"理想品牌"。

然而，随着新媒体的出现，商品营销渠道日益多样化，消费者愈加个性化，消费趋于小众化，消费者越来越看重产品满足现实需求的功能。新媒体时代的消费心理发生了变化：消费时考量的因素日益多样化；除了概念、价值等企业传递的品牌意义外，个体的消费需求、产品的实际功效等在购买中的影响力越来越大。"面对'碎片化'的消费者，品牌接近于'神化'的作用正在逐渐减弱。越来越多的消费者购买产品时开始注重产品功效，而不是一味地追求心中的'理想品牌'。"（黄升民，2005）消费者不再盲目相信企业塑造的品牌概念，消费更多基于其他用户体验后的评价，"好评"在新媒体时代的品牌塑造中影响显著。"消费者在采取了消费行为之后，把自己的消费体验在社交媒介上分享，这种分享会帮助品牌形成口碑。"（黄升民，2005）毋庸置疑，新媒体带来了新的品牌内涵和新的消费行为，在品牌重塑中已然成为重要一环。新媒体语境下，品牌的界定需要将原有的符号意义、实际的产品功效与消费者的个体需求相结合。

除了赋予品牌内涵新的意义外，新媒体还在一定程度上改变了品牌的营销方式与传播方式。品牌营销方面，单一的实体店销售逐渐转变为实体店与网络同步销售。目前，网络销售平台数量急剧增加，除了淘宝、京东两大电商销售巨头外，唯品会、海淘网、易趣网等也成为了消费者购买产品的重要渠道。随着微信的兴盛，虚拟空间的交易数量急剧增加，微信平台一跃成为当下品牌销售的主要渠道之一。一些品牌甚至颠覆了传统的品牌塑造模式，比如三只松鼠、良品铺子等，先通过网络销售在互联网走红，成为网红商品，而后凭借互联网影响力开办连锁实体店。品牌传播则以广告传播和企业文化传播为主。新媒体时代，传统媒体的广告行业由于价格高、受众流失严重等原因日渐衰落，低成本、受众数量多的互联网平台成为了企业广告的新宠。表1.1为CTR媒介智讯提供的2017年中国广告市场分析报告，表中数据表明，传统媒体的广告，除电视媒体略有增加外，报纸、杂志等媒体的广告收入大幅度减少，而互联网广告收入增幅达12.4%。

表 1.1 2017 年各类广告增幅情况

媒体（刊例）	收入（%）	时长/面积（%）
电视广告	↑1.7	↓4.5
电台广告	↑6.9	↓3.0
报纸广告	↑32.5	—
杂志广告	↑18.9	—
交通类视频广告	↑1.0	—
电梯电视	↑20.4	—
传统户外广告	↑0.4	↓15.3
电梯海报广告	↑18.8	—
影院视频广告	↑25.5	—
互联网广告	↑12.4	—

资料来源：CTR 媒介智讯。

其中，以微信为代表的社交媒体和自有媒体更是成为了新媒体广告传播的重要渠道，这类媒体的广告制作成本低，根据消费者的个性自主生产内容，并且可以根据受众反馈随时改进、更新。此外，新媒体还为企业文化传播提供了新兴平台，特别是微信公众平台，给企业提供了一个方便快捷的传播渠道，用以介绍产品、传播企业文化、嵌入品牌宗旨，许多企业都意识到了新媒体给品牌传播带来的契机，纷纷创建微信公众号，指派专人生产内容、经营管理。"在媒介融合时代，如何利用社交媒介和自有媒介，优化品牌传播方案，从单纯的内容提供者转变成内容制造者和传播者，是品牌传播的核心任务之一。"（黄清华，2016）

总之，新媒体给品牌带来了内涵的变化、拓展了品牌的广告渠道、创新了广告内容，同时为企业文化传播提供了新的方式，成了新时代品牌塑造的重要因子。

1.2　新媒体环境下四川白酒品牌发展的机遇与挑战

以五粮液、泸州老窖为代表的四川白酒驰名中外，一直以来，其所创造的经济效益在四川一直名列前茅，并带动了相关产业的发展，白酒行业已成为四川经济的一个重要组成部分。新媒体时代，四川白酒品牌进入了机遇与挑战并存的新时期。

首先，四川白酒品牌目前处于优良的发展环境中。2012年底的白酒塑化剂事件导致中国白酒行业严重受挫，2013年春节全国白酒销量减半。国家食品药品监督管理总局于2013年11月颁布了《关于进一步加强白酒质量安全监督管理工作的通知》（以下简称《通知》），《通知》明确了要严格落实白酒生产企业责任主体，从源头保障白酒质量安全；强调了原辅材料采购、生产过程监管、产成品出厂检测、白酒标签监管的全过程监管；并着重强调了对塑化剂污染物的控制措施，严禁使用非食品原料生产白酒，严禁超范围使用食品添加剂。同年，茅台和五粮液因实施价格垄断行为被国家发改委合计罚款4.49亿元人民币。其中，茅台被罚2.47亿元，五粮液则将收到2.02亿元的罚单。上述罚款金额占两家酒企2012年销售额的1%。这些都在一定程度上造成了中国白酒行业的销量急剧下降。四川白酒企业在那段时间也陷入困境，持续低迷。2016年初，中国白酒行业开始回暖，逐渐走出颓势。2017年以来，整个高端酒市场就呈现出量价齐升态势，二、三线白酒也借势快速提价。2018年春节，呈现出名酒"涨声"一片却不愁卖的态势。白酒市场销量增加，一线品牌行情高涨，这对四川白酒品牌发展是一大利好现象。其中，社交媒体和电商平台功不可没，社交媒体生产的个性化广告、电商平台提供的便捷化购买渠道为当下白酒品牌发展提供了良好的机遇，成为了白酒品牌发展的助推力。易知数据向新京报记者独家提供的统计数据显示，从2018年1月9日至2月8日的一个月内，在京东、天猫和淘宝等综合电商平台上，春节前最热销的酒类仍是白酒，其销量占比接近全电商平台各类酒总销量的五成。此外，微信公众平台为四川白酒企业宣传产品、传播企业文化提供了便利的渠道，借助微信公众平台，企业能够及时传播最新信息、讲好品牌故事、传播品牌文化，这对于白酒品牌塑造无疑是又一利好。总之，中国白酒行业呈强劲的发展态势，给四川白酒品牌的发展提供了良好的市场环境、文化环境。四川白酒品牌迎来了发展的春天。

然而，新媒体语境下受众的"概念化"品牌意识逐渐淡薄。首先，由于新媒体强调传受双方的互动，买方与卖方的信息逐渐对等，公众的购买行为常常基于顾客对产品的评价，甚至可以在试用满意的基础上决定消费，使得公众对产品功效的关注远远大于产品业已形成的口碑，功效首先指产品的质量，同时在消费者自我意识崛起、消费需求小众化的当下，功效还包括产品是否符合个体的个性化需求，这对于早已习惯于享受"口碑"带来经济效益的四川白酒而言是一大挑战，如果四川白酒企业无视时代变革，继续坐享既有的"品牌"价值，不提高产品质量，不调查市场需求，不推出符合时代需求的个性化新产品，曾经形成的品牌影响力将在新时代消耗殆尽。其次，新媒体提供了便捷的营销渠道，大大降低了产品进入市场的门槛和成本，一大批新兴的白酒品牌通过新媒体平台涌入市场，占据市场份额，参与市场竞争，向传统白酒发起挑战；同时，新媒体营造了多种传播语境，电商平台的大众传播、微信公众平台的大范围传播和朋友圈的私密传播在新媒体语境下交融，这里特别要提到朋友圈的"关系"营销，"微信朋友圈是以微信为平台，在熟人虚拟社交圈进行产品推广和销售，通常规模较小。他们利用发表的营销图文或小视频推广到朋友圈中，吸引微信好友点赞转发，有购买倾向的好友可以直接与卖家实时对话，通过微信转账完成购买"（刘景芝，2017）。朋友圈利用"信任"传播，正如徐志斌所说，朋友圈特有的"朋友"或者"熟人"关系能够增强买卖双方的信任关系，在社交红利的背后，是人与人之间的"信任背书"在发挥着巨大的作用。就白酒营销而言，朋友圈推广的白酒品牌一般为新兴的小众品牌，通过"熟人互动"的传播方式，凭借良好的售后服务，推动了一批小众的白酒品牌走红，在一定程度上对传统白酒品牌造成冲击。最后，"三公"消费政策出台后，白酒销量受到影响，再加上葡萄酒、啤酒等的冲击，白酒的销售份额在逐步缩减。在各种因素叠加作用下，四川白酒品牌的影响力已大不如前。以电商平台销售为例，根据易知数据统计，2018年春节期间，综合电商平台白酒销量最高的前三个品牌分别为茅台、五粮液、洋河，占比分别为24.64%、9.08%、6.17%。牛栏山（5.87%）、泸州老窖（5.68%）、西凤酒（3.69%）、汾酒（3.24%）、江小白（2.41%）、红星（2.29%）和古井贡酒（2.27%）紧随其后，占据白酒品牌综合电商线上销量前四至前十名。四川白酒品牌中，仅五粮液和泸州老窖位居前十。四川白酒品牌的发展面临巨大挑战，亟待应势而变。

1.3　四川白酒企业的新媒体使用情况

新媒体的崛起改变了大众传播环境，利用新媒体进行产品营销，传播企业文化已然成为各企业的共识。四川白酒企业也意识到了新媒体的影响力，积极利用新媒体，扩大品牌影响力。总体而言，四川白酒企业主要通过两种方式实现产品的新媒体传播：一是利用新媒体平台进行产品营销；二是创建微信公众号传播企业文化。

1.3.1　四川白酒新媒体平台的营销情况

目前，网购已经取代实体店购物成为公众最主要的购物渠道，四川白酒企业积极利用电商平台销售，都在淘宝、京东等电商平台开设官方旗舰店，比如五粮液官方旗舰店、泸州老窖官方旗舰店，电商平台有利于四川白酒，特别是知名度不高的白酒品牌扩大传播范围，纳入更多省外的消费者，有利于提高品牌塑造中的影响力因子；电商平台配合实体店销售，在一定程度上提高了四川白酒的销量。除了电商平台，微信平台也成为了一种新兴的销售渠道，相比电商平台的公开化，微信朋友圈的销售显得较为私密，这种靠"信任"促购买的销售模式是把"双刃剑"，一方面，熟人销售模式在售后服务方面具有天然优势，在一定程度上可以提高白酒销量；另一方面，信息流广告使得朋友圈经常性信息过载，公众越来越反感这种刷屏式的销售方式，越来越多的公众对于微信朋友圈的销售信息选择屏蔽或不看。鉴于朋友圈营销失范事件层出不穷，公众在朋友圈购买产品时愈加谨慎。当前，四川白酒品牌主要利用朋友圈推广价格相对便宜的新产品，利用朋友圈的"熟人"特质和简单的轰炸式信息传播方式迈出宣传的第一步；但朋友圈的营销信息制作粗糙，传播方式粗暴，所以价格高的产品或企业的拳头产品一般不通过这种方式销售。

广告是品牌核心价值的一种表现形式，也是一种营销手段。"传统的广告运作模式，是依托传统的媒介，以广告策划和广告创意为核心的传播。"（刘景芝，2017）新媒体时代，广告传播领域正在远离传统媒介传播模式，走向社会化传播模式。当下，四川白酒虽然加大了社交平台广告的投放力度，但传统媒体，特别是电视媒体仍然是白酒类广告的首选平台。图1.1是2017年电视广告花费的行业增幅，可以看出，酒精类饮品广告增幅最大，说明电视媒体仍然是酒类广告的重要传播平台。

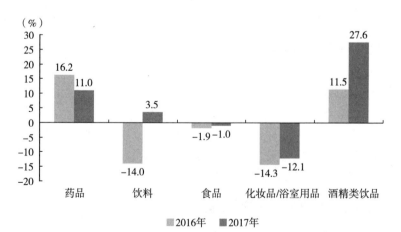

图1.1　2017年电视广告刊例花费TOP5行业增幅

资料来源：CTR媒介智讯。

　　新的传播技术的产生发展，在促进媒介融合、改变传播形态的同时，也改变了传统的营销方式。"新媒体时代的营销运作模式转变以消费者洞察为起点，以内容创意为核心，撰写、制造消费者感兴趣的、受欢迎的或需要的内容，然后根据传播需要，在全媒体平台上应用，最终达到销售促进的目标。"（张梅贞、陈媛媛，2014）而四川白酒在新媒体平台投放的广告，鲜有根据消费者的新兴需求和新媒体介质传播特点生成内容和形式，基本是将传统媒体平台的广告平移到新媒体平台，内容缺少针对性和创意。以五粮液广告为例，至今最知名的广告还是集团专门为电视媒体制作的《香醇人间五千年》。新媒体平台，无论平面广告还是视频广告，四川白酒都少有佳作。

1.3.2　新媒体平台企业文化传播情况

　　随着手机媒体的崛起，微信深受公众青睐，微信平台成为了重要的信息传受渠道。腾讯旗下的企鹅智酷在《2017微信用户＆生态研究报告》中指出，截止到2016年12月，微信全球共计8.89亿月活用户，而新兴的公众号平台拥有1000万个。各企业也意识到了微信带来的商业契机，纷纷创建微信公众号、发布信息、提供服务、扩大影响、塑造品牌形象，力求在新媒体时代把握话语权。目前，微信公众平台成为企业传播企业文化的最主要渠道。四川各白酒企业都拥有集团的官方微信公众号，并指派专人专门负责公众号的运营，在各集团的重视下，公众号运营取得了一定的成就，但也存在不同程度的问题。

1.3.2.1　内容丰富、形式多样、重视文化传播

　　四川白酒企业的微信公众号一般由三大板块构成：最新动态、企业文化和便民服务。以五粮液微信公众号为例，公众号由三个部分构成：五粮动态、五粮揭秘和快捷服务，每个板块卜设四个子板块，细分内容，满足不同受众的需求。四川白酒企业微信公众号推送的内容总体比较全面："动态新闻+文化信息+服务信息"三位一体，覆盖企业动态新闻、活动信息、品牌内涵阐释、企业文化介绍、产品防伪查询等；功能多样：传播信息、报道新闻、提供服务；同时注重公众号的内容经营，适时更新企业动态，报道企业最新成果。

　　给受众良好的视觉体验是新媒体竭力追求的，它包括搭配和谐的文字与图片、能够带来视觉冲击力或视觉享受的版式、唯美的图片、制作精良的视频等，以求给受众带来感观愉悦。四川白酒企业在微信公众号的运营中充分利用了图片、视频等形象元素，注意排版的统一与变化，追求版式的和谐美，以适应微信受众追求视觉"美"的心理需求；同时，善于利用新兴媒介技术

传播企业文化，比如五粮液微信公众号，通过 VR 技术为公众提供了动态、立体、具有一定视觉震撼力的酒城全貌。

新媒体时代，受众个性鲜明，崇尚平等、自由的传播语境。产品推介类的文章因其夸张的叫卖式风格极易引发公众反感，这类推文试图向受众强行植入产品理念，以激发公众的购买欲望，却常常事与愿违，导致反效果传播。四川白酒企业在经营微信公众号时显然意识到了新时代受众对广告式推文的不屑与厌恶，摒弃以营销为目的的传播理念，将微信公众号的传播目的确定为塑造品牌形象，推文以报道企业新闻、传播企业文化为主，产品推介类的推文极少。同时，重视企业文化传播，同样以五粮液微信公众号为例，作为介绍企业文化的板块，五粮揭秘由企业文化、传承酿艺、十里酒城、最新活动四个部分构成，从不同角度向公众传播企业理念，诠释企业精神，介绍企业历史，让公众认识、了解产品背后附着的企业文化。

1.3.2.2　四川白酒企业微信公众号的现实困境

1.3.2.2.1　缺乏明确的受众定位，缺少固定的受众群

四川白酒企业的微信公众号对扩大企业的影响力起到了一定的助力作用，但尚未达到重塑品牌形象的传播目的。与许多企业一样，白酒企业创建微信公众号主要基于一时起意，基于随大流的从众心态，缺少对媒介市场的前期调研，导致公众号缺乏明确的受众定位；同时，在后期运营中，也缺少针对目标受众媒介使用习惯、审美情趣等数据的统计、调查、分析，因此，无法达到内容的精准投放，传播与目标受众的喜闻乐见脱节。目前，大多数公众关注公众号不是出于兴趣、爱好等可持续性强的因素，而是基于暂时性的目的：或是因为查询产品临时添加，或是因为活动投票被迫关注。这类人群的关注时间很短，达到目的后就会取消关注。事实上，大多数企业的微信公众号都缺少死忠的"粉丝群"，公众号的受众流动性强，持续关注时间短，可能会因为某种原因（比如活动投票）在短时间内聚集大量人群，也经常性地瞬间流失大量受众，如五粮液公众号，有的信息阅读量仅有几十，有的信息则高达几万，不稳定的受众群导致传播缺少可持续的影响力，企业想要借此提高市场认可度只能沦为空谈。

1.3.2.2.2　传播内容与传播介质尚未有机融合

四川白酒企业的微信公众号运用了文字、图片、VR 等元素，传播形式丰富多样，符合新媒体的传播特点，但仍然存在"内容"与"介质"两张皮的问题。传播内容与传播介质脱节，微信公众号的传播内容不为手机用户喜闻乐见，无法实现有效传播，是企业公众号面临的又一困境。微信以手机媒体为传播介质，"手机媒体的基本特征是数字化，具有网络媒体交互性强、传播

快、多媒体等特性；其最大的优势是携带使用方便"（匡文波，2006）。文字、图片、音频、视频、电子邮件、实时语音、实时影像等功能均可以在手机上实现；适合手机媒介的传播内容应该具备生动活泼、通俗易懂、富有新意等特点。许多企业微信公众号的内容是传统媒体的新闻报道或企业宣传部门的宣传文章平移而来的，鲜有根据手机介质传播特点生产的专属微信平台的内容。因此，如何生产适合微信平台传播的内容，让内容与传播介质有机融合是各企业在经营公众号时亟待解决的问题。

1.3.2.2.3　线下活动与线上内容未能有效配合

公关传播，是以传播企业文化为立足点的一个营销手段，"传统的公关传播模式，依赖报纸、杂志、电视等传统的大众媒介，以新闻价值为核心策划传播内容，谋求相关媒体对新闻稿的刊登或对新闻事件的正面报道"（张梅贞、陈媛媛，2014）。新媒体时代，传统媒体的"广告式"新闻已被线下活动取代，线下活动成为了新时代公关传播的主要手段，企业通过组织大型活动，吸引公众参与，以达到传播品牌的目。在企业的微信公众号运营中，线下活动是不可或缺的部分，开展线下活动有助于吸引更多的受众关注公众号，扩大公众号的影响力。线下活动与线上内容需要良性互动，互为支撑。然而，各企业在微信公众号运营中却经常性存在线下活动与线上内容配合不够紧密，甚至互不相干的问题。四川各白酒企业显然意识到了线下活动的重要性，在微信公众号运营中会不定期组织线下活动，并及时通过公众号提前公布活动的相关事宜，但线上对于活动的前期造势以及后期报道或用力不足，或缺少创意；线下活动在推介公众号方面也未能找到有效策略，导致线下活动与线上内容各自为阵，缺少配合。

1.4　如何利用新媒体重塑川酒品牌

1.4.1　重塑新时代的品牌理念

新媒体具有"狂欢"特性，"巴赫金所认为的'狂欢式'生活是全民参与，平等自由，充满娱乐性、迎新性，而且极具颠覆精神的"（王泽慧，2017）。消解权威是狂欢的主要特征，因此，在新媒体环境下，四川白酒企业在传统媒体语境下形成的"品牌权威"已然坍塌，"消费者深陷在各类媒介、各类信息中，所谓的'权威'声音很快被湮没在信息的海洋中"（付沛沛，2017）。在这样的形势下，四川白酒企业不能再固守传统的品牌理念，要应势而变，重新确定新时代的品牌理念。

新媒体环境下，传播碎片化带来的是消费者自我意识的崛起，四川白酒企业必须意识到，消费者对于"概念""价值"的意识越来越淡薄，产品功效，特别是产品是否满足个体需求，才是消费者最看重的，也是新时代品牌的精髓。新时代的产品功效包括两个方面的内容：一是产品质量；二是产品的个性。其中，后者对消费的影响越来越大。一方面，确保产品质量是任何品牌在任何环境下必须遵循的原则，也是品牌塑造的基础，新媒体环境下，这一基本的品牌塑造理念没有改变；另一方面，传统媒体语境下大众传播覆盖率广，企业可以"实现一种产品满足所有需求"，然而，新媒体碎片化传播特征改变了这一理念，小众化、个性化在消费中的作用明显提升。"权威"的号召力越来越弱，所谓的"权威意见"已经不能指导公众消费了，决定公众购买的决定性因素是"我"的意见。在这样的形势下，四川白酒企业必须抛弃"打造满足大多数消费者需求的特定产品、追求大众传播覆盖面广"的理念，重新树立"满足消费者个性化需求"的品牌理念，重视前期的市场调研，细分目标客户，不断推陈出新，满足目标客户的不同需求。总之，新媒体时代，传播碎片化带来了品牌碎片化，四川白酒企业要将"以提高产品质量为基础，满足受众个性化小费需求为核心"作为新时代的品牌塑造理念。

1.4.2 广告、线下活动、微信公众平台"三位一体"，实现四川白酒的新媒体营销与传播

1.4.2.1 重视广告的内容创意

随着消费者个体意识的增强，广告的内容创意显得尤为重要。品牌小众化理念下，四川白酒企业需要针对不同消费者，根据不同产品的特点制作富有创意的广告。创意基于对消费者的洞察，首先要对市场进行深入、细致的调查，"要从心理学角度探究消费者对于产品、品牌的态度、心理和行为，从而进一步深入分析消费者经验、习惯和价值观"。新媒体环境下，消费者是广告的主体，广告是否被看、被分享，是否达到有效传播，关键在于广告内容的价值含量。因此，如何激发消费者观看、讨论、分享广告是广告制作的核心。所谓内容创意，关键在于寻找能够触动消费者的因素，四川各白酒企业要在消费者市场调查的基础上，创作对目标消费者有用、让目标消费者感兴趣的内容，鉴于消费趋向小众化、个性化，广告的内容创意要改变以覆盖面广为目标的抽象、模糊创意，针对特定消费群体创作个性、具体、精确的内容；通过一个个富有创意的广告，为集团的产品打造良好口碑，形成品牌的整体影响力。

1.4.2.2 精心策划线下活动，合理规划线上内容

线下活动是新媒体时代企业公关传播的重要方式。四川白酒企业要将线下活动与线上内容视为整体。根据线上受众的情况、需求策划线下活动并制定活动方案，策划方案要包括线上如何配合宣传、如何对活动进行报道、活动现场如何推介公众号等内容；线上则需要配合线下完成活动策划，提供用户信息，分析用户需求，制订活动宣传、报道计划，同时合理规划线上内容，注意活动信息的适量、活动报道的适度，避免过度报道引发公众反感。线上、线下紧密配合，共同实现平台营销。五粮液集团"2018年新春艺术节"是线下活动的一个成功案例。本次艺术活动中，五粮液首次联袂五位国际当代艺术家，以沉浸式裸眼3D Mapping技术、720°全景体验和室外装置艺术影装秀的方式为中国人献上了一场盛大的视听觉艺术秀，呈现了一种全新的现代营销跨界合作。同时，五粮液微信公众号持续关注、报道此次活动，线上、线下达到了有效配合，进一步增强了五粮液的品牌影响。

1.4.2.3 加强微信公众号的经营

首先，四川各白酒企业要努力改变企业微信公众号缺少固定受众群、传播影响力难以持续的现状，企业必须首先在市场调研方面下功夫。由于缺少前期的市场调查，后台的数据分析尤为重要，基于用户分析的基础锁定目标受众，明确受众定位，进而分析目标受众的兴趣、爱好，以生产符合目标受众的信息需求、审美习惯的内容。各企业"应进一步加深与腾讯公司间的合作，挖掘用户分析、消息分析及图文分析等深层次数据，对用户市场进行细分，使媒体服务更具有针对性"（付沛沛，2017）。几乎每个企业的微信公众号都设置了专门板块与受众互动，然而，这些板块常常形式大于内容，或无人经营，或态度敷衍，受众的提问、意见经常性无人回复，令受众寒心。因此，想要避免受众流失，必须加强与受众的互动交流、认真策划"意见反馈"部分的内容，指派专人负责该板块的经营，做到有问必答，态度认真，同时根据受众建议及时改进，使传播与目标受众需求趋于一致。

其次，各企业在使用微信公众号之前必须对传播介质有所了解，基于此生产合适的内容。手机媒体由于自有的传播特性，对传播内容有着特殊的要求。因此，在内容生产方面，微信公众号需要满足两点：①表现形式形象与抽象融合，动态与静态结合。具体而言，微信公众平台的传播需要静态元素（文字、图片）和动态元素（微视频、VR等）。②注意内容的硬度和语言的风格。微信公众平台应以软文为主，语言力求轻松活泼，同时适度加入新兴词汇。对于偏硬的题材，比如企业文化、会议新闻等，要善于通过故事、特

写等软化内容，避免内容抽象、枯燥。总而言之，微信公众平台的推文要求内容偏软，文字短小精悍，语言轻松活泼，图片要具有视觉美感或视觉冲击力，微视频要突出核心，富有感染力和说服力。

1.5 结语

品牌是企业综合素质的体现，是企业的核心竞争力。中国业已进入新媒体主导的文化传播语境，新媒体碎片化、狂欢化的特点改变了固有的品牌理念，更新了品牌传播方式，新媒体成为新时代四川白酒企业品牌塑造的重要因子，对川酒品牌发展产生了深远影响。四川白酒企业要调整品牌理念，将"满足消费者的个性化需求"作为品牌塑造核心理念，在这一理念的指导下，积极利用微信公众平台传播品牌文化，精心策划线下活动，为品牌造势，扩大品牌影响力，同时不断创新，推出一系列富有创意的平面广告和视频广告，实现新时代川酒品牌的重塑。

[参考文献]

[1] 奥美公司.奥美的观点[M].庄淑芬等译.呼和浩特：内蒙古人民出版社，1998.

[2] 黄升民.碎片化：品牌传播与大众传播新趋势[J].现代传播，2005 (6).

[3] 黄清华.媒介融合时代的品牌传播策略研究[J].现代传播，2016 (3).

[4] 刘景芝.诉求方式、社交距离及好友评论对微信朋友圈关系营销的影响[D].苏州：苏州大学硕士学位论文，2017.

[5] 张梅贞，陈媛媛.新媒体营销整合运作模式研究[J].编辑学刊，2014 (5).

[6] 匡文波.手机媒体的传播学思考[J].国际新闻界，2006 (7).

[7] 王泽慧.巴赫金狂欢理论视角下的网络诙谐文化研究[D].郑州：郑州大学硕士学位论文，2017.

[8] 付沛沛.微信公众平台：纸媒的发展契机——以钱江晚报微信公众平台为例[J].青年记者，2017 (29).

基于白酒消费者消费行为调查的白酒企业发展策略研究

王甄楠　田海艳　徐　萍　全　华　谢　莉　叶运莉

（西南医科大学公共卫生学院，四川泸州　646000）

摘要：无论是在人际交往方面还是国家财政收入方面，白酒都起到了至关重要的作用。酒已经成为了我国餐桌文化不可或缺的重要元素，是人们沟通交流的重要桥梁。在经历了"黄金十年"的快速增长期后，由于国家各项政策的出台和多起负面事件的影响，白酒市场受到了不小的冲击，进入了低速增长期，形势不容乐观。所以，为促进白酒业整体的健康发展，本文将以4P营销组合方法为依据，了解消费者的白酒消费情况，进而确定白酒市场目标人群的实际需求，并据此向白酒企业提出一些发展建议。

关键词：白酒；消费情况；买酒情况；饮酒情况；营销策略

2.1　研究背景

西汉以来，白酒就已经走进了人们的生活。[①]经过2000余年的进步与发展，白酒作为一种载体，早已超脱客观物质存在的属性[②]，见证了我国文明的变迁，是一种文化的象征。如今，无论是在人际交往方面，还是国家财政收入方面，白酒都已经成为了重要组成部分。酒已经成为了我国餐桌文化不可

第一作者简介：王甄楠（1994—　），女，汉族，重庆人，西南医科大学公共卫生学院在读研究生，研究方向：流行病与卫生统计学。

△通讯作者：叶运莉（1972—　），女，汉族，四川资中人，西南医科大学公共卫生学院教授，研究方向：慢性病流行病学；E-mail：wushuangyewu@163.com。

① 来安贵，赵德义，曹建全，周利祥，王海平．海昏侯墓出土蒸馏器与中国白酒的起源[J]．酿酒，2018，45（1）：11-15.

② 杨利．酒文化及酒的精神文化价值探微[J]．邵阳学院学报，2005（2）：82-83.

或缺的重要元素，酒文化已经融入人们生活的各个方面，成为人们沟通交流的重要桥梁。国家统计局数据显示，2012年以来，在国家财政总收入中，税收收入的贡献率一直维持在80%以上。而研究表明，在税收方面，白酒是仅次于烟草行业的贡献大户。① 可见，酒类对于国家的经济影响是巨大的。2003年到2012年是中国白酒业的"黄金十年"，在这期间，获得了许多骄人的成绩，是整个白酒行业的快速增长阶段：2013年的白酒产量是2004年的近4倍，销售额是2004年的8倍多，利润是2004年的13倍多。② 但是，由于2012年11月以来的"八项规定"、严控"三公"消费、"限酒令"、"酒驾入刑"和"塑化剂事件"等，白酒市场受到了不小的冲击，进入了低速增长期。③ 国家统计局④数据显示，五年来，居民的全年人均食品烟酒消费支出（从2013年的4127元增加到了2017年的5374元）虽然是呈逐年增长的趋势，但其增长率（从2013年的8.9%降至2017年的4.3%）和所占的人均消费总支出的比重（从2013年的31.2%降至2017年的29.3%）却在逐年降低。可见，目前的形势对白酒业的发展是非常不利的。因此，明确白酒消费者的实际需求，并以此来指导制定白酒市场整体的营销策略是促进白酒业可持续发展所必须也是最关键的一步。虽然目前关于白酒市场发展策略的研究已经比较多了，但大多仅局限在策略的理论探讨阶段，并无明确的数据支撑；或仅是针对某个白酒企业提出措施，且样本量较少，并未从整个白酒行业的角度分析问题。因此，本文将在调查问卷的基础上，以4P营销组合⑤（Product，Price，Place and Promotion）为理论基础，对买酒者和饮酒者两类人群进行分析，了解居民的白酒消费情况，明确消费者的实际需求，希望能为企业制定全面、有效的营销策略提供依据，进而提高企业产品开发和品牌建立的成功率，促进白酒企业的健康发展。

2.2 研究对象与方法

本文以川渝地区18~70岁的居民为研究对象，采用线上和线下两种方式，利用自行设计的问卷对其进行问卷调查。问卷主要内容包括：社会人口学特征、买酒者及喝酒者的白酒消费情况等。利用Epidata 3.02软件建立数据库，

---

① 王天. 白酒成为仅次于烟草的贡献大户[J]. 中国食品工业，2000（8）：8-10.
② 张晓梅. 下一个"黄金十年"还有吗？[N]. 中国企业报，2016-02-23（006）.
③ 王蕾. 结构性调整对酒企发展影响研究[J]. 经贸实践，2017（17）：132.
④ http：//data.stats.gov.cn/easyquery.htm？cn=C01.
⑤ E. J. Macarthy. Basic Marketing[M]. 1960.

SPSS 22.0 进行数据统计分析。共收集问卷 1260 份，其中有效问卷 1149 份（有效率为 91.2%）。值得注意的是，由于本文只研究白酒消费者的买酒和饮酒情况，只是本次课题的一部分，所以并未对总人群直接进行分析。最后确定在参与调查的 1149 人中，有白酒消费者 725 人（63.1%），包括近一年内买过白酒的 496 人（43.2%）、喝过白酒的 615 人（53.5%），其中，既买过也喝过白酒的有 386 人（33.6%）。

2.3　研究过程

2.3.1　买酒者的一般情况和买酒目的

2.3.1.1　买酒者的一般情况

496 位买酒者中，年龄为"41～50 岁"的最多（34.9%）；男性（65.3%）多于女性（34.7%）；文化程度在"大专/本科"及以上者超过一半（55.6%）；婚姻状况方面，"已婚"（73.2）比"未婚"（23.4%）的多；家庭人均月收入方面，"3000～4999 元"的最多（33.1%），其次为"1000～2999 元"（26.4%），"<1000 元"（9.3%）的与"≥10000 元"（11.3%）的较少；职业为"工农业工作者"的最多（31.9%），其次是"专业技术人员"（26.8%），"学生"最少（9.7%）；级别为"领导干部"的较少（6.7%）；常住地为"城市"的最多（51.8%），其次为"农村"（30.8%）（见表 2.1）。

表 2.1　买酒者的一般情况

变量	分组	人数（共496人）	构成比（%）
年龄（岁）	18～30	145	29.2
	31～40	121	24.4
	41～50	173	34.9
	51～70	57	11.5
性别	男	324	65.3
	女	172	34.7

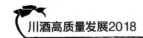
续表

变量	分组	人数（共496人）	构成比（%）
文化程度	小学及以下	66	13.3
	初中	100	20.2
	中专/高中	54	10.9
	大专/本科	247	49.8
	硕士及以上	29	5.8
婚姻状况	未婚	116	23.4
	已婚	363	73.2
	离异/丧偶/再婚	17	3.4
家庭人均月收入（元）	<1000	46	9.3
	1000～2999	131	26.4
	3000～4999	164	33.1
	5000～9999	99	20.0
	≥10000	56	11.3
职业	专业技术人员	133	26.8
	商业服务人员	70	14.1
	工农业工作者	158	31.9
	其他	87	17.5
	学生	48	9.7
级别	领导干部	33	6.7
	一般在职人员	225	45.4
	其他	238	48.0
常住地	农村	153	30.8
	乡镇	86	17.3
	城市	257	51.8

2.3.1.2 买酒目的

近一年买过白酒的496人中，在买酒目的上，选择"招待客人"的比例最高（69.8%），其次为"自己喝"（48.0%）和"送礼"（44.2%）（见表2.2）。

表 2.2 白酒购买者对买酒目的的回答情况

		人数（共 496 人）	相对比（%）
买酒目的（多选）	自己喝	238	48.0
	给亲人买	180	36.3
	招待客人	346	69.8
	送礼	219	44.2
	其他	18	3.6

2.3.1.3 对各营销方式的态度和行为（产品、价格、地点）

496 位买酒者中，在品牌方面，选择"无所谓"的构成比最高（35.7%），选择"泸州老窖"（21.2%）、"五粮液"（10.7%）和"茅台"（4.4%）的比例依次降低。对于商品的包装，选择"注重"和"非常注重"（共 47.6%）的比"不注重"和"完全不注重"（共 22.6%）的多。在价格方面，选择"50 元以下"的比例最高（36.3%），选择"500 元及以上"的最低（9.5%），可以看出，随着价格的增加，购买比例降低。在买酒地点方面，选择"酒类专卖店"的相对比最高（57.5%），其次为"连锁超市"（48.0%），选择"网购"（6.7%）、"别人推销"（3.4%）和"电话订购"（2.2%）的较少（见表 2.3）。

表 2.3 白酒购买者对各营销方式的态度及行为

分组			人数（共 496 人）	构成比/相对比（%）
产品	品牌	无所谓	177	35.7
		泸州老窖	105	21.2
		五粮液	53	10.7
		茅台	22	4.4
		其他	137	27.6
	商品包装	非常注重	39	7.9
		注重	197	39.7
		无所谓	148	29.8
		不注重	102	20.6
		完全不注重	10	2.0

分组			人数（共496人）	构成比/相对比（%）
价格	常买白酒的价格（元）	50 以下	180	36.3
		50~149	146	29.4
		150~499	122	24.6
		500 及以上	47	9.5
地点	买酒地点（多选）	酒类专卖店	285	57.5
		连锁超市	238	48.0
		零售店	168	33.9
		网购	33	6.7
		别人推销	17	3.4
		电话订购	11	2.2

2.3.1.4 对促销手段的态度及购买情况

对于各种促销手段的态度，消费者回答"一般"的最多，基本在40%~50%；在"免费品尝""买一送一""打折""送赠品"方面，认为好（选择"很好"或"比较好"）的比例均多于不好的（选择"不好"或"很不好"）；而在"广告"和"购物抽奖"方面，认为不好的比例相对较高。其中，在"打折"方面，消费者认为好（36.9%）与不好（21.3%）的比例差距最大。对于各促销手段的购买情况，有过购买经历的比例都不高，其中通过"打折"购买的比例相对最高（42.7%），其次是"买一送一"（35.7%）、"送赠品"（27.8%）、"免费品尝"（26.6%）、"广告"（24.4%），通过"购物抽奖"的最少（20.6%）（见表2.4）。

表 2.4　白酒购买者对各种促销手段的态度及行为的回答情况

促销手段	态度					是否购买	
	很好	比较好	一般	不好	很不好	是	否
免费品尝	81（16.3）	82（16.5）	218（44.0）	85（17.1）	29（5.8）	132（26.6）	364（73.4）
广告	31（6.3）	85（17.1）	233（47.0）	114（23.0）	32（6.5）	121（24.4）	374（75.4）
买一送一	61（12.3）	96（19.4）	198（39.9）	110（22.2）	31（6.3）	177（35.7）	319（64.3）
打折	69（13.9）	114（23.0）	207（41.7）	86（17.3）	20（4.0）	212（42.7）	284（57.3）
送赠品	59（11.9）	83（16.7）	230（46.4）	97（19.6）	27（5.4）	138（27.8）	358（72.2）
购物抽奖	56（11.3）	60（12.1）	230（46.4）	115（23.2）	35（7.1）	102（20.6）	393（79.2）

注：括号内为百分比。

2.3.2 饮酒者的一般情况和饮酒情况

2.3.2.1 饮酒者的一般情况

615 位喝酒者中，年龄为"18~30 岁"的最多（39.0%），"51~70 岁"的最少（9.1%）；男性（72.5%）多于女性（27.5%）；文化程度在"大专/本科"及以上的较多（64.7%）；婚姻状况方面，"已婚"（61.0%）比"未婚"（35.9%）的多；家庭人均月收入在"3000~4999 元"的最多（34.0%），"<1000"（9.4%）和"≥10000"（10.6%）的较少；职业为"专业技术人员"（28.6%）和"工农业工作者"（26.2%）相对较多，"商业服务人员"（12.7%）、"学生"（16.3%）和"其他"（16.3%）较少；级别为"领导干部"的较少（6.5%）；常住地为"城市"的最多（55.6%），其次为"农村"（27.6%）（见表2.5）。

表 2.5 饮酒者的一般情况

变量	分组	人数（共615人）	构成比（%）
年龄（岁）	18~30	240	39.0
	31~40	134	21.8
	41~50	185	30.1
	51~70	56	9.1
性别	男	446	72.5
	女	169	27.5
文化程度	小学及以下	57	9.3
	初中	97	15.8
	中专/高中	63	10.2
	大专/本科	347	56.4
	硕士及以上	51	8.3
婚姻状况	未婚	221	35.9
	已婚	375	61.0
	离异/丧偶/再婚	19	3.1
家庭人均月收入（元）	<1000	58	9.4
	1000~2999	164	26.7

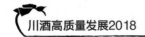

续表

变量	分组	人数（共615人）	构成比（%）
家庭人均月收入（元）	3000~4999	209	34.0
	5000~9999	119	19.3
	≥10000	65	10.6
职业	专业技术人员	176	28.6
	商业服务人员	78	12.7
	工农业工作者	161	26.2
	其他	100	16.3
	学生	100	16.3
级别	领导干部	40	6.5
	一般在职人员	287	46.7
	其他	288	46.8
常住地	农村	170	27.6
	乡镇	103	16.7
	城市	342	55.6

2.3.2.2 饮酒频率和原因

近一年内喝过白酒的615人中，在喝酒频率上，"偶尔喝"的比例占绝大部分（82.3%），其次为"经常喝"（13.7%）和"天天喝"（4.1%）。在喝酒原因上，选择"亲朋聚会"的相对比最高（76.3%），其次为"工作应酬"（50.7%）和"婚寿宴请"（42.6%）（见表2.6）。

表 2.6 饮酒者饮酒频率和原因的回答情况

分组		人数（共615人）	构成比/相对比（%）
喝酒频率	偶尔喝	506	82.3
	经常喝	84	13.7
	天天喝	25	4.1
喝酒原因（多选）	亲朋聚会	469	76.3
	婚寿宴请	262	42.6
	工作应酬	312	50.7

分组		人数（共615人）	构成比/相对比（%）
喝酒原因（多选）	保养身体	74	12.0
	调节身体	107	17.4
	释放压力	130	21.1
	习惯喝酒	67	10.9
	有点酒瘾	52	8.5

2.3.2.3 对各营销方式的态度和行为（产品、价格）

在白酒香型方面，选择"无所谓"的比例最多（33.5%），而选择"浓香型"（31.2%）、"酱香型"（11.4%）和"兼香型"（3.4%）的比例依次降低。在品牌方面，选择"无所谓"的构成比最高（42.6%），选择"泸州老窖"（15.8%）、"五粮液"（12.2%）和"茅台"（6.7%）的依次降低。在所喝酒的类型方面，选择"低度白酒"的相对比（42.9%）比"高度白酒"（32.4%）要高。在价格方面，总体来说，出现随着价格的增加，选择的比例降低的趋势，选择"50元/斤以下"的比例最高（32.8%），选择"500元/斤及以上"的最低（9.6%）（见表2.7）。

表 2.7 饮酒者对各营销方式的态度及行为

分组			人数（共615人）	构成比/相对比（%）
产品	香型	都不喜欢	98	15.9
		无所谓	206	33.5
		浓香型	192	31.2
		酱香型	70	11.4
		兼香型	21	3.4
		其他	24	3.9
	品牌	都不喜欢	74	12.0
		无所谓	262	42.6
		泸州老窖	97	15.8
		五粮液	75	12.2
		茅台	41	6.7
		其他	63	10.2

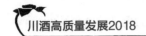

续表

分组			人数（共615人）	构成比/相对比（%）
产品	饮酒类型（多选）	高度白酒	199	32.4
		低度白酒	264	42.9
		葡萄酒	199	32.4
		啤酒	270	43.9
		家酿酒	96	15.6
		药酒	43	7.0
价格	常喝白酒的价格（元/斤）	50以下	202	32.8
		50~149	181	29.4
		150~499	166	27.0
		500及以上	59	9.6

2.4 讨论与建议

2.4.1 白酒消费情况分析

结果显示，在参与调查的 1149 人中，白酒饮用率为 53.5%，高于天津[1][2][3]等地。可能与不同研究的对象和抽样方法不同有关，也可能与川渝地区白酒企业多、历史悠久、居民的饮酒率本来就比较高有关。从而提示川渝地区白酒市场发展空间较大，企业应该把握这个契机，在低迷的市场中寻找出路、取得进步。在喝酒频率上，"偶尔喝"的占绝大多数（82.3%）。对于买酒目的，选择"招待客人"的相对比最高（69.8%），其次为"自己喝"（48.0%）和"送礼"（44.2%）。在喝酒原因上，"亲朋聚会"的相对比最高（76.3%），其次为"工作应酬"（50.7%）和"婚寿宴请"（42.6%）。综合

① 徐忠良，王德征，宋桂德等.天津市18岁及以上常住居民饮酒现状分析[J].中国慢性病预防与控制，2016（7）：514-516.

② 徐继英，仲伟鉴，姚海宏等.2010年上海市15岁及以上居民饮酒行为研究[J].中国健康教育，2014（5）：432-437.

③ 郭生琼，刘涛，孙良先等.贵州省成人居民饮酒现状调查[J].现代预防医学，2016（4）：658-662，673.

买酒目的和喝酒原因，可以看出：与其他快消品①②不同，大部分的白酒消费都有其特定的时间、特定的地点，即主要还是在一些比较正式的场合，以达到助兴、交际等目的，这可能与我国的"餐桌文化"息息相关。所以，白酒生产商应该综合考虑白酒消费在时间和场合方面的特点，生产出在品质、知名度及自身特色等方面都有一定优势的白酒，以满足人们的消费需求。

2.4.2　4P 营销理论层面上的白酒消费情况分析

2.4.2.1　产品

在所喝酒的类型方面，选择"低度白酒"的相对比（42.9%）高于"高度白酒"（32.4%）。这与中国酒业协会副理事长兼秘书长宋书玉先生③在"2017 中国低度白酒发展高峰论坛"上的演讲中提到的"目前我国 42 度以下的白酒产量接近整个总产量的 50%"的情况相吻合。当今社会，由于我国的餐桌文化，社交性饮酒已经成为主流，"能喝酒、喝得多"已经成为合作是否谈成的重要影响因素。在这种情况下，在生意场上，喝酒已经变得越来越频繁，喝酒的量也越来越多，由于低度酒有"不易醉、醒得快、对身体伤害相对没那么大"等方面的优势，因此选择低度酒的比例比高度酒更高。调查发现，选择"啤酒"（43.9%）的相对比高于"低度白酒"和"高度白酒"，就连选择"葡萄酒"（32.4%）的相对比也已经与"高度白酒"持平，这给本来就已经"内忧"的白酒市场增加了"外患"。当然，消费者选择"啤酒"和"葡萄酒"很有可能还是因为这两类酒有"不易喝醉、相对更健康"的优势。所以，低度白酒与高度白酒相比，不仅在其本身的性质上更能满足消费者"健康饮酒"和"理性饮酒"的需求，而且在与啤酒和葡萄酒等其他类型的酒竞争时也相对更有优势。今后白酒市场应该把握"一带一路""构建人类命运共同体"的契机，以"低度白酒"为纽带，在巩固国内阵地与啤酒、葡萄酒等其他类型的酒竞争时，更要把眼界放宽放远，积极开拓国外市场，寻找更大的发展空间，将我国白酒高度的文化自信、品质自信传送出去，让全世界了解中国白酒，喜欢中国白酒。

在白酒香型方面，除了选择"无所谓"的最多（33.5%）外，其次就是选择"浓香型"的（31.2%），这提示浓香型白酒仍然占据最主要的地位。这

---

① 刘新华，向俊龙，范莉莉．快消品产品属性对消费者购后行为影响的实证研究[J]．软科学，2013，27（3）：140-144．

② 杨孟涵．白酒推广将重回快消品轨道[N]．华夏酒报，2013-10-29（C52）．

③ http://cjzx.suse.edu.cn/view-498.aspx．

可能是因为与其他香型的白酒相比，浓香型白酒本身的香味有一种复合、醇厚感。并且，在众多白酒消费者看来，浓香型白酒承载了其地域文化，具有历史的厚重感。所以，在酒文化方面，浓香型白酒可能更符合饮酒者的心境与情怀，更能产生情感的共鸣。这就是所谓的浓香型白酒的科学性、健康性与艺术性。[①]

在酒的品牌方面，无论是买酒者还是饮酒者，选择"无所谓"的构成比都是最高的，为40%左右，说明有相当大部分的人群并不注重品牌，不是某一品牌的忠实消费者，这一部分人群可能将会是各大白酒企业的主要争取对象。除此之外，两类人群选择"泸州老窖"（21.2%&15.8%）、"五粮液"（10.7%&12.2%）和"茅台"（4.4%&6.7%）的比例都是依次降低，但买酒者更倾向于购买"泸州老窖"这样的中高端白酒，而饮酒者中选择"茅台"和"五粮液"的比例高于买酒者。可以看出，在注重白酒品牌的消费人群中，买酒者更看重性价比，而饮酒者在能选择的情况下，更注重品质。

对于商品的包装，选择"不注重"（20.6%）和"完全不注重"（2.0%）的较少，这说明约有80%的消费者还是更倾向于选择包装符合自己审美的白酒。此外，Marchini 和 Diotallevi 的研究也提到，好的产品包装对产品的销售有促进作用。[②] 但是，随着科学的进步与多种文化的冲击，人们对于包装容器的材质和外部印刷都有比较高的要求，即包装要同时满足健康、美学、时代潮流等多方面的要求。几千年来，将陶瓷用于白酒的包装一直是我国的传统，但陶瓷釉层的 Pb、Cd 等重金属可以在一定条件下溶出迁移至白酒溶液中[③]，不仅影响了白酒酒质[④][⑤]，更会对人体健康造成伤害[⑥][⑦]。包装印刷图案上，以前大多主要是表现该款白酒的文化内涵，且采用大红、大黄等正统色彩为主

① 信春晖，赵纪文，张锋国，夏晓波，董丹华. 浓香白酒酿造的科学性、健康性、艺术性[J]. 酿酒，2018，45（2）：30-34.

② Marchini A.，Diotallevi F.. The Value Perceptions of Wine Packaging：An Empirical Conjoint Analysis [R]. University of Perugia and University，Perugia Working Paper，2011.

③ Lehman R. L.. Lead Glazes for Ceramic Foodware [R]. NC USA：The International Lead Management Center，2002.

④ 刘沛龙，唐万裕，练顺才，陈洪坤，陈琳，钟莉. 白酒中金属元素的测定及其与酒质的关系（下）[J]. 酿酒科技，1998（1）：12-20.

⑤ 李丽，周健，杜文鹏. 浆水中金属离子对白酒品质影响的研究[J]. 中国酿造，2010（2）：74-77.

⑥ Papanikolaou N. C.，Hatzidaki E. G.，Belivanis S.，et al.. Lead Toxicity Update，A brief review [J]. Medical Science Monitor，2005，11（10）：329-336.

⑦ Godt J.，Scheidig F.，Grosse-Siestrup C.，et al.. The Toxicity of Cadmium and Resulting Hazards for Human Health [J]. Journal of Occupational Medicine and Toxicology，2006，22（1）：1-6.

流，但现在的年轻人可能在传统文化的体会上稍逊一筹，所以，他们可能会更偏爱包装简单、有创意的产品，即所谓的"非主流"①。提示白酒企业可以根据不同消费者的喜好对产品进行合理的包装。

2.4.2.2　价格

在价格方面，总体来说，无论是从买酒者还是饮酒者方面来看，都有随着价格的增加，消费比例降低的趋势，选择"50元以下"的比例最高，约为35%；选择"500元及以上"的最低，低于10%。这提示高端白酒其实并不占优势。考虑到目前我国大多数居民的经济水平都偏低的情况，建议白酒企业还是要重点考虑消费者的消费能力，以生产出符合大众需求的平民化产品为主。

2.4.2.3　地点

在买酒地点方面，选择"酒类专卖店"的相对比最高（57.5%），其次分别为"连锁超市"（48.0%）、"零售店"（33.9%）、"网购"（6.7%）、"别人推销"（3.4%）和"电话订购"（2.2%）依次减少，这与范玉立在哈尔滨的调查结果一致。② 原因可能有：在酒类专卖店和连锁超市里，白酒品种较齐全，可以满足大多数消费者的购买需求；在这两种地方，消费者可以直接进行选购，能够更直观地感受各种白酒的差异，进而选择出最符合自己需求的白酒产品；另外，连锁超市本身也有其自己的品牌价值，消费者更倾向于认为这里所售卖的白酒质量相对更有保障，进而对其有更大的信任感。通过网购获得白酒的相对比较低，这与目前线上购物的总体情况是不一致的，这可能是由于目前市场上的假白酒较多，且不容易分辨，导致消费者对网络的信任度差。网购能提供更多的选择空间（包括更低价格、更多的品牌等），并且更方便省时，但是质量却不易得到保障，所以消费者为买到正品，放弃网购这一方式也是无可厚非的。这提示白酒企业今后可以采取官网直营的方式，将正品从企业直接输送到消费者手中，这样不仅克服了网购带给消费者的不信任感，也减少了白酒企业中间分销的成本，并且，这也为白酒生产企业提供了一个平台，使其能够与消费者直接沟通、交流，进而获得最有价值的反馈信息，然后采取最符合消费者需求的营销策略以促进其消费。

2.4.2.4　促销

总体来说，消费者对于各促销手段的态度都不是很积极，并且有过购买

---

① 苗倩．白酒包装：非主流正流行［N］.华夏酒报，2018-05-22（B13）.

② 范玉立．基于营销策略的消费者雁窝岛白酒购买意愿影响因素研究［D］.哈尔滨：东北农业大学硕士学位论文，2017.

经历的消费者比例少，提示消费者对各种营销手段其实并不敏感。在"免费品尝""买一送一""打折""送赠品"方面，消费者的接受度更高。其中，在"打折"方面，消费者认为好（36.9%）与不好（21.3%）的比例差距最大，并且通过该种手段购买的比例最高（42.7%）。这提示消费者相对来说更喜欢在打折时购买。但是，白酒企业在进行"打折"和"买一送一"的促销时，不可盲目跟风，一定要把握好"度"，虽然这两种促销方式可以带来暂时的销量上升，但也会造成消费者低估白酒价值情况的发生，反倒不利于产品品牌的建设①，更注重品牌、品质的消费者可能倾向于放弃购买该类白酒。值得注意的是，在"广告"和"购物抽奖"方面，接受度和有过购买经历的比例都较低。首先，虽然广告能够增强品牌的知名度②，但目前的白酒市场广告投入过多，无论是电视媒体还是商场，大量的广告宣传造成了消费者视觉上的疲劳，以至于对广告所对应的产品产生抵触情绪，进而影响其消费欲望。另外，从各促销手段的分类来看，在"免费品尝""买一送一""打折"三个方面，消费者在获得商品时可以不支付或少支付费用，属于"价格促销"；但是通过"广告"的形式却并不能达到此类目的；而在"购物抽奖"与"送赠品"两种方式下，都是要先支付一定的金额购买白酒产品，只是在获得附属产品时，"购物抽奖"的成功率并不是100%，而"送赠品"却是100%可以获得的，所以消费者对"购物抽奖"产生更多的消极态度和更少的购买经历。建议白酒市场可以借鉴雁窝岛集团酿酒有限公司③的做法：在专卖店及网点发放限期优惠券，这种方式不仅可以刺激消费者的购买欲望，并且不会让消费者因为价格实惠而对产品进行错误的定位，进而对品牌建设产生消极影响。

2.5　结论

虽然川渝地区居民的白酒消费比例较高，白酒市场的发展空间相对较大，但是目前形势并不乐观，白酒企业必须深入分析白酒消费者的喜好，确定白酒市场目标人群的实际需求，才能促进整个白酒行业的健康发展。白酒企业

---

① Tellis Gerard J. , Philip Hans Franses. Optimal Data Interval for Estimating Advertising Response［J］. Marketing Science, 2006（25）: 217-229.

② Dekimpe Marnik G. , Dominique Hanssens. The Persistence of Marketing Effects on Sales［J］. Marketing Science, 1995（14）: 1-21.

③ 范玉立. 基于营销策略的消费者雁窝岛白酒购买意愿影响因素研究［D］.哈尔滨：东北农业大学硕士学位论文, 2017.

首先要注重对白酒产品的定位，以生产符合大众经济条件的中高端产品为主，注重对低度白酒的研发，并且在包装上也要注意健康与艺术相结合。然后注意对销售终端的筛选和官方直营渠道的建立，以产品为依托，建立与消费者的直接对话机制。最后选择合适的促销方式，在提高销量、打响知名度的同时也注重品牌的建立。

2.6 不足之处

本调查存在志愿者偏倚。本次调查采用网络调查和线下方便抽样的方式确定调查对象，调查对象均为自愿填写调查问卷者，自愿者与非自愿者由于配合度不同，对白酒相关问题上的关注程度存在不同，可能产生志愿者偏倚。因此，样本可能并不完全具有代表性，可能会影响研究结果的外推。

[参考文献]

[1] 来安贵，赵德义，曹建全，周利祥，王海平. 海昏侯墓出土蒸馏器与中国白酒的起源[J]. 酿酒，2018，45（1）：11-15.

[2] 杨利. 酒文化及酒的精神文化价值探微[J]. 邵阳学院学报，2005（2）：82-83.

[3] 王天. 白酒成为仅次于烟草的贡献大户[J]. 中国食品工业，2000（8）：8-10.

[4] 张晓梅. 下一个"黄金十年"还有吗？[N]. 中国企业报，2016-02-23（006）.

[5] 王蕾. 结构性调整对酒企发展影响研究[J]. 经贸实践，2017（17）：132.

[6] E. J. McCarthy. Basic Marketing：A Managerial Approach [M]. Homewood（Illinois）：R. D. Irwin，1960.

[7] 徐忠良，王德征，宋桂德等. 天津市18岁及以上常住居民饮酒现状分析[J]. 中国慢性病预防与控制，2016（7）：514-516.

[8] 徐继英，仲伟鉴，姚海宏等. 2010年上海市15岁及以上居民饮酒行为研究[J]. 中国健康教育，2014（5）：432-437.

[9] 郭生琼，刘涛，孙良先等. 贵州省成人居民饮酒现状调查[J]. 现代预防医学，2016（4）：658-662，673.

[10] 刘新华，向俊龙，范莉莉. 快消品产品属性对消费者购后行为影响的实证研究[J]. 软科学，2013，27（3）：140-144.

［11］杨孟涵．白酒推广将重回快消品轨道［N］．华夏酒报，2013-10-29（C52）．

［12］信春晖，赵纪文，张锋国，夏晓波，董丹华．浓香白酒酿造的科学性、健康性、艺术性［J］．酿酒，2018，45（2）：30-34．

［13］Marchini A.，Diotallevi F.．The Value Perceptions of Wine Packaging：An Empirical Conjoint Analysis［R］．University of Perugia and University，Perugia Working Paper，2011．

［14］Lehman R. L.．Lead Glazes for Ceramic Foodware［R］．NC USA：The International Lead Management Center，2002．

［15］刘沛龙，唐万裕，练顺才，陈洪坤，陈琳，钟莉．白酒中金属元素的测定及其与酒质的关系（下）［J］．酿酒科技，1998（1）：12-20．

［16］李丽，周健，杜文鹏．浆水中金属离子对白酒品质影响的研究［J］．中国酿造，2010（2）：74-77．

［17］Papanikolaou N. C.，Hatzidaki E. G.，Belivanis S.，et al.．Lead Toxicity Update，A brief review［J］．Medical Science Monitor，2005，11（10）：329-336．

［18］Godt J.，Scheidig F.，Grosse-Siestrup C.，et al.．The Toxicity of Cadmium and Resulting Hazards for Human Health［J］．Journal of Occupational Medicine and Toxicology，2006，22（1）：1-6．

［19］苗倩．白酒包装：非主流正流行［N］．华夏酒报，2018-05-22（B13）．

［20］范玉立．基于营销策略的消费者雁窝岛白酒购买意愿影响因素研究［D］．哈尔滨：东北农业大学硕士学位论文，2017．

［21］Tellis Gerard J.，Philip Hans Franses. Optimal Data Interval for Estimating Advertising Response［J］．Marketing Science，2006（25）：217-229．

［22］Dekimpe Marnik G.，Dominique Hanssens. The Persistence of Marketing Effects on Sales［J］．Marketing Science，1995（14）：1-21．

"互联网+"川酒文化
国际传播策略研究

袁学哲

(四川轻化工大学马克思主义学院，四川自贡　643000)

摘要：川酒文化是中华民族文化中的重要组成部分，四川白酒因四川知名品牌众多而闻名国外。泛媒体时代，"互联网+"时代川酒文化国际传播内容既包含川酒文化的历史与继承创新，又包含川酒企业的新常态。针对对外传播中存在的无效传播形式及川酒正面形象的传播受负面因素干扰等问题，应采取积极主动的"互联网+"思维传播原则和创新传播技巧，树立川酒国家整体品牌形象进行国际传播，提升"一带一路"川酒文化对外传播的多语种化工作，加强传统文化教育，增加消费者对中国酒文化的认同感。

关键词："互联网+"；川酒文化；川酒品牌；新常态；"一带一路"；国际传播

3.1 问题提出

3.1.1 概念内涵

"酒文化是酒类各特征消费群体、生产经营者，在特定时间区域，享有不同层次的、继往开来的关于酒的物质性文化和意识性文化，按照一定的结构

作者简介：袁学哲，女，四川理工学院马克思主义学院国际关系研究副教授，法学博士，主要从事当代国际关系和中国外交研究。

形式组成的动态的有机整体。"① 川酒文化包括川酒发展历史、品牌文化和名人文化资源等。国际传播，即通过大众传播媒介进行的跨越民族国家界限的国际信息传播及过程。"互联网+"川酒文化国际传播是指把有关川酒文化的信息传达给国际社会，是利用互联网平台，让互联网与传统川酒文化国际传播进行深度融合，创造新的传播生态。提升川酒文化国际传播的创新力和生产力，促进川酒文化传播健康有序发展。"互联网+"时代背景下川酒文化国际传播策略是指在"互联网+"时代，川酒文化进行国际传播的技巧和手段。

3.1.2 研究现状

目前，学术界对"互联网+"川酒文化国际传播策略的相关研究主要集中于以下几个方面：川酒文化国际传播研究可行性探索、川酒文化形象建构、川酒文化资源开发模式、川酒文化软实力提升路径、泛媒体背景下川酒文化传播体系新模式、四川酒文化的剖析、网络时代国际传播的新特征等几个方面。以译介为依托，进行川酒文化国际传播，形成外宣合力，能够打造川酒产品及其文化名片，提升川酒的国际营销能力，从而扩大国际商务交流和经贸合作。② 通过品牌符号系统的建立和运用，为地方品牌文化资源的系统开发提供分析框架。③ 川酒产业发展面临着一些挑战，引入文化软实力理论具有必要性和可行性。通过挖掘川酒发展历史、品牌文化和名人文化资源等可以提升其产业竞争力。④ 泛媒体时代，带来了全新的信息传播方式，川酒文化的传播体系也在变迁。⑤ "需要进一步开展对酒文化的研究、传承和传播，发挥好酒业协会统筹酒文化建设的作用，以及建立酒文化产权保护制度等，并积极引导广大酒业企业成为酒文化建设、传播、交流的推动者和承担者。"⑥

3.1.3 研究意义

酒文化是博大精深的中华民族文化中的重要组成部分，川酒文化作为中国酒文化的重要内容，既有中国传统文化的厚重，又具有新常态下川酒行业

---

① 刘万明．中国酒文化结构失调及优化[J]．四川理工学院学报，2017（2）：28.
② 王洪渊，唐健禾．继承与发展：川酒文化国际传播研究可行性探索[J]．酿酒科技，2013（5）：105-108.
③ 耿子扬，张莉．基于品牌符号的川酒文化资源开发模式研究[J]．酿酒科技，2014（5）：108-111.
④ 刘婧，张培．川酒文化软实力提升路径研究[J]．特区经济，2014（7）：74-75.
⑤ 梁丽静．泛媒体背景下川酒文化传播体系新模式[J]．青年与社会（上），2014（12）：305-305.
⑥ 刘万明．中国酒文化结构失调及优化[J]．四川理工学院学报，2017（2）：26.

的新特点。学术界当前对"互联网+"川酒文化国际传播策略的相关研究特点是散落在与"互联网+"川酒文化国际传播策略有关的某些具体的问题。以传播策略为研究对象把互联网和川酒文化国际传播结合起来进行系统性理论性分析研究势在必行。川酒文化具有独特的内涵和意义，涉及历史和多学科，研究"互联网+"时代川酒文化国际传播有利于促进川酒文化的传播及川酒产业的发展，使川酒文化走向国际，形成全球影响；有助于促进国家文化战略的发展和经济建设，其国际传播有助于输出中国文化、维护文化安全、捍卫母语文化和民族文化，让世人更好地了解中国文化。

3.2 "互联网+"川酒文化国际传播的内容

3.2.1 川酒文化的历史

四川酿酒历史悠久，佳酿名扬四海，从而积淀了底蕴深厚的中华民族酒文化。川酒文化拥有悠久的历史和丰富礼仪文化传统，深受民众喜爱。川酒文化历经千载而不衰，正如西晋张载《酒赋》中所吟："物无往而不变，独居旧而弥新。经盛衰而无废，历百代而作珍。"

唐末至五代十国时期，四川地区酿酒业兴盛。历史上比较有名的川酒发祥地，大都分布在四川东部盆地以内，川酒工艺革新，科技含量不断提高。

20世纪七八十年代，考古工作者在泸州、宜宾等地的出土文物中，发现了不少汉代酒器。四川泸州市泸州大曲老窖池和四川绵竹剑南镇剑南春酒坊遗址均被列为全国重点文物保护单位。80年代，川酒产量占全国的1/8。90年代，"首届国际酒文化学术讨论会"在成都举行。1996年，泸州老窖明代窖池群由省重点文物升格，被国务院命名为全国重点文物保护单位。1998年，成都全兴酒厂在水井街发现地下埋有古代酒坊遗迹。1999年"中国白酒第一坊"——"水井坊"遗址被国家文物局评为1999年度全国十大重要考古发现之一。

2000年10月，在陕西咸阳举办的第四届国际酒文化学术研讨会上，剑南春酒的"纳米光环"首次亮相，震惊中外，无疑为川酒行业争得了更大荣誉。① 泸州老窖、宜宾五粮液、绵竹剑南春、成都全兴、邛崃文君等美酒，饮誉中外。四川酒文化以五粮液、剑南春、泸州老窖、全兴、沱牌、郎酒"六

---

① 川酒文化 [EB/OL]. 绵阳政务网，http：//www.my.gov.cn/MYGOV/145806254139244544/20050916/49883.html，2005-09-16.

朵金花"为代表的传统白酒，几乎占了全国名酒的40%，二线品牌有丰谷、小角楼、汉唐贡等，在世界上也享有很高的美誉度。有1573国宝窖池群、"舒聚源"作坊原址、水井街酒坊遗址等老窖池的历史见证，又有川酒"六朵金花"的庞大市场销量为推广载体，四川酒文化闻名于世。

川中饮酒名人的诗词散文中，几乎都离不开一个"醉"字，而且留下了许多佳话。"对酒当歌""把酒问青天"代表了一种崇高境界。"此外，饮酒礼仪也一直是中华传统文化非常重要的组成部分，这都体现了中华民族文化中谦卑、礼让和知恩图报等诸多优良品质。"① 高雅的川酒文化给人民大众更多正面的影响，形成积极向上的内化作用，与高雅的川酒文化相对应的是大多数人享有的大众文化。

3.2.2 川酒文化的继承创新

"中国是世界三大酒文化古国之一，而且是唯一一个酒文化从未间断并且完好传承至今的国家，中国酒文化历史悠久，拥有6000余年的酒文化发展史，是世界上酒文化历史最长的国家。"② 川酒文化是一个结构功能体系，它不是一成不变的，酒文化是一种动态性特征较为明显的特殊文化。川酒文化积淀深厚、传承久远，在延续中发展创新。以酒为载体的文化体验活动成为传承川酒文化的有效途径，一方面开展工业旅游让酒厂成为消费者体验的舞台，另一方面努力打造川酒文化特色节庆品牌。

四川白酒生产企业是发展白酒工业旅游的良好载体。大力发展白酒工业旅游，让游客对企业文化充分认知、认同和喜爱。在此基础上，拓展营销方式，使酿酒业实现从第二产业到第三产业的跃升。另外，依托四川丰富的酒文化资源和旅游资源以及人文资源，以现有各类资源合理配置、有效整合为基础，以"政府推进、行业联动、市场主导"的运作方式，以打造强势酒文化节庆品牌，通过娱乐性强的活动、新颖独特的主题、精彩纷呈的节目营造浓厚的节庆氛围，吸引群众参与。③

3.2.3 川酒企业的新常态

川酒产业长期以来都是我国国民经济的重要产业，川酒产业正处于推进结构优化调整的时期。川酒产业边界已延伸至物流、原粮种植、旅游、金融、

① 钟表茂，云虹．"酒"字网络的文化阐释[J]．四川理工学院学报，2017（2）：44.
② 刘万明．中国酒文化结构失调及优化[J]．四川理工学院学报，2017（2）：26.
③ 《四川白酒产业发展报告》提出川酒可持续发展七大建议［EB/OL]．好酒招商网，http：//www.9998.tv/comity/sichuannjxh/news_ 13686.html，2015-03-26.

光电玻璃等领域。四川白酒供给侧改革将创新驱动发展战略落到实处，在产业结构调整、制度创新、科技创新、产业创新等方面都加大了创新力度。

五粮液集团董事长唐桥表示："作为白酒行业龙头企业，五粮液应该在酒吧等夜场市场上打造出中国自己的品牌，从而满足年轻消费群体的消费需求，不能让洋酒一直占据着这一巨大的消费市场。"五粮液仙林果酒有限责任公司董事长李小波说，对中国经济而言，供给侧改革是挑战，更是机遇。这其中，不只是五粮液，很多企业都看到了"更上一层楼"的契机。四川红楼梦酒业在经营困境下，呼唤产权重组：中铁建业从平安信托中接手红楼梦酒业。中铁建业成功竞买债权包，为红楼梦酒业债权债务处理探索出一条切实可行的路径，并对未来重组红楼梦酒业打下基础。沱牌舍得引入天洋集团投资38.2亿元，成为全省酒类企业混合所有制改革的第一宗成功案例。①

目前，川酒主产区已形成全产业链发展模式。泸州成立了四川（中国）白酒产品交易中心、泸州购和拉货宝等公共平台。同时，依托白酒产业，大力发展休闲旅游，如今泸州已建成泸州老窖旅游景区、花田酒地等两个以酒为主题的4A级旅游景区。邛崃则将以邛崃平落古镇和天台山景区打造5A级旅游景区为契机，深度融合邛酒、旅游产业，策划推出一款成品酒，实现邛酒品牌与邛崃旅游品牌互补发展。同时，邛酒集团与粤科创投合作推出的2000坛"平落老烧坊"特色典藏酒，拉开了"互联网+"邛酒产业的序幕，赋予了白酒收藏和理财功能，提升了白酒附加值。而一直坚持多元发展的宜宾五粮液，在做好核心产业即白酒产业的基础上，将重点发展四大支柱产业，即现代机械制造、高分子材料、光电玻璃及现代物流产业。"目前公司已成为全国最大的手工艺瓶生产基地。"据五粮液集团子公司环球集团相关负责人透露，该公司目前与国内外100多家知名酒类企业建立了合作关系，并与全球烈酒巨头帝亚吉欧签订了战略合作协议。"订单应接不暇，只能接大放小，年均增长保持在40%以上。"②

新常态背景下，川酒以文化攻势获取消费者的偏好，已形成全产业链发展模式，为川酒产业开拓出更广阔的消费市场。

---

① 赵世勇. 大力推进供给侧改革 推动向高水平供需平衡跃升［EB/OL］. 新华网，http://www.sc.xinhuanet.com/topic/2016qglh/ft/ft_ zsy.htm.

② 川酒形成全产业链发展模式［EB/OL］. 中国糖酒网，http://news.tangjiu.com/html/fenxibaogao/zhuantibaodao/2016/0601/222087.html，2016-06-01.

3.3 "互联网+"川酒文化国际传播面临的问题及传播原则、特点

3.3.1 "互联网+"川酒文化国际传播面临的问题

目前，川酒文化对外传播缺乏系统的酒文化研究和有效传播形式。大多数川酒企业只注重销售不注重酒文化建设，更有个别企业生产假冒劣酒欺骗消费者，并且缺少成体系的企业酒文化。川酒产品包装多注重外在的形式美，缺少酒文化包装的影子。国内媒体宣传酒企的广告中，更多宣传的是酒企的知名度，缺少媒体中的酒文化宣传。意识形态方面，主观上保守的对外传播观念和传播形式导致国际传播"通而不受"。缺乏对四川酒文化价值国际表达方法的思考，未能摸清西方受众媒介对四川酒文化的接触习惯与内容选择习惯，传播形式只讲数量、不讲质量，对外传播川酒文化的信息无法落地。

川酒正面形象的传播受负面因素干扰。白酒产业与消费者之间具有巨大的信息不对称，掌握信息较少的消费者对行业产生了种种误解，如勾兑、外购酒、白酒成本、固液结合、饮酒伤身等。同时，川酒产业受粗放式生产经营管理模式制约，产品质量问题不断发生，如2012年"塑化剂"问题导致白酒产业陷入系列事件风波之中。这些问题并不是川酒产业的普遍现象，但暴露出白酒产业在产品生产和市场竞争等方面存在不规范现象。

以习近平同志为总书记的党中央高度重视加强对外宣传、提高国际传播能力。习近平总书记强调，要精心做好对外宣传工作，创新对外宣传方式，着力打造融通中外的新概念新范畴新表述，讲好中国故事，传播好中国声音。习近平总书记的重要指示，为做好新形势下国际传播能力建设工作指明了前进方向，提供了重要遵循，提出了更高要求。

3.3.2 "互联网+"川酒文化国际传播的原则："互联网+"思维

我国当前正在从网络大国迈向网络强国，"互联网+"思维已经成为了各行各业的常态。"互联网+"思维是指充分发挥互联网的优势，将互联网与川酒文化深入融合，促进新常态下川酒文化传播内容和技术手段的提升和创新。

利用互联网平台，合理做好川酒文化的推广，充分发挥互联网在川酒文化传播中的优化和集成作用，提升川酒文化传播的速度、范围和效率。提升川酒文化创新力和生产力的国际传播，形成更广泛的以互联网为基础设施和实现工具的川酒产业经济发展新形态的国际传播。通过大数据分析与整合的传播，促进改造川酒产业的生产方式、产业结构等内容，来增强经济发展动

力、提升效益，从而促进川酒产业经济健康有序发展，最后实现国民经济的增长和社会财富的增加。

3.3.3 "互联网+"川酒文化国际传播的特点

川酒文化是中华民族优良精神文化的体现，独特的"互联网+"思维传播不同于传统的传播方式聚焦有限受众，也不拘泥于川酒文化更多地偏重酒文化历史，其传播特点是兼容并包，创新"互联网+"传播技巧，更多地展现川酒文化的历史、川酒文化的继承创新、川酒企业的新常态。随着"一带一路"倡议的深入推进和中国国际地位的不断提高，借力"互联网+"新兴传播平台，能够加快国际传播，更好地推广川酒文化，还能进一步带动川酒产业的发展。新方式、新内容的传播核心是通过传播促进川酒文化的对外传播及川酒产业的发展，促进国家文化战略的发展和经济建设。这种传播注重的是"互联网+"方式能带来一种内在外在的国际国内积极影响。

3.4 "互联网+"川酒文化国际传播的策略

文化将成为今后网络媒体宣传报道的重点和方向。美国第一信息强国握有互联网的核心技术和基础资源，掌控全球互联网的话语权与主导权。互联网思维已经成为川酒文化国际传播的主线，针对川酒文化国际传播中面临的问题，本文认为应采取如下策略：

3.4.1 传播意识：国际意识和主动意识

川酒文化的国际传播既要有国际意识又要有主动意识。国际意识方面，在传播过程中，既要与国际方式接轨，又要符合实际。既要符合我国的法律，又要考虑输出国的政治及文化宗教，同时注重国际法规知识产权等问题。主动意识方面，应积极主动利用"互联网+"思维传播川酒文化。在传播内容和技术上掌握主导权，做到"新常态表达"；善于及时有效地监测传播效果；着力培养善于利用互联网的传播实务和研究人才。[①]

积极主动利用"互联网+"传播川酒文化要充分考虑国外受众在文化背景、风俗习惯、生活方式、宗教信仰等方面与中国文化的不同，寻找国内外酒文化的情感共鸣点，探索掌握跨国传播技巧。要大力加强"互联网+"传播

---

① 邓建国. 融合与渗透：网络时代国际传播的新特征和我们的机遇 [R]. 全国第一届对外传播理论研讨会论文选，2009.

队伍建设。打造一支政治思想素质好、"互联网+"传播业务精湛、视野宽广的传播人才队伍，是搞好新常态下川酒文化对外传播的基础。广大酒企对酒文化的传播要主动担当，成为酒文化传播的推动者和承担者。作为酒文化传播主体之一的经销商不仅要推销酒产品，也要宣传酒文化。围绕川酒文化发展的新形势、新变化，注入新常态下的新内容、新活力。要把四川酒文化历史和现实介绍好，把四川酒文化同党中央"五大发展理念"结合起来作为对外传播川酒文化的内容重点，通过完整、准确的表达和阐释，引导国际社会更加全面深入地认识中国川酒文化。

此外，川酒文化国际传播还可以借鉴发达国家文化传播方式，整合现有资源，形成合力，有计划地开展传播推广。

3.4.2 创新"互联网+"传播技巧

信息网络时代，技术优势在媒体竞争中的重要作用日益凸显。随着宽带网络的普及，以视频、图片、动漫为代表的影像传播前景广阔。川酒文化国际传播应充分利用"网络+平台"，采取多样化、形象化的传播方式，全方位推进川酒文化国际传播。

据美国思科公司预计，到 2018 年，视频流量将占全美网络流量的 84%。这要求媒介传播转换理念，生产更多的轻量化、可视化产品，更好地适应用户需求的变化。2015 年 9 月习近平主席访美期间，新华社制作《透视中国》三集英语视频短片，在网络和新媒体上总浏览量超过 4500 万次，路透社、德国之声等专门播发报道给予正面评价，取得了良好的传播效果。

2015 年 7 月 4 日，国务院下发了《关于积极推进"互联网+"行动的指导意见》，提出了 11 项重点行动。截至 2016 年 6 月，我国搜索引擎用户规模已达 5.93 亿，使用率为 83.5%，用户规模较 2015 年底增加 2635 万，增长率为 4.7%；手机搜索用户数达 5.24 亿，使用率为 79.8%，用户规模较 2015 年底增加 4625 万，增长率为 9.7%。[①]

创新"互联网+"传播技巧包括通过互联网传媒全面地向外推广，目前关于川酒文化的网站已经丰富，但是网络资源还不够集中。应进一步将川酒文化立体直观地展现，在政府各主要网站上制作川酒文化相关专题，通过手机客户端媒体微博、微信等新媒体平台向全世界发布，更通过 Facebook 等境外媒体平台，向境外受众大力宣传川酒文化。打造川酒包装推销品牌展会承办

---

① 2016 年中国互联网搜索引擎用户规模较 2015 年底增加 2635 万 [EB/OL]. 中国产业发展研究网，http://www.chinaidr.com/tradenews/2016-09/103330.html，2016-09-09.

会是推动川酒文化对外传播的另一宣传媒介。未来可以利用网络技术拓展传播形式，包装推销川酒文化，让网络下的人身临其境地感受川酒文化，借助直播软件，将文化传播与学习娱乐对接起来，通过新技术让川酒的年轻消费群体更直观地接受酒文化资讯。除此之外，还开设川酒文化网络公开课，推出微广告，完善电子数据库等，将川酒文化传播大众化、普及化。利用网络媒体专门制作相关专题页面或直接采用"川酒文化"设计页面，进行准确、全面、专业的大幅度报道等强有力的宣传。

3.4.3　树立"川酒"整体品牌形象进行国际传播

品牌意识和培养大国工匠精神是党的十九大报告的重点。美国特朗普政府制裁中国中兴通讯，导致中兴通讯无法自救，暴露出企业缺少核心技术的后果是早晚会被全球经济淘汰。"酒产业具有强烈的文化属性，单个酒企和整个酒产业只有不断加强酒文化的挖掘、传承和创新，打造独具一格的酒文化品牌，倡导科学文明健康的酒文化理念，方能在激烈的市场竞争中立于不败之地，方能引导整个酒产业的健康可持续发展。"① 树立"川酒"在酒类中的国家品牌形象，包装设计其内容时注入更多的科学、文明、健康的酒文化影子，给消费者带来精神上的享受，将大大提升川酒在国外消费者心目中的知名度，更进一步地培育国外消费者对"川酒"整体的消费忠诚度，将促进川酒文化的国际传播和川酒企业的发展。川酒五粮液这样的民族品牌企业要做出表率，打造独具一格的川酒文化品牌，加快推动川酒文化的国际化传播。

川酒文化品牌国际传播可以借鉴法国红酒品牌文化传播方式。法国波尔多地区着力打造具有国家品牌形象的地理品牌，该地区生产的红酒为全球消费者所推崇。基于这种消费者的厚爱以及所带来的稀缺性，法国将"波尔多红酒"作为国家品牌大力推广宣传，取得了很好的效果，让"波尔多"成为了全球都认可的高品质红酒的代名词，极大地推动了白酒企业的发展。②

川酒文化品牌国际传播还要保护好自己的知识产权。"酒文化属于文化范畴，其产权保护是酒文化建设的任务之一。根据科斯定理，解决酒文化宣传这种具有外部问题的最好办法就是确定清晰的产权，使其外部影响内部化。"③

---

① 刘万明．中国酒文化结构失调及优化[J]．四川理工学院学报，2017（2）：30.

② 供给侧改革下 川酒企应时而生拥抱"新生代"[EB/OL]．佳酿网，http：//www.jianiang.cn/hangye/0Q2D4532016.html，2016-08-12.

③ 刘万明．中国酒文化结构失调及优化[J]．四川理工学院学报，2017（2）：35.

3.4.4　提升"一带一路""川酒"文化对外传播的多语种化工作

要做到精准翻译。适合外国人的表达方式是非常关键的，翻译质量的好坏关系着其对外传播的有效表达。①

"一带一路"倡议的提出及实施为提升四川开放型经济发展、扩大四川全方位开放合作带来重大机遇，通过四川与沿线国家及地区传输带的功能，带来传输红利，进一步开拓和占领国内外市场，服务于四川经济的发展。随着"一带一路"建设及川酒产业的发展，川酒文化向国际传播，将更能使其融入国际传播语境，精确翻译川酒文化的内涵，恰当的语意表达是其国际传播进程的"助推剂"。将川酒文化的内在精神按照符合外国人理解的翻译，有助于川酒产业及其衍生产品走向世界，这不仅是国家软实力的体现，也有助于川酒产业的发展。"一带一路"背景下将"川酒"文化的历史内涵及创新用更多语种翻译表达，通过多种方式推进"川酒"文化对外传播小语种化，能更加便捷地将"川酒"文化传播到更多国家，促进"川酒"文化对外传播。现有的"川酒"文化介绍主要以英语、日语为主，国家应加大力气推进小语种化工作，多语种的翻译标准化是新形势下"川酒"文化国际化传播的重要思路。

以译介为依托，进行川酒文化国际传播，形成外宣合力，能够打造川酒产品及其文化名片，提升川酒的国际营销能力，从而扩大国际商务交流和经贸合作。②

3.4.5　加强传统文化教育，增加消费者对中国酒文化的认同感

文化的传播长久效应依赖消费者通过传统文化教育形成认知。"酒文化是人类文明的重要组成部分，中国酒文化源远流长、博大精深。但是，最近几十年来，我国酒文化出现了较为严重的结构失调问题，其中，消费者酒文化存在缺失、偏失、迷失等结构性失调问题。"③造成这一现象的原因有很多，其中之一就是传统酒文化教育缺失，所以既要优化酒文化对外传播，也要加强传统文化教育，增加消费者对川酒文化的人文情怀，为长久的文化对外传播奠定基础。

① 杨睿宇．盐的精神文化国际化传播研究[J]．四川理工学院学报，2017（1）：52.
② 王洪渊，唐健禾．继承与发展：川酒文化国际传播研究可行性探索[J]．酿酒科技，2015（5）.
③ 刘万明．中国酒文化结构失调及优化[J]．四川理工学院学报，2017（2）：26.

3.5 结论

从"互联网+"思维的视角出发，构建川酒文化国际传播策略框架，并通过理论与实践相结合、归纳与演绎相结合进行检验，得到相关结论。"一带一路"倡议的推进，移动互联网的快速发展，加快"互联网+"川酒文化国际传播，能够更好地推广川酒文化，提升川酒文化名片的影响力，提升川酒的国际营销能力，扩大国际经贸合作，促进川酒产业健康发展。本研究仍然存在许多不足，研究内涵需要进一步深化。随着我国经济进入新常态，川酒产业也开辟出包括技术创新、制度创新和区域创新在内的增长路径。针对川酒文化的历史、川酒文化的继承创新、川酒企业的新常态等传播内容，如何进一步提升新常态背景下川酒企业文化对外传播的质量，从而促进川酒产业和国民经济的发展及中国酒文化的国际影响，对此应进行深入分析和探讨。川酒文化作为中华民族文化的重要组成部分，其对外传播亟待进一步系统的研究。

[参考文献]

[1] 刘万明. 中国酒文化结构失调及优化 [J]. 四川理工学院学报，2017（2）.

[2] 王洪渊，唐健禾. 继承与发展：川酒文化国际传播研究可行性探索 [J]. 酿酒科技，2013（5）.

[3] 耿子扬，张莉. 基于品牌符号的川酒文化资源开发模式研究 [J]. 酿酒科技，2014（5）.

[4] 刘婧，张培. 川酒文化软实力提升路径研究 [J]. 特区经济，2014（7）.

[5] 梁丽静. 泛媒体背景下川酒文化传播体系新模式 [J]. 青年与社会（上），2014（12）.

[6] 钟表茂，云虹. "酒"字网络的文化阐释 [J]. 四川理工学院学报，2017（2）.

[7] 邓建国. 融合与渗透：网络时代国际传播的新特征和我们的机遇 [R]. 全国第一届对外传播理论研讨会论文选，2009.

[8] 杨睿宇. 盐的精神文化国际化传播研究 [J]. 四川理工学院学报，2017（1）.

[9] 川酒文化 [EB/OL]. 绵阳政务网，http：//www.my.gov.cn/

MYGOV/145806254139244544/20050916/49883. html，2005-09-16.

[10]《四川白酒产业发展报告》提出川酒可持续发展七大建议[EB/OL]. 好酒招商网，http：//www. 9998. tv/comity/sichuannjxh/news_ 13686. html，2015-03-26.

[11] 遂宁：大力推进供给侧改革　推动向高水平供需平衡跃升[EB/OL]. 四川政府网，http：/www. sc. gov. cn/10462/10464/10465/10595/2016/3/7/10372033. shtml，2016-03-07.

[12] 川酒形成全产业链发展模式［EB/OL］. 中国糖酒网，http：//news. tangjiu. com/html/fenxibaogao/zhuantibaodao/2016/0601/222087. html，2019-06-01.

[13] 2016 年中国互联网搜索引擎用户规模较 2015 年底增加 2635 万［EB/OL］. 中国产业发展研究网，http：//www. chinaidr. com/tradenews/2016-09/103330. html，2016-09-09.

[14] 供给侧改革下川酒企应时而生拥抱"新生代"［EB/OL］. 佳酿网，http：//www. jianiang. cn/hangye/0Q2D4532016. html，2016-08-12.

川酒企业营销策略和产品推广研究

——如何让产品创意设计成为互联网时代下的自媒体

余 红 张玲玉 徐 刚 杨先超 许雯娜

（四川轻化工大学机械工程学院，四川自贡 643000）

摘要： 在互联网时代下，中国酒类的竞争程度日趋激烈，各个品牌在产品生产、内涵塑造、宣传推广、客户维护等诸多方面都已经下足了功夫，但这些策略实质上还停留在传统商业营销模式的表面变化而已。而且近年来白酒运行趋势是低档酒萎缩、中高档酒竞争加剧；供大于求，总体上呈现萎缩局面。在互联网时代下，白酒企业亟须建立明确、差异化品牌符号系统，能够在传播信息非常碎片化的背景下脱颖而出，吸引消费者眼球的第一关注和持续关注。因此，站在有利于媒体传播的角度考虑产品设计，让产品的品牌符号系统充分发挥自媒体作用，实现在互联网时代的快速、极致传播。让产品自动传播、消费者口碑传播，形成川酒品牌忠诚的、长期的消费群网，提高川酒市场占有率，使川酒获得长远发展，在激烈的市场竞争中脱颖而出，因此在超级符号就是超级创意理念的指导下，通过产品的"四觉"符号创建，为川酒打造明确的品牌符号系统促进其推广，设计借势于互联网，让产品快速传播，建立川酒品牌的粉丝群，实现口碑相传、群群相传；实现用户价值创造，为川酒产品营销打造一个良性循环的平台。

关键词： 川酒；"四觉"符号；超级符号；自媒体；互联网

第一作者简介：余红（1976—），女，硕士，研究方向：视觉传达设计、工业设计研究。

4.1 中国白酒市场调查与分析

4.1.1 2016年后中国白酒产量高速增长趋势下降，增速放缓

我国白酒产业在经历了2003~2012年公认的"黄金十年"后，从2012年开始，因政策因素与产业周期发展因素叠加，市场对于白酒的需求变少，影响了行业产量的增长，白酒业进入漫长的调整期。从2013年开始，白酒业超高增长态势已不再。据资料显示，2014年中国白酒行业总体销售收入增速却逐年放缓，上年全年利润总额同比下降12.6%。白酒行业亏损企业117家，白酒行业整体从2014年第二季度开始出现见底复苏信号，2015年复苏趋势更加明显。但从白酒运行趋势看，低档酒萎缩、中高档酒竞争加剧；供大于求，总体上呈现萎缩局面。近年来，由于受国家"限酒令"等一些政策措施的影响，对于白酒行业市场需求的扩大形成了一定的限制，如图4.1所示，2017年中国白酒发展现状表现为国内消费迟滞、出口增长缓慢，行业产能过剩明显；2017年白酒行业产量有所下降，为1198.1万千升，同比下降11.80%。近几年增长速度有所减缓甚至为负。

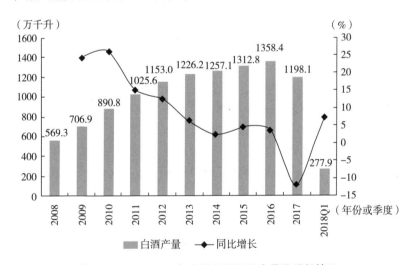

图 4.1 2008~2018年中国白酒行业产量及增长情况

资料来源：https://www.toutiao.com/a6620948422851559949/.

根据行业发展的现状以及行业的发展规划、政策，前瞻产业研究院判断，如图4.2所示，未来五六年白酒行业产量增长率将维持在低水平，增长率将

在 2% 左右，到 2023 年，行业产量在 1714 万千升左右。

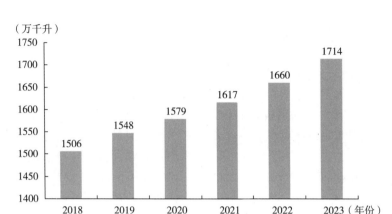

图 4.2　2018~2023 年中国白酒行业产量增长预测

资料来源：https://www.toutiao.com/a6620948422851559949/.

4.1.2　中国白酒产业整体深度调整期

中国酒业协会第五届理事会第三次（扩大）会议发布了《中国酒业"十三五"发展指导意见》，从 2015 年下半年开始，国内主要白酒生产厂家纷纷把"规划未来五年"提上了议程，企业规划更具备地方特色优势。经过三年多的深度调整，面对供给侧改革、消费升级、"互联网+"等新趋势，转变生产方式的效果将进一步显现，部分白酒企业将经营战略以产品为中心转向以服务为中心，适应市场与消费的快速变化，白酒企业的规划目标已经更加贴近酒行业发展的现状，目标数字更加科学可控。[①]

4.1.3　面对国内外市场激烈的双重竞争

中国酒类市场的大门早已经向外打开，国外酒进入中国市场是低门槛甚至无门槛，导致世界上所有知名或不知名的酒都涌入中国市场，对传统白酒市场份额造成一定的挤压，彼此在竞争中不断扩大各自的市场份额，在不断的挤压之中拓展更广阔的市场空间，国外酒对中国市场已经形成合围之势，所以，中国白酒国际化处于内忧外困。国外酒进入中国市场是低门槛甚至无门槛，国内酒类市场已经高度国际化，而国外对中国白酒则是高度门槛化，

---

① http://www.cada.cc/Item/106.aspx.

国外市场还在锁闭中国白酒，进军国际市场困难重重，同时还面临国内同行业的激烈竞争。中国酒业协会副理事长兼秘书长宋书玉具体指出，中国白酒目前有三大壁垒需要突破：第一是如何适应国外的相关政策以及法律法规；第二是如何将分类标准化体系向外国人说清楚；第三是如何适应国外消费方式与消费文化，做到中为洋用。①

从中不难看出，中国白酒走向国际市场需要使自己独立的技术和产品的表达得到世界科技界和消费者的认可，对中国白酒的文化、品质、酿造特点的传播要加以重视。我国很多酒企都在不同程度地展开酒类国际化的探索和尝试，抱团开拓国际市场，白酒行业着力酒庄基地建设、预调酒创新、中国白酒底蕴文化传播、树立生态酿酒理念。中国白酒行业在面临双重压力下，国内市场竞争日益加剧，酒类行业扩张步伐明显放缓，白酒产业市场空间呈现萎缩趋势，酒类企业已进入区域市场相争的残酷时代，中国白酒必须突破市场扩张、品牌提升、管理品质的瓶颈。

4.1.4　新媒体的出现与消费者观念变化的冲击

4.1.4.1　企业的营销进入了自媒体传播时代

随着移动互联网的日益发展，媒体正在碎片化，伴随着微博、微信、社交网络等新媒体的崛起，新媒体集新技术、新通道、新群体传播平台的美称发展迅速；"80后""90后"年轻群体接触的媒体多样，搜索引擎、网络游戏、网络社区等变得越来越流行，人们每天与互联网接触的时间越来越多，与之产生的消费也在不断增加，传统媒体（报纸、电台、电视、广播）逐渐被弱化，这也让企业的营销进入自媒体传播时代。在这个趋势下，企业可以依靠更多的自媒体平台和工具来传播产品，互联网时代下的自媒体成为企业、品牌营销推广的有效渠道。

传统的白酒销售模式主要以零售店的形式直接销售，也包括线下的营销活动，在国内传统零售店的销售比较普遍，也有创新性的模式，如五粮液的爱心公益酒，酒与公益的完美结合，不仅更好地服务于灾区的重建，也在消费者心中加深了品牌酒的形象；在国外有很多以展会和酒品会的方式呈现，这些活动的举办，大大地提高了品牌影响力，但品牌传播慢，且不普遍；营销传播方式整体上趋于大同小异。他们迫切地需要从传统中转型到电商营业，以便适应现在新的销售模式，推出各种各样的营销方式。如上所述，传统的销售模式渐渐淡出了消费者的视线，一种新的、能更多更好地与消费者沟通

① http://www.sohu.com/a/229766427_665112.

的媒体营销才是吸引消费者的重要方式。表 4.1 的分析表明白酒品牌营销传播方式多样，以往的传统营销推广方式在向网络营销转移，采用新媒体营销方式明显。

表 4.1　部分白酒的品牌营销推广方式

	白酒	营销	推广
一线品牌	五粮液	2016 年 9~12 月 五粮液，让世界更和美策略 （发布微电影—约酒—纪录片—京东、天猫、酒仙网等六大平台销售） 2017 年全年 社群营销，圈层营销 2017 年 12 月 15 日（中国新生代，传承力量） 举办五粮液文化传承论坛，进行文化推广，吸引年轻消费群体	微电影增加曝光量视频网站传播激起年轻人的情感共鸣。微博以话题的形式开展。中秋在微博发起线上约酒。电商专场促销 五粮液通过五品会、大品会、小品会、五粮文化之旅进行营销，举办了 6000 场小型品鉴会。培养品鉴顾问 邀请各类行业的青年一代杰出代表人物参与青年说论坛
	剑南春	价值战 2017 年 12 月 11 日在国际范围提高品牌影响力和曝光率	定制 剑南春——中国艺术环球极致之旅
	茅台	2017 年 10 月 与京东以合作姿态备战京东"双十一"（网购渠道的建立） 2017 年 9 月 第一届全球茅台粉丝节	促销，APP 商城 现场勾兑拍卖，大师面对面讲解工艺环节，直播
	泸州老窖	2017 年 12 月 永恒经典品牌形象推广 2017 年 11 月 泸州老窖杯酿酒大赛的举办 2017 年 10 月 视频推广，张鲁一戏剧的四梦之旅 2017 年 8 月 塑造青年消费 2017 年 6 月 父亲节，推出短片，加深产品理念，亲情营销 2017 年 1 月 传奇霸业携手泸州老窖锁定"80 后""90 后"的消费者（时尚混搭，彰显青春时尚个性） 2013 年 提高圈粉量，打造企业形象，传播酿酒文化	举办摇滚音乐节 通过电视直播的方式推广 借助影视、广告、段子、微博、微信等不同渠道集中推广 百调鸡尾酒在中国香港发布 微博发布"三对父子酒后吐露真情"的实验视频，吸引网友互动 推出限量定制泸小二白酒，简单的卡通人物包装，推出新颖的喝法，作为基酒调配各种酸奶 互动网游，开心酒坊

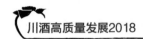
续表

	白酒	营销	推广
一线品牌	郎酒	2017年12月 娱乐营销策略 将节目与产品有机地组合，让用户在娱乐的体验中，对品牌产生好感，从而建立起品牌与消费者之间的感情，促进生产销售 2017年1月 品牌故事 线上品牌宣传	在梦想的声音中植入场景，挖掘明星与品牌的相关性，加工成物料投放市场，跟随明星话题，抓住节目粉丝，微博话题互动，衍生到节目外的地方美食与方言 莫言为郎酒撰写品牌故事：水乃酒之魂 传统餐饮团购为销售渠道 登陆央视，组合营销，包装核心产品，体育营销，事件营销，地毯式营销
	全兴	2017年11月 全兴风向标	从口感上来获取年轻人的黏度
二线品牌	小角楼	2017年9月 翰林贡酒高端商务酒品鉴会 2017年7月 为重回昔日荣耀重构分销体系 2017年2月 与丹露合作 2015年 开设电商平台，为线下分销商起到支撑服务	翰林贡酒在包装设计上追溯经典，抽象化翰林形象，从形象颜色来彰显酒体高贵 建立更多的消费点，规范分销商运营，全面建设流通渠道 提供小角楼营销方案和消费趋势，并且与天天快递资源整合，实现线上线下销售 实现定制产品、个性化服务产品以及商家管理
	洋河	2017年11月 洋河无忌，转战新零售，推出产量理念、品牌精神 2017年3月 以互联网为核心的商业营销——洋河特曲 2015年6月 入驻微信，开创掌上购酒平台，新媒体运营，展示企业形象，增加关注度和互动量，造成社会热点 2014年 网络销售平台 O2O战略和B2C战略 与明星合作，增加曝光度和用户黏度	举办拍卖会 迎合消费者健康、时尚、情感的诉求 与酒仙网联合推出的定制白酒，物美价廉，延续品牌口感，打造炫酷包装 打造粉丝社群，在朋友圈以广告的形式推广："微你而生"。二维码查询白酒信息 腾讯课堂经典互联网销售案例 依托微信、微博的推广，包括日常的粉丝抢票、互动游戏、个人定制、微社区等 与粉丝互动合作推广定制"爱未停"红酒 天猫、京东

续表

白酒		营销	推广
二线品牌	水井坊	2017 年 12 月 与央视合作《国家宝藏》记录综艺篇，文化传承 2016 年 11 月 水井坊致敬里约盛会，匠心传承 2016 年 11 月 社会化客户关系管理平台，通过大数据开启社交商业新生态 2016 年 5 月 通过美酒让外国人了解中国文化 2016 年 9 月 携手名家品牌推广 差异化营销 官网提供微博、微信天猫购买地址	邀请老戏骨和当下年轻演员来做演说 打造中西方结合的产物，跨界营销开展高端品鉴会，加强与消费者的互动体验，在线品鉴体验，以及线上历史展和博物馆展 韩国推广美食节 著名文化名家对酒当歌、煮酒论道（营销方式灵活）
其他	江小白	粉丝互动 针对年轻人群应用场景和情绪的研究 江小白青年艺术扶植基金	微博微信和论坛交流，尝试小应用、小游戏，甚至基于社交的工具微电影，音乐艺术形式，音乐 MV，赞助年轻人做塑像、油画、摇滚、画展

4.1.4.2　中国白酒网络营销带来的影响

互联网时代下，网络营销的应运而生给酒品牌带来了巨大的商机，同时因为网络营销拉长了企业和消费者、产品和消费者之间的距离，在用户体验上存在不及时的问题，以上存在的影响可以在川酒产品创意设计和传统营销中得到消减。

4.2　川酒市场现状

4.2.1　川酒在中国酒业板块中占有重要位置

中国酿酒历史久远，它渗透于整个中华五千年的文明史中，酒作为特殊的载体，在人类交往中占据独特的地位，四川自古就有"川酒甲天下"的美誉，四川气候适宜、粮源充足，酿酒历史悠久，巴蜀文化底蕴丰厚，形成了众多高品质白酒品牌，其中以五粮液、剑南春、泸州老窖、全兴、郎酒、沱牌这"六朵金花"最为知名，川酒品牌依靠合众优势在我国白酒业平稳、猛进发展。

目前，川酒一线品牌作为酒业板块为四川市场经济发展支撑不少，随着中国高端白酒市场份额逐年增长，消费者消费能力增强，中国高端白酒市场空间容量较大，业界所称的白酒"五大全国高端"——茅台、五粮液、剑南春、国窖1573、水井坊，川酒占有四席，处于绝对控制地位。

4.2.2 川酒面临着国内小众品牌、高端白酒市场、国外酒品的激烈竞争

川酒品牌行业层次和竞争层次明显，五粮液强化其高端品牌形象，是一、二线城市的市场领导者，占据白酒品牌排行榜榜首；剑南春和泸州老窖扩大产品覆盖层次，高、中、低全面迈进；郎酒突出产品差异化特色、维护在细分领域的地位；剑南春、郎酒和沱牌舍得酒的品牌知名度都较高。[①]

但近年来，在国家"一带一路"倡议与内陆自贸区建设战略的影响下，消费市场由国内向国际转移，主流消费群迭代变化，品牌同质化竞争加剧，川酒品牌要维持其市场地位仍然面临着极大的挑战。2016～2017年，川酒板块复苏明显，政府支持力度大，根据《关于推进白酒产业供给侧结构性改革加快转型升级的指导意见》，到2020年打造收入超千亿企业1户（五粮液）、超300亿企业1户（泸州老窖）、超200亿企业1户、超100亿企业1户、超50亿企业2户（水井坊、沱牌舍得）。[②]川酒白酒行业总体销售收入较之前呈上升趋势，2018年增势再次提升，行业增速恢复正常态势；智研咨询网发布的《2018～2024年中国白酒产业深度调研及未来发展趋势报告》称：中国高端白酒占据了整体白酒市场份额的15%，高端白酒的市场份额在逐年增长，川酒面临着小众品牌和高端白酒市场的激烈竞争，随着消费者消费能力的增强，消费健康意识越浓，对白酒消费高附加值有了更高的期望，需要在包装内涵、品位上突出高端白酒的品质，使高端白酒的价格与价值相符合，提升其品牌形象。

4.2.3 寻求"互联网+"酒的创新性新思维营销模式

国内传统模式下的川酒销售发展平稳，但收益没突破，然而随着互联网的发展，越来越多的白酒品牌意识到网络销售存在的巨大商机，他们迫切需

---

① http：//news.163.com/11/0303/06/6U6UPCEU00014AED_mobile.html.

② http：//www.chyxx.com/industry/201801/599011.html.

要从传统营销、传播模式中转型寻求"互联网+"酒的创新性新思维营销模式。川酒企业开始追随网络营销,大量进驻天猫、京东、苏宁易购等线上平台,使销售渠道去中介化、以客户为中心,川酒的经销向更加精细化的营销转变,川酒市场营销将更加紧密地结合消费者的现实需求、消费行为和价值观。

随着智能手机及设备的普及和创新,人们在移动互联网中得到了更多的信息,这也让企业的营销进入了自媒体传播时代。在这个趋势下,企业可以依靠更多的自媒体平台和工具来传播产品,自媒体成为了企业、品牌营销推广的有效渠道,在自媒体环境下,探寻川酒包装自媒体化的策略,创新更有效的营销方式具有重大意义。

4.2.4 川酒营销传播方式现状

4.2.4.1 传统媒体逐渐被弱化

进入移动互联网时代以来,媒体正在碎片化,伴随着微博、微信、社交网络等新媒体的崛起,传统媒体(报纸、电台、电视、广播)逐渐被弱化了。"80后""90后"年轻群体接触的媒体多样,搜索引擎、网络游戏、网络社区等变得越来越流行,人们每天与互联网接触的时间越来越多,与之产生的消费也在不断增加,传统媒体在社会大众心中是一种"过时化"的媒体概念,是老技术、老方法、老套路的传播平台称谓;新媒体则是集新技术、新通道、新群体传播平台于一体的美称,新媒体发展迅速。

4.2.4.2 川酒营销传播方式转型期

传统的白酒销售模式主要以零售店的形式直接销售,也包括线下的营销活动。在国内传统零售店的销售比较普遍,也有创新性的模式,如五粮液的爱心公益酒,酒与公益的完美结合,就不仅更好地服务于灾区的重建,还在消费者心中加深了品牌酒的形象;在国外有很多以展会和酒品会的方式呈现,这些活动的举办,大大地提高了品牌影响力,但品牌传播慢,且不普遍;营销传播方式整体上趋于大同小异。近年来,国外白酒品牌积极拓展中国市场,在互联网的帮助下,销售量猛增。如上所述,传统的销售模式早已淡出了消费者的视线,一种新的、能更多更好地与消费者沟通的媒体营销才是吸引消费者的重要方式。

4.2.4.3 川酒"互联网+"酒业还处于比较分离的状态

从川酒企业发展阶段看,2013年酒业仍全部处于低迷期,刚刚开始接触互联网;2014年开始全面探索酒业互联网转型路径,但思路并不清晰;2015

年路径渐趋明朗，企业开始积极拥抱互联网，川酒企业也顺从时代需求，积极拥抱互联网，利用新媒体平台开启新的营销传播方式。但目前酒类电商行业仍处于深度整合期，其专业化、规范化要走的路还很远，还有很多地方有待提高，例如，如何使酒业电商的产品让众人信服；如何展现得比传统经销商更有价格优势；酒水的种类多种多样，每一种都有其各自的特点，酒业电商怎样既保证酒的多元化特点，又不丢掉酒的个性，同时还能增加消费者对川酒品牌的吸引力和辨识度？

综观市场多家酒类电商的布局不难看出，新型或多元化的模式是谋求川酒未来发展、增强川酒企业造血能力的关键，川酒包装自媒体化正是对自媒体环境下川酒新媒体营销传播方式的有力补充。

4.3 川酒品牌文化与形象

4.3.1 川酒品牌具有符号性

品牌形象是消费者对一个特定品牌的自我主观感知，是对品牌的总体感知和看法，一般经过企业对市场的营销传播以及消费者体验等渠道形成[1]，品牌形象是品牌重要的附加值，《川酒基于品牌形象的竞争优势实证研究》一文中通过问卷调查"听到川酒两字能联想到什么"得知，主要有五类词汇联想，分别是酒的品质工艺、口感；地方特色及人文历史；川酒企业品牌名称及所在地；品牌的个性形象等，将川酒品牌形象划分为产品形象、原产地形象、公司形象、品牌个性。并且通过实证、数据采集分析指出产品形象、原产地形象、品牌个性与顾客价值存在显著正相关关系，产品形象、品牌个性与顾客满意度正相关，川酒品牌形象在营销传播中是一个非常重要的因素。[2]

4.3.2 提出实施"川酒"品牌提升计划

白酒对于四川已变成一个约定俗成的符号，代表着一个行业的品质、品牌和产业境地，在中国白酒中浓香型白酒占据70%以上的份额，而四川则是浓香型白酒的发源地和浓香型白酒最为发达的区域，千年老窖、古法独酿工艺，造就浓香型白酒更好喝、更健康，也更稀缺的独有优势。2017年10月，

---

① Keller L. . Conceptualin, Measuring and Managing Customer-based Brand Equity [J]. Journal of Marketing, 1993 (57): 1-22.

② 唐承林. 川酒基于品牌形象的竞争优势实证研究[J]. 酿酒科技, 2016 (8).

出台的《关于推进白酒产业供给侧结构性改革加快转型升级的指导意见》中提到，四川将实施"川酒"品牌提升计划，巩固提升全国最大最重要的优质白酒生产基地地位，大力推进"基地品牌化、企业品牌化、产品品牌化"，推动宜宾、绵竹、泸州、邛崃、射洪白酒园区建设生态化转型和提升发展档次。

从以上调查获知，在互联网时代下，中国酒类的竞争程度日趋激烈，基于传承千年的历史，面对如今激烈的市场竞争，"酒香也怕巷子深"。国内各大白酒品牌不断细化，各个品牌之间相互竞争，各个品牌在产品生产、内涵塑造、宣传推广、客户维护等诸多方面都已经下足了功夫，但这些策略实质上还停留在传统商业营销模式的表面变化而已。与国外的知名品牌相比，我国酒品的知名度、美誉度、竞争力、影响力还相距较大，中国传统文化下的文化价值含量不高，中国白酒不但没有更多地走出国门，反而是国际洋酒品牌不断地入驻中国推销其文化。

互联网时代的营销，其实质是对文化的消费，这构成了一群人的狂欢，而一群人的狂欢，则构成了新形势下的商机所在。因此，在互联网时代下，我国传统酒业应推动其商业模式的变革，面对白酒消费主体扩大、消费需求多样化；白酒市场集中度提高；白酒文化被赋予更多内涵的趋势，白酒企业亟须建立明确、差异化品牌符号系统，能够在传播信息非常碎片化的背景下脱颖而出，吸引消费者眼球的第一关注和持续关注，在强化品牌文化的同时加强与消费者之间的直接沟通。通过白酒品牌个性化、符号系统塑造，充分发挥其自媒体作用，通过产品创意让川酒成为互联网时代的自媒体，促进川酒提高市场占有率，获得长远发展，在激烈的市场竞争中脱颖而出。

4.4 川酒包装自主平台将成为营销推广的自媒体

4.4.1 川酒包装自媒体化的可行性

自媒体时代是指以个人传播为主，以现代化、电子化手段，向不特定的大多数或者特定的单个人传递规范性及非规范性信息的媒介时代，人人都有麦克风，人人都是记者，人人都是品牌传播者，这种媒介基础凭借其交互性、自主性的特征进行信息传播。川酒包装除了起储存与保护作用，还是无声的推销员，其通过视觉、听觉、嗅觉、触觉从图形、色彩、造型、气味等对外进行酒的文化、品牌故事、售卖信息的有效传播，承载着捕捉视觉、数据分析、圈粉等任务，其包装将成为川酒品牌营销推广的自主平台，是川酒包装自媒体化的可行性表现，川酒包装自媒体化将是对川酒营销推广形式的创新。

4.4.2　川酒包装自媒体化的与众不同点

目前，在对自媒体的研究中学者主要从营销传播的媒体角度出发，对新媒体的发展、趋势及新媒体运用等方面的研究，像新媒体时代川酒品牌的微博营销，微信平台品牌文化传播效果研究——以川酒文化传播为例；在川酒包装的研究中多从包装装潢、造型、元素、文化上进行研究；在川酒营销传播的研究中从营销学和传播学的角度进行策略研究，以上主要在各自独立、分离的阵营里进行，跨界联系较少。本文的川酒包装自媒体化的创意策略研究主要以综合的思维（营销、包装设计、品牌文化），从自媒体和设计相结合的角度出发，站在有利于媒体传播的角度考虑产品设计，让产品的品牌符号系统充分发挥自媒体效应，实现在互联网时代的快速、极致传播，打破设计对产品的碎片化信息传递，突破以往产品营销就是打广告、做包装、放大标志等的片面认识。打造明确的品牌符号应该使品牌符号系统化，品牌符号应该建立在人的"五觉"上对川酒包装进行"四觉"的超级符号嫁接创意，而不仅认为品牌符号设计等同品牌视觉符号，同时设计借势于互联网，让产品快速传播，实现口碑相传、群群相传，建立川酒品牌的粉丝群，实现用户价值创造，为川酒产品营销打造一个良性循环的平台。

4.5　产品创意设计成为互联网时代自媒体的策略

4.5.1　超级符号就是超级创意

互联网时代的自媒体传播与营销，其实质是对文化的消费，川酒包装自媒体化的设计以川酒品牌文化为核心内容，从视觉、听觉、嗅觉、触觉进行川酒包装的创意设计，打造川酒明确的、地域个性的品牌超级符号系统，形成自媒体效应，实现互联网时代的快速、自发、广泛的传播，让产品自己说话，可引起消费者的视觉关注，在消费者头脑中留下清晰的印象（即品牌认知），培养消费者对川酒品牌浓厚的兴趣，川酒包装自媒体化的关键在于品牌超级符号的构建。

华彬和华楠在"华与华方法"中指出超级符号就是超级创意，超级符号本来就是被烙印、被人们喜欢的符号，是蕴藏在人类文化里的源泉，是隐藏于人类大脑深处的集体潜意识，将超级符号转嫁给品牌，就得到超级创意，超级品牌。① 让产品的品牌符号系统充分发挥自媒体效应，实现在互联网时代的快速、极致传播——用符号打造品牌最小单位，将川酒文化的独特历史积淀或可转嫁超级符号（人们本来记得、熟知、喜欢的符号）用来建立产品、包装、货架视觉（商场陈列货架与互联网时代的网屏）、标志的符号性。如可口可乐的瓶子、三精口服液的蓝瓶、汽车的前脸都是产品设计的符号性，实现川酒品牌超级符号的建立，其品牌的选择成本越低，选择的消费者就越多。超级符号就是超级创意设计思路如图 4.3 所示。

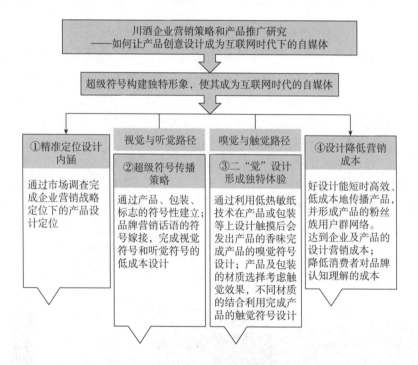

图 4.3 超级符号就是超级创意设计思路

4.5.2 以消费者服务为中心

随着移动互联网的快速发展和移动自媒体的兴起，中国白酒消费群体正在潜移默化地发生转变，整体逐渐呈现年轻化的趋势。"80 后""90 后"消费者已经取代"60 后""70 后"成为白酒新的主流消费群体，他们更加倾向于白酒低浓度化，拥有多种口味，追求娱乐化、个性化的生活习惯，青睐年

---

① http://www.sohu.com/a/229766427_665112.

轻化、时尚感、富有文化特色的包装，愿意为自己喜欢的白酒产品买单，整体上对白酒品质、包装、文化感、时尚感要求更高，赢得年轻的白酒消费群体的青睐已经成为中国白酒行业的普遍共识。

针对主流消费者的喜好、消费特点，不仅需要开发新的对口产品，还需要在品牌包装上使用传统与现代结合的文化符号设计造型、图形，色彩多使用雅致中明度中饱和度的色彩及深色色彩。

4.5.3 川酒品牌超级符号系统构建——一级视觉符号（巴蜀文化符号）的建立

4.5.3.1 川酒包装一级视觉符号的选择与提炼

从川酒文化的发展来看，川酒作为我国名酒之一，始终以博大精深的巴蜀文化作为其文化的源泉。因此，利用巴蜀的传统文化元素作为建立一级符号的特有元素，突出川酒的地域性文化特征，对川酒包装进行整体视觉的分层，同川外的酒品牌进行区分辨识，在视觉信息传达上能首先让受众辨别出是属于川酒的品牌，响应"抱团、携手出门"的呼应，提升川酒品牌的整体实力。符号元素包含自然元素、物质元素、精神元素，巴蜀文化元素有很多，较有代表性的有熊猫、川剧、蜀绣、古镇、盖碗茶、名山名水、川西自然风景、四川民间文化，金沙文化、三星堆文化、三国文化等古蜀文化等（见表4.2）。

表4.2 川酒一级视觉符号

符号级	包含	代表	图片	川酒包装应用	一级符号建构
一级视觉符号元素（四川）	自然元素	熊猫、名山名水、九寨沟、米亚罗等		川酒现有包装大多缺乏文化性元素，一级符号的体现屈指可数	
	物质元素	三星堆，金沙遗址，四川民居，四川古镇，茶馆，汉画像砖，蜀绣，青神竹编，银花丝，竹圈手椅		泸州老窖之泸州醇系列酒有采用四川民居的元素	

续表

符号级	包含	代表	图片	川酒包装应用	一级符号建构
一级视觉符号元素（四川）	精神元素	四川皮影戏、川剧，太阳神鸟纹饰，四川剪纸，道教文化，茶文化		剑南春一款珍藏品用了剪纸元素	

面对众多的巴蜀文化元素，需要将巴蜀文化提炼成符号，结合川酒品牌文化特点与品牌诉求进行巴蜀文化符号的嫁接。巴蜀文化符号的嫁接可以在川酒的容器包装上，也可以在川酒的外包装上，从人的视觉认知习惯以及从平面符号立体化的视觉感知度来看，巴蜀文化符号嫁接在川酒的容器包装上符号信息层次传达更清晰，如表4.2所示，川酒一级符号建构栏所附图完成了川酒包装造型上巴蜀风景、竹圈文化、川剧文化符号的融合。

图4.4将川剧脸谱的符号提炼出来，整个酒瓶的形态神似川剧包公的造型，川剧这一大家熟知的文化给川酒印上了第一层超级符号，利用川剧元素赋予川酒产品特色和创新，既有利于川剧文化的传承，又有利于增加川酒与其他省份酒的辨别度，有利于川酒整体形象的传达。

图4.4　川剧符号作为平面和立体符号转嫁与酒瓶

巴蜀文化符号转嫁与酒包装容器不仅可以进行造型的3维表达，也可以进行2.5维的造型表达，像泸州老窖之泸州醇系列酒，其酒瓶包装采用镂空的窗格纹样符号，表现川西居民的特点采用的就是巴蜀文化符号2.5维的造型表达（见图4.5）。

图4.5　巴蜀文化符号的2.5维表达
资料来源：泸州老窖官网。

4.5.3.2 巴蜀文化符号转嫁的有效表达

巴蜀文化符号转嫁需要有效表达，巴蜀文化符号作为一级视觉符号，对川酒品牌的整体形象提升和川酒区别于其他地域的酒的辨识度的提高是一种有效、直接的传达方式。巴蜀文化符号转嫁是否有效，从巴蜀文化符号选择、元素提炼，到与酒瓶造型的融合须根据川酒品牌诉求和文化传达、消费者审美需要进行，这样川酒包装在文化表达与包装形态上才有和谐和统一性，信息的视觉传达才更正确、快速、有效。

首先需要进行酒瓶基本形的设定，基本形采用圆形、方形、三角形或异形等，需要根据川酒品牌定位和文化区选择，不同形态的酒瓶所包含的情感不一样，比如圆形的酒瓶饱满、自然，具有浑厚感。

其次对符合定位的基本形体进行"相加"后，再进行基本形酒瓶与巴蜀文化符号的初结合，判断创意方向是否正确，符号提炼是否符合要求（见图4.6)。

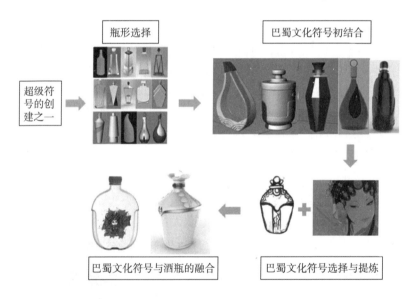

图4.6 川酒酒瓶造型与巴蜀文化符号的融合

4.5.4 川酒品牌超级符号系统构建——二级视觉符号（川酒品牌文化符号）的建立

这里的二级符号特指来源于川酒企业文化、川酒品牌文化、品牌故事和品牌特色的元素，即是与川酒产品、品牌自身相关的元素，在建立的一级视觉符号的基础上，选择和提炼川酒品牌文化、故事、特色等方面的元素运用于酒的内外包装上。

4.5.4.1 二级视觉符号选择与提炼

通过超级符号的构建与转嫁，让川酒包装自媒体化，让产品自己发声，川酒包装与消费者直接对话。在准确的品牌与文化定位的基础上，深挖川酒品牌的历史内涵和时代价值，分析其故事中的可视觉化元素，找到能引起消费者共鸣、简单易懂、个性鲜明的视觉符号，让消费者通过产品的包装能理解、预见川酒的内在品质，能主动与他人分享所获得的信息，完成川酒包装自媒体化，实现川酒包装的自我营销。表 4.3 中列出了川酒品牌及文化在品质特点、工艺特点、文化、包装方面的内容，不难看出，川酒品牌文化差异、品质差异是其本质性的差异，能从中找到个性鲜明的视觉符号。

表 4.3　川酒品牌特点及文化

	川酒品牌特点及文化					
品牌	泸州老窖	五粮液	剑南春	郎酒	水井坊	沱牌曲酒
二级符号元素（品牌文化、地域特征） 品质特点	醇香浓郁，柔和纯正，清冽甘爽（红黄褐等暖色）	浓郁稳重，香气悠久，滋味醇厚（红蓝白）	净爽清新，芳香浓郁，纯正典雅（蓝白青）	酱香突出，醇厚清爽，优雅细腻（黑褐白）	细腻圆润，陈香飘逸，甘润幽雅（青白灰）	窖香浓郁，绵软醇厚，尾净余长（红黄褐黑）
工艺特点	续糟配料，混蒸混烧，低温入窖，缓火蒸馏，量质摘酒，分级贮存，人机勾兑	跑窖循环，固态续糟，双轮底发酵，分层起糟、分层蒸馏、按质并坛	一低、二长、三高、四适当、五精作	高温制曲，两次投粮，晾堂堆积，回沙发酵，九蒸酿，八发酵，七次取酒，经年洞藏，盘勾勾兑	起窖拌料、上甑蒸馏、量质摘酒、摊晾下曲、入窖发酵、勾调储存	高、中温曲，续糟混蒸混烧，贮存勾兑
成分	浓香型，高粱、大曲、龙泉井水为主要原料，常见有38°、46°、52°	浓香型，五粮、包包曲、岷江中心河道水为主要原料，常见有38°、45°、52°	浓香型，五粮、大曲、玉妃泉泉水为主要原料，常见有38°、42°、52°	酱香型为主，粮食、酒曲、山泉泉水为主要原料，常见有42°、50°、53°	浓香型，粮食、酒曲、岷江上游水为主要原料，有38°、52°、61°	浓香型，高粱、糯米、大曲、沱江江水为主要原料，常见有38°、52°、68°

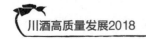
续表

	品牌	泸州老窖	五粮液	剑南春	郎酒	水井坊	沱牌曲酒
					川酒品牌特点及文化		
二级符号元素（品牌文化、地域特征）	品牌文化	天地同酿，人间共生	坚守初心，求真务实，创新求进，永争第一	开放包容，自强不息，尊贵崇高，大唐文化	天人合一，道法自然	穿越历史，传承文明	悠悠岁月酒，滴滴沱牌情
	包装现状	主打中高档，包装特点：内外包装相结合，瓶身主要为圆柱形，瓶体色调以红色或蓝色为主，材料以陶瓷为主，外包装采用纸盒材料，融入中国传统文化元素	主打高档包装特点：内外包装相结合，瓶身主要为宝塔形或圆柱形，材料以玻璃为主，融入中国传统文化元素	主打中高档，包装特点：瓶身主要为圆柱形，材料以玻璃为主，外包装为纸盒材料，融入唐文化元素	主打中高档，包装特点：瓶身主要为葫芦宝、圆柱形瓶体，以红色黄色陶瓷为主，融入中国书法元素	主打高档，包装特点：瓶身主要为圆柱形，多用黄色、玻璃主包装，采用纸木结合的方式融入中国文化元素	主打中高档，包装特点：内外包装相结合，瓶身主要为圆柱形，通常为红色，材料以陶瓷或玻璃为主融入中国传统文化元素

凝练、生动、有神韵的视觉符号才能引起消费者的兴趣与关注，对选择出来的元素进行点、线、面的概括，抽取最传神的形象进行符号化，用视觉最小的单位化繁为简，此符号所承载的相关文化、内涵在川酒包装自我传达中才容易被消费者理解，有利于川酒品牌文化在瞬间有效传达。

4.5.4.2 二级视觉符号的2维与2.5维表达

来源于川酒品牌自身的文化符号是二级视觉符号，为了让川酒包装上的超级符号的层次清楚、信息层明确，当二级视觉符号应用于川酒包装上时，最好以2维或2.5维的图形符号进行融合，与3维和2.5维的一级视觉符号产生维度上的对比，维度差使视觉信息层的传达更清晰、更明确，让包装的自我说明与自我营销传播功能得到有效发挥，川酒包装自媒体化才能更好地实现。

二级视觉符号建立中，造型和图形是实现川酒包装自媒体化较重要的部分，也是超级符号建立的关键，除此之外，色彩是视觉信息传达最活跃的因素之一，以自己独特的方式传递信息，是二级视觉符号不可忽视的部分，色彩有助于川酒品牌的定位、情感暗示，更是川酒企业形象的浓缩。色彩与情感知识中把色彩的心理暗示作用分为情感暗示、嗅觉暗示、味觉暗示，如红色、黄色、褐色，代表喜庆、吉祥、高档、尊贵，在嗅觉上可代表浓香、酱香型酒，味觉上可传达出浓烈、香甜感；蓝色、青色、白色情感代表清新、生态、静谧、理智，嗅觉暗示有清香感，味觉暗示清香、凉爽、干净。不同的色彩有不同的情感传达，在川酒包装的二级视觉符号建立时，需要根据川酒品牌文化和品质特点正确选择色彩（如表 4.3 分析了川酒不同酒品、文化对应的色彩），使川酒包装在自我传播时以及在捕捉视觉的同时，能正确、高效地传达川酒品牌的文化与品质，提高川酒品牌的辨识度。

4.5.5　川酒品牌超级符号系统构建——听觉符号的建立

在进行层级视觉符号构建的同时，听觉符号即品牌营销话语符号的建立要同时进行，特别强调用简单的，让受众听得懂、看得懂、想得起，同时乐于推荐给身边人，以及品牌营销的话语符号的嫁接，即用品牌的超级话语（超级话语应该是嫁接了人类文化的符号）说动消费者购买，超级话语一定是口语化、俗语化的。让消费者看到"一目了然、一见如故、不胫而走"，可以让消费者愿意传给别人，内部员工会自动自觉挂在嘴边，如此传播的效果——不花钱还传得快、传得广、传得远。听觉上的超级符号需要将品牌的相关信息嫁接给人们熟悉的符号，比如五粮液属于川酒，将四川较出名的非遗、气候、建筑、历史遗址、熊猫等符号进行提炼，如"国宝故乡的情，宜宾五粮液的缘"，这样五粮液的名和地域信息就转嫁给四川的相关信息，既突出五粮液本身，也突出其为川酒的信息。让这些超级话语成为符号的编码，通过川酒包装自身传达出去，川酒包装自动发声，让消费者的体验更深、印象更深，更乐于推荐、分享给身边的人，在自媒体环境下，川酒包装自媒体化的设计能让自媒体的优势得到最大程度的发挥，有利于川酒品牌的营销传播。

4.5.6　二"觉"（嗅觉与触觉）符号的构建

由泸州老窖集团有限责任公司档案室收藏，1915 年泸州"温永盛"酒坊获得巴拿马万国博览会金奖证书的故事里讲到：1915 年 2 月，在旧金山举办"太平洋—巴拿马万国博览会"，并向世界各国发出邀请，泸州老字号"温永盛"酒坊被选中参展，温家选用了最好的陶瓷瓦罐美酒前去。当时西方的玻璃酒包装样式新颖、时尚，所以很受参观群追捧，而"温永盛"酒坊的老窖大曲因包装土气，被安排在不起眼的角落展出。老窖大曲"拔塞千家醉，开瓶十里香"的美名眼看就要被埋没了，温家人灵机一动，故意将老窖大曲打碎一坛，酒香顿时溢满大厅，正因为"碎坛"之举，通过酒香引起大家的关注，最终"三百年老窖大曲"在展会终评中获得"太平洋—巴拿马万国博览会"金奖。

一百年前的金奖故事传达出一则信息：通过酒香、嗅觉识酒，川酒在营销传播中利用产品本身的香气进行品牌品质的传播是有很大价值的。通过二"觉"（嗅觉与触觉）设计形成独特体验——利用低热敏纸技术在川酒产品、包装和报刊上设计触摸后会发出产品的香味，可以在其上面闻到产品的味道，川酒产品嗅觉符号的建立让产品自己说话，实现其全面媒体化，也降低了产品营销传播成本（见图4.7）。

图4.7 会发出酒香的酒牌

川酒产品及包装的材质选择考虑触觉效果，不同材质的结合利用完成川酒品牌的触觉符号设计，通过材质符号元素来体现巴蜀文化与川酒品牌文化的内涵与意境，不同的材质符号元素表现出的巴蜀文化与川酒品牌文化的内涵与意境各异，如传统的青铜、土陶材质表现出三星堆、金沙文化与川酒品牌文化的历史感以及酒品质的醇厚感，而民间的竹编、藤编材质肌理表现出巴蜀手工艺文化与川酒的生态、自然感。触觉符号的建立可以有效缓解现在品牌传播中的视觉过剩，这样既是川酒营销传播的一种创新，也因为消费者对品牌认知理解更简单易懂而使营销传播更有效、更快速。

4.5.7 川酒产品创意设计的生态平衡设计理念

近年来，环境问题日益严峻：地球资源被人类过度消耗，环境污染、洪水泛滥、水土流失、地球变暖、生态平衡破坏等环境问题逐年扩大，人类的生存环境不断恶化，人类赖以生存的环境遭受前所未有的破坏。因此，在川酒产品创意设计中不能一味追求形式上的创新，而在其开始设计阶段就要考虑生命周期全过程的环境影响，把环境因素纳入产品设计之中，把产品对环境的影响降到最低程度的生态平衡设计理念，使设计出来的产品既满足对环境友好，又能满足人们需求，为产品提炼核心概念，形成诉求——提炼核心概念的基本目的在于形成差异化，一个好的核心概念，能够广泛地引起消费者的共鸣，并激发他们对产品的关注和好感，从而直接带来购买，带来销量。

川酒产品创意设计中，功能上主要从两个方向去考虑生态平衡设计：第一，在产品基本功能的基础上进行辅助功能的设计，因此让川酒包装的功能得到最大化利用；第二，在产品基本功能的基础上为其设计衍生功能，增长川酒包装的使用生命周期（见图4.8）。

图4.8　生态平衡设计—衍生功能

生态平衡设计除了从功能考虑，也可以从产品的整个生态平衡闭合的每一环节去做，如从材料、结构、物流、回收等方面去寻求新创意。通过生态平衡设计与消费者产生共鸣，引导消费者健康消费，树立生态环境保护意识，同时也传播了川酒企业大爱的社会担当；同时这些新创意在川酒包装的自我传播中能以个性、新颖性吸引消费者的关注，实现川酒产品的自我营销，启动自媒体化作用。

4.6　总结

随着互联网的发展、移动手机的普及，新媒体正在被大众普遍认可并日益影响着人们的生活，人们的信息传播方式和学习交流习惯已经发生了深刻的变化，新媒体不仅改变了大众传播中的传播者和受众之间的关系，颠覆了大众媒体传统的传播模式和内容生产方式，而且给人类传播活动及生存方式带来了巨大的改变和影响。

因此，站在有利于媒体传播的角度考虑产品设计，让产品的品牌符号系统充分发挥自媒体作用，采用超级符号就是超级创意的思想，对川酒产品进行"四觉"符号创建，实现在互联网时代的快速、极致传播。让产品自动传播、消费者口碑传播，形成川酒品牌忠诚的、长期的消费群网，促进川酒提高市场占有率，为川酒打造明确的品牌符号系统促进其推广，设计借势于互联网，让产品快速传播，建立川酒品牌的粉丝群，实现口碑相传、群群相传；实现用户价值创造，为川酒产品营销打造一个良性循环的平台。

[参考文献]

[1] http：//www. cada. cc/Item/106. aspx.

[2] http：//www. sohu. com/a/229766427_ 665112.

[3] http：//news. 163. com/11/0303/06/6U6UPCEU00014AED_ mobile. html.

[4] http：//www. chyxx. com/industry/201801/599011. html.

[5] Keller L. . Conceptualin, Measuring and Managing Customer-based Brand Equity[J]. Journal of Marketing, 1993（57）：1-22.

[6] 唐承林. 川酒基于品牌形象的竞争优势实证研究[J]. 酿酒科技, 2016（8）.

[7] http：//www. sohu. com/a/271140926_117952.

[8] 一凡. 自媒体之产品包装设计的重要性[J]. 饲料与畜牧, 2014（1）.

[9] 魏武挥. 自媒体及其商业未来[J]. 商周刊, 2013（7）.

[10] 刘力溯. "媒体包装"释义[J]. 西部广播电视, 2016（6）.

[11] 宋晓琪. 设计改变世界——乳品企业如何做到包装媒体化[J]. 中国乳业, 2014（6）.

[12] 唐瑛. "互联网+"背景下白酒新媒体广告的发展路径研究[J]. 食物与发酵科技, 2016, 52（4）.

[13] 吴斌. 基于地域特色文化的现代白酒包装设计研究[J]. 食品与机械, 2017, 33（7）.

[14] 熊贞玲, 魏俐, 王艳, 匡开俊, 王阳. 社会新媒体营销在四川白酒业中的应用研究[J]. 广东经济, 2016（14）.

[15] 杨颜蔚. 基于民族文化元素的白酒酒具设计研究——以四川地区的白酒品牌为例[D]. 成都：西华大学硕士学位论文, 2017.

[16] 王平春, 林洁. 泸州白酒企业电子商务发展策略研究[J]. 南方农机, 2015（4）.

[17] 孔莎, 许静. 白酒企业国际市场文化营销"微传播"策略研究[J]. 酿酒, 2013（5）.

[18] 赵苑君. 社会化媒体的品牌营销[J]. 信息通信, 2011（3）.

川酒企业及产业发展战略

白酒上市公司全要素生产率变化与收敛性研究 *

甘伦知　张春国　毛国育

（四川轻化工大学管理学院，四川自贡　643000）

摘要：运用改进的 Malmquist 指数分解方法，对白酒上市公司进行全要素生产率测算，发现 2008~2017 年其全要素生产率提升了 1.42%，动力主要来自于纯技术效率改进，而规模效率的促进作用较弱，技术进步的推动作用则有待提升。TFP 增长变化在 2008~2017 年不存在 σ 收敛，但存在绝对 β 收敛。白酒上市公司要提高全要素生产率，应当重点加强管理创新和技术创新。

关键词：Malmquist 指数；DEA 模型；全要素生产率；白酒

5.1 引言

学界对全要素生产率的研究，主要方法有：增长核算法、索洛余值法、随机前沿生产函数法和基于数据包络分析（DEA）的 Malmquist 指数法等。其中，数据包络分析法是直接利用输入和输出数据建立非参数的模型，运用线性规划的方法确定一个非参数的分段前沿面，然后将各个决策单元（DMU）投影到这个前沿面上，通过比较决策单元偏离 DEA 前沿面的程度来评价它们的相对有效性，具有不需要对生产函数结构做先验假定、不需要对参数进行估计和允许无效率行为存在等优点。而 Malmquist 生产率指数利用距离函数的比率来计算投入产出效率，能反映决策单元跨期生产率的变化，它将 DEA 方法利用的样本从横截面数据扩展到面板数据，分析结果更为稳健。由于这些

---

* 基金项目：川酒发展研究中心资助项目（编号：CJY18-09）。

第一作者简介：甘伦知（1970—），男，汉族，四川自贡人，四川轻化工大学管理学院副教授。研究方向：应用统计决策研究。

优点，基于 DEA 的 Malmquist 指数法在实际研究中得到了广泛应用。现有成果常见的是，在某一行业以企业为决策单元研究其全要素生产率，如朱超（2009）、吕秀萍（2009）、张健华（2010）、赵萌（2011）、冯梅和王之泉（2012）、辛玉红和李星星（2013）、韩珂和陈宝峰（2017）、李滟（2017）等，或者在某一地域范围内以地区（或城市）为决策单元研究其某方面的全要素生产率，如刘兴凯（2010）、何瑜和霍学喜（2012）、郑君君和韩笑（2013）、辜子寅（2017）等，也有学者针对某一所有制类型企业以行业为决策单元研究其全要素生产率，如马荣（2011）等。这些成果由于研究的时间、对象或样本的差异，结论也各不相同。

将 Malmquist 指数分解为前沿面技术的变化、相对于前沿面技术效率的变化和规模效率的变化，是应用 Malmquist 指数法研究问题的一个重要结论。本文借鉴 Ray 和 Desli（1997）的分解思路[1][2]，首先阐述 Malmquist 指数及其分解，然后对我国白酒上市公司全要素生产率进行实证分析，希望能为该行业企业的未来发展提供决策参考，也为后续应用 Malmquist 指数研究问题提供借鉴。

5.2 基于 DEA 的 Malmquist 指数法

5.2.1 距离函数

假定有 k 个决策单元(DMU)在 T 个时期进行生产，每个决策单元使用 n 种投入获取 m 种产出，记 $X^t = (x_{ij}^t)_{n \times k}$ 为第 t 期的投入矩阵($t = 1, 2, \cdots, T$)，并记 X^t 的第 j 列为 x_j^t(即，x_j^t 为第 j 个决策单元在第 t 期的投入向量，$j = 1, 2, \cdots, k$)；$Y^t = (y_{ij}^t)_{m \times k}$ 为第 t 期的产出矩阵，并记 Y^t 的第 j 列为 y_j^t(即 y_j^t 为第 j 个决策单元在第 t 期的产出向量)。

距离函数可以基于投入或者基于产出进行定义，本文侧重基于产出的距离函数。产出距离函数刻画的是在给定要素投入的情况下，可以使产出获得最大的扩展比例。设 S^r 为第 r 期($r = 1, 2, \cdots, T$)的生产可能集：

$$S^r = \{(X^r, Y^r) \mid \text{投入 } X^r \text{ 可以产出 } Y^r\}$$

---

① Ray S. C. , and Desli E. . Productivity Growth, Technical Progress, and Efficiency Change in Industrialized Countries: Comment [J]. American Economic Review, 1997, 87 (5) .

② 章祥苏，贲斌威. 中国全要素生产率分析：Malmquist 指数法评述与应用[J]. 数量经济技术经济研究，2008（6）.

　　在生产可能集 S^r 中，所有给定投入下的最大产出构成的子集就是生产技术前沿。按照 Shephard（1970）的定义，第 t 期的生产点 (x_j^t, y_j^t) 相对于第 r 期的生产可能集 S^r 的产出距离函数定义为：

$$D^r(x_j^t, y_j^t) = \inf\{\theta \mid (x_j^t, y_j^t/\theta) \in S^r\} = (\sup\{\varphi \mid (x_j^t, \varphi y_j^t) \in S^r\})^{-1}$$

　　由该定义可知，当 $(x_j^t, y_j^t) \in S^r$ 时，$D^r(x_j^t, y_j^t) \leqslant 1$，而 $D^r(x_j^t, y_j^t) = 1$ 意味着 (x_j^t, y_j^t) 位于第 r 期生产技术的前沿面上。需要注意的是，如果 $r \neq t$，生产点与技术前沿是不同时期进行对比，生产点有可能在参照的生产可能集之外，在实践中遇到这种情况时（这种情形一般很少出现），往往直接认为生产是有效的，即认为距离函数值等于1。

　　假设规模收益不变（CRS），把第 j 个决策单元在第 t 期生产点的距离函数记为 $D_C^t(x_j^t, y_j^t)$（下标"C"代表 CRS 假设）。由于实际的技术前沿面无法准确获知，研究中一般通过样本数据集来构造，距离函数值则用决策单元在样本中构造出的技术前沿面的投影来计算，它等于对应的 DEA 模型最优值的倒数：

$$[D_C^r(x_j^t, y_j^t)]^{-1} = \max_{\varphi, \lambda} \varphi$$

$$\text{s. t.} \begin{cases} -\varphi y_j^t + Y^r \lambda \geqslant 0 \\ x_j^t - X^r \lambda \geqslant 0 \\ \lambda \geqslant 0 \end{cases} \tag{5.1}$$

　　其中，$\lambda = (\lambda_1, \lambda_2, \cdots, \lambda_k)'$ 是常数向量。式（5.1）为 DEA 理论中的 C^2R 模型（产出主导型，规模收益不变），如果在式（5.1）中增加凸性约束：$I\lambda = 1$（I 是元素全为1的 k 维行向量），则模型成为规模收益可变（VRS）条件下的 BC^2 模型，模型的最优值等于 $[D_V^r(x_j^t, y_j^t)]^{-1}$（下标"$V$"代表 VRS 假设）。

5.2.2　Malmquist 指数

　　Malmquist 指数是以"规模收益不变"的技术前沿为基准来定义的（Ray, Desli and Fare, et al. , 1997），从第 t 期到第 $t+1$ 期的 Malmquist 指数用距离函数可以表示为：

$$M(x^t, y^t, x^{t+1}, y^{t+1}) = \sqrt{\frac{D_C^t(x^{t+1}, y^{t+1})}{D_C^t(x^t, y^t)} \cdot \frac{D_C^{t+1}(x^{t+1}, y^{t+1})}{D_C^{t+1}(x^t, y^t)}} \tag{5.2}$$

　　为了避免技术前沿参照系选择不同的影响，Malmquist 指数使用了以两个时期技术前沿为参照的指数的几何平均数。Malmquist 指数比较的是决策单元第 $t+1$ 期生产点 (x^{t+1}, y^{t+1}) 相比于第 t 期生产点 (x^t, y^t) 的相对生产率，反映了从第 t 期到第 $t+1$ 期生产率的变化，指数值的含义是：当 $M(x^t, y^t, x^{t+1},$

y^{t+1})>1 时，表明决策单元全要素生产率（TFP）提高了；当 $M(x^t,\ y^t,\ x^{t+1},\ y^{t+1})$<1 时，表明 TFP 下降了；当 $M(x^t,\ y^t,\ x^{t+1},\ y^{t+1})=1$ 时，表明 TFP 没有发生改变。

5.2.3　Malmquist 指数的分解

Malmquist 指数可以分解为技术效率变化（*effch*）和技术进步变化（*techch*）：

$$M(x^t,\ y^t,\ x^{t+1},\ y^{t+1})=effch \cdot techch$$

其中，

$$effch=\frac{D_C^{t+1}(x^{t+1},\ y^{t+1})}{D_C^t(x^t,\ y^t)},\quad techch=\sqrt{\frac{D_C^t(x^{t+1},\ y^{t+1})}{D_C^{t+1}(x^{t+1},\ y^{t+1})} \cdot \frac{D_C^t(x^t,\ y^t)}{D_C^{t+1}(x^t,\ y^t)}}$$

如果规模收益可变，按照 Fare 等（1994）的观点，CRS 条件下的"技术效率变化（*effch*）"可以进一步分解为纯技术效率变化（*pech*）和规模效率变动（*sech*）[①]：

$$effch=pech \cdot sech$$

其中，

$$pech=\frac{D_V^{t+1}(x^{t+1},\ y^{t+1})}{D_V^t(x^t,\ y^t)}$$

$$sech=\frac{D_C^{t+1}(x^{t+1},\ y^{t+1})/D_V^{t+1}(x^{t+1},\ y^{t+1})}{D_C^t(x^t,\ y^t)/D_V^t(x^t,\ y^t)}=\frac{SE^{t+1}(x^{t+1},\ y^{t+1})}{SE^t(x^t,\ y^t)}$$

其中，$SE^t(x^t,\ y^t)$ 表示决策单元在第 t 期生产点 $(x^t,\ y^t)$ 的规模效率。Fare 等（1994）的分解主要存在两点不足：第一，在已经假定了规模收益可变的条件下，对于"技术进步变化（*techch*）"却仍是按规模收益不变来测算的，忽视了规模收益的可变；第二，对"规模效率变动（*sech*）"测算的是沿不同生产前沿面的变化，而不是按照"沿着同一生产前沿面的规模效率变化"来界定的。因此，本文接下来通过技术效率示意图（见图 5.1）谈谈 Malmquist 指数的改进分解。

设决策单元在第 t 期的生产点 $P(x^t,\ y^t)$ 以第 r 期（$r=t,\ t+1$）技术前沿为参照的技术效率和规模效率分别为 $TE^r(x^t,\ y^t)$，$SE^r(x^t,\ y^t)$，在第 $t+1$ 期的生产点 $Q(x^{t+1},\ y^{t+1})$ 以第 r 期技术前沿为参照的技术效率和规模效率分别为 $TE^r(x^{t+1},\ y^{t+1})$，$SE^r(x^{t+1},\ y^{t+1})$。以一种投入获取一种产出为例，如图 5.1 中

---

① Fare R., Grosskopf S., Norris M. and Zhang Z.. Productivity Growth, Technical Progress, and Efficiency Change in Industrialized Countries [J]. American Economic Review, 1994, 84 (1).

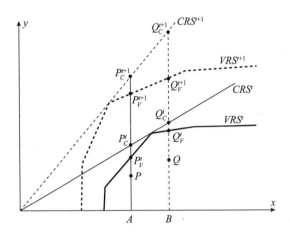

图 5.1 基于产出的跨期技术效率示意图

的 CRS^t、CRS^{t+1} 分别表示在第 t、$t+1$ 期规模收益不变条件下的技术前沿，而 VRS^t、VRS^{t+1} 分别表示在第 t、$t+1$ 期的规模收益可变条件下的技术前沿。第 t 期在 P 点生产的决策单元的技术效率和规模效率可以表示为：

$$TE_C^t(x^t,\ y^t) = \frac{AP}{AP_C^t} = D_C^t(x^t,\ y^t)$$

$$TE_V^t(x^t,\ y^t) = \frac{AP}{AP_V^t} = D_V^t(x^t,\ y^t)$$

$$SE^t(x^t,\ y^t) = \frac{AP_V^t}{AP_C^t} = \frac{AP/AP_C^t}{AP/AP_V^t} = \frac{D_C^t(x^t,\ y^t)}{D_V^t(x^t,\ y^t)}$$

其中，技术效率符号中增加的下标"C"与"V"分别代表"CRS"与"VRS"假设。由此可得：

$$D_C^t(x^t,\ y^t) = D_V^t(x^t,\ y^t) \cdot SE^t(x^t,\ y^t)$$

同理有：

$$D_C^{t+1}(x^{t+1},\ y^{t+1}) = D_V^{t+1}(x^{t+1},\ y^{t+1}) \cdot SE^{t+1}(x^{t+1},\ y^{t+1})$$

$$D_C^t(x^{t+1},\ y^{t+1}) = D_V^t(x^{t+1},\ y^{t+1}) \cdot SE^t(x^{t+1},\ y^{t+1})$$

$$D_C^{t+1}(x^t,\ y^t) = D_V^{t+1}(x^t,\ y^t) \cdot SE^{t+1}(x^t,\ y^t)$$

把这四个式子代入 Malmquist 指数的定义式可得：

$$M(x^t,\ y^t,\ x^{t+1},\ y^{t+1}) = \frac{D_C^{t+1}(x^{t+1},\ y^{t+1})}{D_C^t(x^t,\ y^t)} \cdot \sqrt{\frac{D_C^t(x^{t+1},\ y^{t+1})}{D_C^{t+1}(x^{t+1},\ y^{t+1})} \cdot \frac{D_C^t(x^t,\ y^t)}{D_C^{t+1}(x^t,\ y^t)}}$$

$$= \frac{D_V^{t+1}(x^{t+1},\ y^{t+1})}{D_V^t(x^t,\ y^t)} \cdot \sqrt{\frac{D_V^t(x^{t+1},\ y^{t+1})}{D_V^{t+1}(x^{t+1},\ y^{t+1})} \cdot \frac{D_V^t(x^t,\ y^t)}{D_V^{t+1}(x^t,\ y^t)}} \cdot$$

$$\sqrt{\frac{SE^{t+1}(x^{t+1},\ y^{t+1})}{SE^{t+1}(x^t,\ y^t)} \cdot \frac{SE^t(x^{t+1},\ y^{t+1})}{SE^t(x^t,\ y^t)}}$$

$$= \frac{D_V^{t+1}(x^{t+1},\ y^{t+1})}{D_V^t(x^t,\ y^t)} \cdot \sqrt{\frac{D_V^t(x^{t+1},\ y^{t+1})}{D_V^{t+1}(x^{t+1},\ y^{t+1})} \cdot \frac{D_V^t(x^t,\ y^t)}{D_V^{t+1}(x^t,\ y^t)}} \cdot$$

$$\sqrt{\frac{D_C^{t+1}(x^{t+1},\ y^{t+1})/D_V^{t+1}(x^{t+1},\ y^{t+1})}{D_C^{t+1}(x^t,\ y^t)/D_V^{t+1}(x^t,\ y^t)} \cdot \frac{D_C^t(x^{t+1},\ y^{t+1})/D_V^t(x^{t+1},\ y^{t+1})}{D_C^t(x^t,\ y^t)/D_V^t(x^t,\ y^t)}}$$

$= pech \times techch \times sech$

其中，纯技术效率变化（pech）对比的是决策单元在第 t 期与第 t+1 期的生产点谁更靠近当期的生产前沿面，体现了两个时期内决策单元组织管理效率水平变化的"追赶效应"；技术进步变化（techch）表示的是生产技术变化对于决策单元生产效率的影响，它体现了两个时期内技术的变化，反映了"前沿面移动效应"；规模效率变化（sech）则度量了两个时期的生产点相对于同一生产前沿面规模效率的变化。

Malmquist 指数的变化受到纯技术效率变化、技术进步变化和规模效率变化三种因素的共同作用。当纯技术效率变化（或者技术进步变化、规模效率变化）大于 1 时，表明其促进了 TFP 的上升；反之，则说明其阻碍了 TFP 的提高。

5.3 白酒上市公司生产效率分析

我国白酒生产历史悠久，白酒上市公司现已进入一个新的发展时期。现有文献对白酒上市公司进行专门研究的成果很少，对其生产效率进行研究的成果则更加少见。本文考虑应用 2009~2017 年上市公司年报数据对白酒上市公司的全要素生产率情况做实证分析。

5.3.1 样本与变量

白酒上市公司目前一共有 19 家，具体为：泸州老窖、古井贡酒、酒鬼酒、五粮液、顺鑫农业、*ST 皇台、洋河股份、伊力特、金种子酒、贵州茅台、老白干酒、舍得酒业、水井坊、山西汾酒、迎驾贡酒、今世缘、口子窖、金徽酒、青稞稞酒。由于上市较晚的原因，剔除迎驾贡酒（2015 年）、今世缘（2014 年）、口子窖（2015 年）、金徽酒（2016 年）、青稞秾酒（2011 年）五家公司，余下 14 家作为研究样本。

借鉴已有的研究，基于企业生产的特点，本文选取营业收入作为产出要素，选取资产投入和营业成本作为投入要素，考虑到营业成本中包含工人工资，因而并不把劳动力作为单独的投入要素。其中，资产投入以固定资产与流动资产之和计算，当期资产投入 =（上年年末资产总计+本年年末资产总计）÷2。为增强公司之间的可比性，营业收入与营业成本只取"酒类"业务的"营业收入"与"营业成本"数据，原始数据全部来源于各上市公司年报或其招股说明书。

在应用 DEA 法时需要注意的是，该法一般要求决策单元数 k 与投入产出变量数(n, m)应满足的关系式：$k \geqslant \max\{n \times m, 3 \times (n+m)\}$（Cooper, Seiford and Zhu, 2011），否则，DEA 效率的区别能力会变弱。本文确定的样本和变量数目符合这个要求。

5.3.2 实证结果

通过在 MATLAB 7 中编写程序进行计算（在距离函数的计算中，当 r≠t 时，如果生产点在参照的生产可能集之外，则令 θ = 1。程序备索），得到表 5.1 和表 5.2 所示结果。

表 5.1　2008~2017 年 14 家白酒上市公司 Malmquist 指数及其分解指数

公司	Malmquist 指数（tfpch）	纯技术效率变化（pech）	技术进步变化（techch）	规模效率变化（sech）
＊ST 皇台	1.0524	1.0000	1.0707	0.9829
老白干酒	1.0510	1.0328	0.9924	1.0254
顺鑫农业	1.0453	1.0811	0.9899	0.9768
舍得酒业	1.0427	1.0520	0.9920	0.9991
水井坊	1.0232	1.0268	0.9837	1.0130
酒鬼酒	1.0203	1.0076	0.9889	1.0240
伊力特	1.0197	1.0146	0.9871	1.0181
古井贡酒	1.0145	1.0345	0.9740	1.0068
贵州茅台	1.0087	1.0000	1.0079	1.0008

续表

公司	Malmquist 指数 （tfpch）	纯技术效率变化 （pech）	技术进步变化 （techch）	规模效率变化 （sech）
泸州老窖	0.9965	1.0121	0.9943	0.9903
山西汾酒	0.9940	1.0000	0.9904	1.0037
五粮液	0.9910	0.9859	1.0016	1.0036
金种子酒	0.9850	0.9242	1.0101	1.0552
洋河股份	0.9600	0.9898	0.9788	0.9909

注：表中各公司指数为2008~2017年环比指数的几何平均数。

从表5.1中可以看出，从2008~2017年整体来看，有九家公司的全要素生产率出现增长，最快的三家公司分别为＊ST皇台（+5.24%）、老白干酒（+5.10%）和顺鑫农业（+4.53%），纯技术效率提高是这些公司TFP增长的主要动力。在五家TFP下降的公司中，洋河股份（-4.00%）、金种子酒（-1.50%）和五粮液（-0.90%）下降较多，其中，洋河股份应重点考虑加强研发投入，引进先进的生产技术和管理经验，加强资源配置，推动技术进步、纯技术效率和规模效率全面提升；金种子酒和五粮液可以重点在公司管理方面多下功夫，促进纯技术效率不断提升。

从表5.2中可以看出，白酒上市公司全要素生产率总体提升1.42%，动力主要来自于纯技术效率（+1.09%）和规模效率（+0.63%）提升推动。其中，受市场需求变动冲击的2013~2014年，全要素生产率出现下降，其余年份均保持1.88%~12.48%的增长幅度。在2015~2017年的市场恢复上涨期，推动全要素生产率上涨的动力由纯技术效率主导逐步演变为技术进步发挥主导作用。而规模效率在2013年市场调整以来，仅在2015年观察到1.94%的上涨表现，其余年份则表现为全要素生产率上涨的阻力。

表5.2 2008~2017年14家白酒上市公司Malmquist指数及其分解指数

年份	Malmquist 指数 （tfpch）	纯技术效率变化 （pech）	技术进步变化 （techch）	规模效率变化 （sech）
2008~2009	1.0539	1.0493	0.9849	1.0197
2009~2010	1.0839	0.9512	1.0715	1.0635

续表

年份	Malmquist 指数 （tfpch）	纯技术效率变化 （pech）	技术进步变化 （techch）	规模效率变化 （sech）
2010~2011	1.1248	1.0546	1.0251	1.0405
2011~2012	1.0851	1.0229	1.0353	1.0246
2012~2013	0.8161	0.8800	0.9555	0.9707
2013~2014	0.8424	1.0153	0.8746	0.9487
2014~2015	1.0871	1.1399	0.9355	1.0194
2015~2016	1.0188	1.0320	0.9899	0.9973
2016~2017	1.0698	0.9745	1.1232	0.9774
平均值	1.0142	1.0109	0.9970	1.0063

注：表中的平均值为各期指数的几何平均数。

5.3.3　收敛性分析

如果存在技术正的外部性，落后企业能够通过学习先进企业的技术和管理经验，以降低研发成本、提高技术效率，这种生产率增长的结果就会出现收敛现象。为了进一步分析白酒上市公司 TFP 增长差距的变化趋势，下面对其进行 σ 收敛和绝对 β 收敛检验（Barro et al.，1992）。

5.3.3.1　σ 收敛性分析

σ 收敛是指变量的离散程度随着时间推移而呈现下降趋势特征。本文采用变异系数 CV 来观察 σ 收敛，CV 的计算方法为：

$$CV = \frac{1}{\overline{M}} \sqrt{\frac{1}{K} \sum_{j=1}^{K} (M_j - \overline{M})^2}$$

如果样本期内 CV 逐渐缩小，则说明 TFP 的增长差距出现收敛趋势，存在 σ 收敛。从图 5.2 中可以看出，在 2013~2015 年白酒市场需求行情低迷期，Malmquist 指数的变异系数较大，而在市场行情较好的 2012 年以前及 2016 年以后则相对较小，整个样本期内无明显的 σ 收敛特征。

5.3.3.2　绝对 β 收敛性分析

绝对 β 收敛是指，初期 TFP 增长率低的公司，相比 TFP 增长率高的公司具有更快的增长速度，随着时间推移，不同公司的 TFP 增长率最终收敛到相

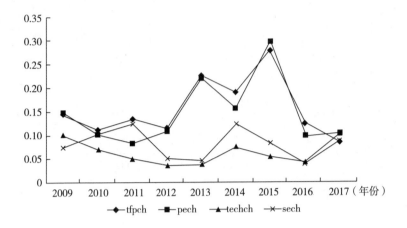

图 5.2 2009~2017 年白酒上市公司 Malmquist 指数的变异系数

同的稳态水平。本文所使用的绝对 β 收敛检验模型为：

$$\frac{1}{t}\text{Ln}\left(\frac{M_j^t}{M_j^0}\right)=\alpha+\beta\text{Ln}(M_j^0)+\varepsilon_j$$

其中，M_j^0、M_j^t 分别表示 j 公司在初期（2009 年）与第 t 期的 Malmquist 指数；$\frac{1}{t}\text{Ln}\left(\frac{M_j^t}{M_j^0}\right)$ 是 j 公司在 t 年内 TFP 增长率的年平均值。若 $\beta<0$，说明存在 β 收敛；反之，则表明不存在 β 收敛。收敛速度（λ）的计算方法为：

$$\lambda=-\text{Ln}(1+\beta)/t$$

除考察整个样本期外，考虑到白酒行业在 2012 年经历了重大市场变化，所以再对 2009~2012 年、2013~2017 年分别做绝对 β 收敛性检验，所得结果如表 5.3 所示。

表 5.3 白酒上市公司 TFP 指数的绝对 β 收敛检验

时期	β	R^2	λ（%）
2009~2017 年	−0. 1572 ** (−8. 2706)	0. 8508	2. 1378
2009~2012 年	−0. 4191 ** (−5. 7178)	0. 7315	18. 1059
2013~2017 年	−0. 2886 ** (−15. 9672)	0. 9550	8. 5130

注：表中括号内数值为系数对应的 t 统计量值，"**"表示系数值在 1%水平显著。

从表 5.3 中的回归结果看，可决系数 R^2 都比较接近于 1，显示拟合优度很好。三个时期的 β 系数在 1% 水平都是显著为负值，表明 TFP 增长与初始水平存在显著的负相关关系，说明存在绝对 β 收敛，先进技术和管理经验能够在白酒上市公司之间得到较快学习和推广。从收敛速度来看，2009~2017 年的整体收敛速度为 2.1378%。分阶段来看，在市场快速发展期（2009~2012年），收敛速度则达到了 18.1059%，而在市场低迷及恢复增长期（2013~2017年），收敛速度为 8.5130%。

5.4 结语

将 Malmquist 指数进行分解有助于找到推动 TFP 增长的主要动力。本文对白酒上市公司酒类产品的全要素生产率变动进行分析发现，2008~2017 年白酒上市公司 TFP 增长率为 1.42%，增长动力主要来自于纯技术效率改进（+1.09%）和规模效率提高（0.63%），而技术进步仅在 2010 年、2011 年、2012 年、2017 年表现为正向推动。TFP 增长最快的是 ＊ST 皇台，最慢的是洋河股份。白酒上市公司在 2008~2017 年 TFP 增长变化不存在 σ 收敛，但存在绝对 β 收敛趋势，初期全要素生产率较低的公司对全要素生产率较高的公司具有"追赶效应"。

当前，白酒上市公司应强化供给侧结构性改革，加强技术创新和管理创新，在行业发展新形式下不断推动技术进步和纯技术效率提升。

[参考文献]

[1] Ray S. C. , and Desli E. . Productivity Growth, Technical Progress, and Efficiency Change in Industrialized Countries: Comment [J]. American Economic Review, 1997, 87 (5) .

[2] 章祥荪，贵斌威. 中国全要素生产率分析：Malmquist 指数法评述与应用[J]. 数量经济技术经济研究, 2008 (6) .

[3] Fare R. , Grosskopf S. , Norris M. and Zhang Z. . Productivity Growth, Technical Progress, and Efficiency Change in Industrialized Countries [J]. American Economic Review, 1994, 84 (1) .

白酒行业供应链环境下的经销商评价与选择*

李 晖

（四川轻化工大学管理学院，四川自贡 643000）

摘要： 21 世纪的企业竞争是供应链与供应链的竞争，是供应链优化竞争。我国白酒行业在供应链管理和优化方面，由于受各种宏观微观环境因素的影响，白酒行业的供应链优化仍然有待提高，但综观白酒行业的供应链现状不难发现，经销商节点是供应链整体十分关键的一环，本文基于我国白酒行业供应链优化环境角度，分析了经销商能力的内涵，并依据系统全面、科学、灵活、可操作性、可拓展性的原则，构造了企业选择经销商评价指标体系，拟定了白酒企业选择经销商评价的模糊层次分析模型。

关键词： 白酒行业；供应链；经销商；评价

6.1 引言

2003~2012 年，中国白酒行业迎来了量价齐升的"黄金十年"，虽然 2008 年全球遭遇次贷危机，但中央出台 4 万亿元刺激政策，将 2008 年白酒调整周期往后推迟。2013 年党的十八届三中全会后，中央政府"反腐"力度逐渐加大，"三公"消费受到限制，使得白酒行业遭遇"断崖式"下跌，白酒行业迎来调整周期，白酒产量、销售额、价格及利润总额都有不同程度的下降。

---

　* 基金项目：川酒发展研究中心资助项目：白酒行业供应链环境下的分销网络设计研究（CJY15-10）。

　作者简介：李晖（1976— ），男，四川安岳人，博士，四川轻化工大学管理学院副教授。研究方向：管理科学、决策分析。

在经历 2013~2014 年两年困难期之后，中国白酒行业于 2014 年见底。2012 年 100~300 元的中高端白酒消费中，政务、商务与民间消费占比分别为 25%、35%、45%，而随着政策打压，2014 年政务消费占比急骤下滑到 3%，商务与民间消费占比分别为 42% 与 55%。从 2015 年起，随着白酒行业重点从高端政商消费向由"消费升级"为特征的大众消费转型后，行业回暖。但我国部分白酒市场仍呈现出供大于求、产能过剩的局面，库存积压严重，严重影响了白酒企业和经销商的利润。部分白酒企业甚至出现了大幅的亏损。白酒行业"黄金十年"戛然而止，白酒供应链优化在即。

供应链管理在白酒产业中的重要性如下：

根据马丁·克里斯托弗的观点，"当今世界的竞争，不仅是企业与企业之间的竞争，而且是供应链与供应链之间的竞争"。由此可见，供应链管理是经济发展的必然要求，白酒企业如今正面临着难以想象的发展瓶颈，想要在如今变幻莫测的市场中平稳过渡并获得可持续性发展，实施供应链管理似乎就是它们迎接挑战的有效出路。

供应链管理是现代国际网络信息技术发展与跨国战略联盟思想发展的结晶，在如今全球经济一体化、企业之间日益相互依赖、用户需求越来越个性化的背景下，供应链管理成为企业界盛行的一种管理模式。白酒企业现在正面临着可持续性发展的瓶颈，正确运用供应链管理对改善其现在所面临的困境有着重要的意义。但是要在很短的时间里跨越不同的文化障碍，建立畅通无阻的无线沟通渠道并非易事，这要求白酒企业必须加强理解，剔除不必要的环节，选择好新成员，建立行之有效的供应链和成为更为强大的供应链中的一分子。众所周知，白酒产业从生产到销售涉及的范围十分广泛并且复杂，如何更好地利用供应链管理加强与各个关联节点企业的联系与合作就显得十分重要。

（1）供应链管理可以有效地促进白酒企业与消费者实现供求的良好结合。供应链管理追求的目标是满足客户的需求，传统的批量化生产已不再适应市场经济发展的需求和消费者多样化个性化的需求，而通过有效的供应链管理，就可有效实现对消费者需求的快速反应以及与供应链合作伙伴的合作，实现供与求的良好结合。

（2）供应链管理可以减少白酒企业库存，降低成本。虽然白酒存放得越久，酒就越醇越香，但是大量的产品存放，势必会积压大量资金，并带来许多相应的仓储等不安全问题的发生，因此科学合理的库存和即时供应在这个特殊的行业更显得尤为重要。供应链管理可以加强白酒企业供应链各节点企业的联系，各企业可共享信息即时安排生产、配货等，大大减少了企业库存，

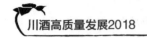
降低了物流成本。

（3）最大幅度降低流通费用。供应链管理把白酒企业供应链上各成员企业视为一个有机整体，使实体物流、制造装配物流与实体分销物流之间达到均衡，最大幅度地降低了白酒企业的流通费用。

（4）提高服务质量，刺激消费需求。如今白酒市场正遭遇着几十年一遇的低迷期，供应链的实施目标之一是通过上下游企业协调一致的运作，保证达到客户满意的服务水平，吸引并保留客户。

（5）供应链管理有利于强化企业的核心竞争力。供应链管理强调根据企业的自身特点，在某一点形成自己的核心竞争力，它是企业赢得竞争的关键和基础，是企业的立足之本。

（6）可以提高企业的竞争承受力。以往的白酒企业都是单独承担市场上存在的各种不可预测的风险，而现在，供应链上的各企业建立合作伙伴关系后可共同承担风险，提高了企业的竞争承受力。

6.2　白酒行业供应链及其优化

供应链是围绕核心企业，通过对信息流、物流、资金流的控制，从采购原材料开始，制成中间产品以及最终产品，最后由销售网络把产品送到终端顾客手中的将供应商、制造商、分销商、零售商直到终端顾客集成一个整体的功能网链结构。

企业供应链优化的战略目标是提升核心竞争力，价值目标是落实顾客关怀，功能目标是强化协同商务能力。为了实现这些目标，企业供应链的优化可采用渐进性变化策略或革命性变化策略，或者是两者的组合策略确定了优化策略，接下来就是对具体的工作进行持续改善，而各种改善方法中，最为业界所称道的主要有面向"标杆"的供应链优化方法、面向顾客服务改善的优化方法、面向供应链瓶颈的优化方法等。

企业供应链的优化具有三个层次，即企业内部业务链的优化、企业内部供应链与外部供应链优化、企业供应链与企业供应链的优化（企业供应链环境的优化）。供应链的优化要特别关注构成供应链的四个核心要素，即时间窗口、信息流、物流、资金流。之所以要关注这四个核心要素，是因为时间是获得竞争优势的新资源，信息流是供应链协同运行的纽带，物流价值源于对有效顾客需求的敏捷反应，企业供应链具有资金增值功能。通过长期实践，企业内部供应链的优化、顾客关系的建立与优化、供应商关系的建立与优化、信息技术的有效应用、供应链运行风险及其规避等供应链优化领域已日臻完善。

　　白酒行业集中度较高，市场需求增速减缓，产品价格逐渐走低，中档市场的消费者还缺乏忠诚度，很多是属于被动消费，且在消费的时候表现出一定的游离性，消费主要集中在酒楼、业务招待、喜庆以及礼品消费环节。白酒行业中小酒厂数量繁多，市场准入门槛低，酒品批发渠道不清、来源不明。白酒行业的供应链优化实务中，虽然白酒厂家的原材料供应商作用不可或缺，但由于优质白酒的生产具有一个相对固定的周期，例如贵州茅台酒从采曲、陈酿到出厂，需要五年的周期，因此，白酒行业中处于流通环节的供应链节点最为关键，即白酒行业的渠道。一般而言，白酒行业的渠道具有以下的组合形式，不同的渠道组合又各有优势和劣势，如表6.1所示。

表6.1　渠道组合的优劣势分析

工厂→总代理→分销商→终端→消费者	优势：有效到达底层消费者 劣势：价格和服务很难控制与达成
工厂→总经销→终端→消费者	优势：环节少，既可以发挥经销商的融资作用，又可以到达消费者手中 劣势：不能满足低消费收入者需求
工厂→终端→消费者	优势：最易到达顾客手中 劣势：管理成本高
工厂（1）直接销售 　　　（2）分销网络	优势：易控制 劣势：管理难度大
工厂（1）销售重点终端 　　　（2）分销网络 　　　（3）直接营销	优势：全面补缺 劣势：成本高，管理难度大

　　为了更有效地实现企业的市场战略，白酒厂家往往采用复合型渠道组合策略，一方面既维护和加强了与经销商的渠道关系，另一方面也积极探索直营、特许或连锁渠道等方式。但无论采用何种渠道组合策略，经销商始终是厂家"出海"必借的"船"，经销商在白酒行业供应链上的地位不可动摇，白酒企业须慎重对其进行评价和选择，以利于整个供应链的优化。

6.3　经销商能力评价及其内涵

　　对于白酒行业而言，终端制胜、快速占领通路是掌握市场话语权的法宝，也是白酒行业供应链首先实现并确保的一个重要目标。供应链优化的前提是企业必须拥有大量足以使其业务进步的忠实的经销商群体，并且不断向其经销商群体提供对他们有价值且竞争对手不能提供的产品和服务。这些产品和服务源于什么样的成本并以什么价格售出成为衡量与经销商合作基础的第一要件。要向经销商提供价值（例如产品和服务），企业还必须提供有关价值的关键活动，并保证这些关键活动在第一时间内为经销商开展，当然这些活动必须由那些有才能的人来执行，企业的某些竞争优势可能来源于这些有才能的人。然而企业一旦开始盈利，竞争者就会出现拥有竞争优势的企业必须考虑其盈利的持久性，因此其必须找到能够持久盈利的方法，必须找到能够保持竞争优势的方法，而这些问题的解决则更深入地要求企业信息资源的极大丰富和供应链的完善。准确及时的信息传递和规划合理的供应链无疑会成为企业打击其竞争对手的利器。

（1）经销商能力的主体。具体来说，经销商能力的主体是由企业负责人（总经理）、核心业务员和市场新秀三部分所构成的有机整体。从经销商的实践来看，经销商的大部分成功的经营活动，都是由企业负责人、核心业务员和市场新秀共同完成的。企业负责人，或者称为总经理，是指创建经销商企业并担任经营管理职责的指挥者，他们是经销商开展业务的龙头和主导，是企业经销活动的倡导者和组织者，他们能站在市场网络发展的战略高度，从总体上把握发展目标，从战略角度规划业务水平，整合企业各项资源和能力，从而使企业在供应链的经销节点上的发展更稳健、更持久、更有效；核心业务员是指具有深厚的市场经验积累，对白酒行业比较熟悉，拥有广泛的客户关系等的业务员，他们是经销商企业的关键和中坚力量；市场新秀是指经销商企业中具有知识储备的员工，他们或许行业积累尚浅，但不乏激情和干劲，是经销商能力基业长青的源泉和基础。

（2）经销商能力的要素。在供应链竞争时代，企业的市场管理、销售管理等都将产生很大变化，企业间的竞争也由于信息网络带来的先进技术而变得更加激烈。但是不管经销商如何发展，企业要想保持与发展自己的竞争优势都必须尽可能地提高客户的满意度，建立顾客对白酒产品或服务的依赖、对企业的忠诚。客户作为白酒产品的终端或最终体验者、消费者，并且作为经销商经营的关键要素显得十分重要，因为没有了客户，就相当于经销商没有了区域市场网络，经销商也就没有了存在的意义。另外，相比于经销商能力的其他要件来说，虽然经销商自己能够提供的优质的产品和服务永远是其经营的重要内涵，但是经销商下线客户群体的扩大、客户忠诚度的增加与其他要件并不同步发展，尤其在企业初创阶段。因此，一个经销商能否更有效地吸引其所在区域市场的客户、抓住客户，成为经销商能力内涵的一个不可或缺的重要方面。

（3）经销商能力的物质基础。在供应链环境下，经销商所承担的核心业务之一就是物流业务。因此，衡量经销商能力的物质基础，就要考察其物流能力的强弱。物流能力就有形的设备和设施来说，主要包括各种物流机械设备、物流设施、劳动力、资金等。白酒行业供应链上的物流可以分为三段：供应物流、生产物流、销售物流。由于我国市场分布跨度广、面积大，因此，主要由经销商承担的销售物流一直是供应链优化的瓶颈，经销商物流能力的强弱直接影响和决定着白酒行业供应链优化的成效。

（4）经销商能力的保障：完善的现代企业制度和与链主和谐的企业文化。仅仅拥有先进的物流设备或者完善的物流设施，并不能充分发挥经销商的物流能力，经销商还必须拥有完善的现代企业管理制度和与供应链的链主和谐的企业文化。具体来说，主要是指经销商通过物流计划、组织与控制等手段，优化配置物流资源，为供应链提供高效率、低成本的物流服务，表现为战略选择、技术能力、组织结构、管理模式、企业文化等。完善的企业管理制度是保证经销商在供应链上与其他节点尤其是链主的协同一致的基础。建立或形成与供应链上链主相和谐的企业文化，能够使供应链的协同更深入，各节点间的沟通和交流更顺畅，减少供应链各合作伙伴间的不信任风险以及道德风险，有利于供应链的长久稳定运行。与链主相和谐的企业文化，并不是要求经销商照抄照搬链主的企业文化，经销商立足于本地市场实情，形成独具特色的本土企业文化也是锤炼自身核心竞争力的途径之一。

（5）经销商能力的关键因素：网络和信息。没有良好的信息流管理，就没有高效的供应链运行。信息流是供应链协同的纽带，改善信息流可以优化供应链。静态的、孤立的信息并不是企业的资源，信息共享才能形成供应链资源。信息共享是供应链优化的第一步。有效的供应链管理需要高质量、实时的前向和后向需求和供应信息为基础。在一个由网络信息组成的信息社会里，供应链上各节点企业正常运行依赖于网链上的信息交换，通过信息共享达到物流通畅、产品增值的目的。因此，经销商在信息系统网络化、信息交流制度化、信息通道的灵活性、信息交流的安全性、减少信息失真、消除信息"孤岛"、避免信息冗余或不足等方面的处理和执行能力就尤为关键。

6.4 经销商能力评价研究理论

6.4.1 企业能力理论研究概述

企业能力理论的起源最早可追溯到亚当·斯密（1776）的劳动分工论。

自 20 世纪 80 年代以来，国内外学者对企业能力从理论和应用层面展开了广泛的研究，主要形成了四大学术流派，即资源基础论、核心能力论、知识基础论和动态能力论（Wernerfelt，1984；Bemey，1991；Prahalad & Hamel，1990；Zollo & Winter，2002；Teece et al.，1997）（见表 6.2）。综合各种理论文献的阐述，企业能力是指企业利用企业内部的资源、能力和知识的积累来保持企业长期竞争优势的一种能力。

表 6.2　企业能力理论四个学派主要观点

	代表学者	主要观点
资源基础论	Wernerfelt（1984）	企业内部环境分析比外部环境分析更重要，企业内部的组织能力、资源和知识积累是解释企业获得超额利润的关键。企业竞争优势来源于其所拥有的与战略相关资源
核心能力论	Prahalad & Hamel（1990）	决定企业优势的是企业各种资源、技术和技能的有机结合，企业的长期竞争优势来自于企业的核心能力
知识基础论	Allee Zollo & Winter（2002）	企业能力产生于隐形经验的积累、显性知识的明确化和知识累积的协同作用
动态能力论	Teece（1997）	动态能力是企业整合、建立和重构企业内外部能力，以适应快速变化的环境的能力。动态能力是企业保持或改变其竞争优势基础的能力

对企业能力的评价是一个长期的动态评价过程，主要评价企业运用自身拥有的资源（人力、财力、物力、技术、知识和技能）转化成企业竞争力的能力。

6.4.2　竞争力理论研究概述

竞争力理论成熟于 20 世纪 80 年代。迈克尔·波特在他的《竞争战略》、《竞争优势》和《国家竞争优势》中较为完整系统地给出了竞争力的理论框架。但是，中外学术界对于企业竞争力的定义至今仍未达成一致。世界经济论坛（WEF）和瑞士洛桑国际管理开发学院（IMD）在 1985 年和 1994 年的《国际竞争力报告》中先后提出，企业竞争力是"企业能够提供比其他竞争对手更优质量和更低成本的产品与服务的能力"（World Economic Forum and IMD，1985）和"企业在世界市场上均衡地生产出比其他竞争对手更多财富的能力"（World Economic Forum and IMD，1994）。IMD 将竞争力划分为生产效率、劳动成本、公司绩效、管理效率和公司的战略与文化五个方面。文献中认为，企业竞争力是面向市场和顾客，合理地运用企业内部的经营资源，提供市场和顾客所需要的产品和服务，在与竞争对手的角逐中建立竞争优势的能力（韩中和，2000）。文献中将企业竞争力定义为：企业通过自身要素的优化和与外部环境的交互作用，在有限的市场资源配置中占有相对优势，进而处于良性循环的可持续发展状态的能力（胡大立，2001）。迄今对企业竞争力的评价方法至少有 20 种，比较有代表性的是因子分析法、灰色关联度法、综合指数法、层次分析法、模糊评价法、数据包络分析法和主成分分析法等，它们各有利弊。目前应用较多的是层次分析法、模糊评价法和数据包络分析法等。

6.4.3　经销商能力理论研究概述

现在研究的经销商能力主要是指经销商的竞争能力，包括其营销竞争能力、销售竞争能力和渠道竞争能力等方面。国外学者注重研究经销商营销竞争能力的评价，尤其关注营销绩效指标体系的设计（Douglas et al.，1998；Clark，1999；Davidson，1999）。在 2000 年之后，国内学者对经销商能力的探讨日益增多（郑鑫等，2005；陈志鑫、陈宝胜，2005；郑鑫、吴泗宗，2005；孙淑英等，2006；尤建新等，2006；杨伟文、曾娟晖，2008；郑鑫等，2009）。

从已有研究总结来看，对于白酒供应链背景下的经销商能力理论上的研究有待进一步深化，从白酒企业角度出发评价经销商能力的研究少，紧密结合企业实践的理论研究相对不足，经销商能力评价指标不完备，对于经销商能力的评价停留于较宏观角度的评价，须进一步细化深入。

白酒企业在不断地完善和系统化其经销商能力评价的模式和方法，但总体上，目前各白酒企业对经销商能力的评价更多地对其静态能力和绝对能力进行考评，并以此作为考核和奖励经销商的决策依据。而对于经销商的动态能力和相对能力的理解和考评还未能真正在其评价体系中体现出来。因此，经销商能力评价要关注静态能力，更要关注动态能力；要关注绝对能力，更要关注相对能力。

6.4.4　经销商评价指标体系

经销商在渠道中占有重要位置，经销商向顾客出售的不仅是商品和服务，更代表公司的形象，因此公司必须鉴别经销商的标准，选择有利于双方长远发展的经销商。经销商一方面分担了企业的分销成本并帮助企业收集了市场的信息；另一方面方便顾客得到他们想要买的东西，起到了一种桥梁的作用。经销商的评价一般应从以下几个方面进行考察：经销商基本信息、经销商市场信誉、经营实力、销售能力以及合作意愿方面，具体如表 6.3 所示。

表 6.3　经销商评价指标体系

总体目标	一级指标	二级指标
评价经销商能力	基本信息 U_1	经营规模 U_{11} 管理水平 U_{12}
	市场信誉度 U_2	回款速度 U_{21} 违约率 U_{22} 销售政策执行程度 U_{23} 终端关系管理情况 U_{24}
	经营实力 U_3	市场份额 U_{31} 网点比 U_{32} 渠道覆盖率 U_{33}
	销售能力 U_4	市场开发投入 U_{41} 销售经验与渠道 U_{42} 市场需求响应能力 U_{43}
	合作意愿 U_5	产品认同度 U_{51} 目标一致性 U_{52} 管理兼容性 U_{53}

（1）经销商基本信息。经销商基本信息是对经销商自身现状和发展潜力的描述，包括经销商目前的经营规模，反映经销商其内部分工、制度及政策执行情况的管理水平。

（2）市场信誉度。经销商的市场信誉是对其历史合作绩效的描述，包括反映经销商能积极维护资金状况的回款速度（周期）；反映经销商诚信度的是否信守合同、按期归还货款及货物的违约情况；反映经销商能否及时与白酒企业沟通，消除销售信息不对等，尤其是在市场实际运作上是否存在短视行为，白酒企业销售政策执行程度；同时还包括反映经销商是否加强终端开发和维护、是否具有长期良好稳定关系的终端关系管理情况。

（3）经营实力。经销商经营实力主要反映其销售商品的综合实力，主要从三个方面来体现：反映经销商行业地位及话语权的当地市场份额；反映经销商销售渠道深度与广度的网点比和渠道覆盖率。

（4）销售能力。主要体现在市场需求响应能力、经销商以往成功的可借鉴的同类产品销售经验或渠道、反映经销商市场开发积极性和重视程度的市场开发投入。

（5）合作意愿。经销商的合作意愿也同样重要。经销权多数通过招商完成，但经销商如果没有很强的合作意愿，则即便有很强的经营实力，往往不会全力开发厂商目标市场。体现经销商合作意愿的指标可用厂商产品认同度、经营目标一致性和文化兼容性来体现。

6.5 经销商评价的 FAHP 模型

经销商的评价指标体系所包含的大多是复杂的、难以量化的定性指标，由于评价指标的模糊性和难以量化性，再加上人类思维的模糊性，决策者在对各项定性指标进行评估时，呈现出"亦此亦彼"的模糊特性，没有绝对分明的界限，因而经销商评价与选择是一个非结构化模糊决策问题。为此，运用非结构性模糊层次分析法对经销商选择的评价指标进行分析，找出不同评价指标对经销商的影响程度，为经销商评价和选择提供一种适宜的、易于操作的量化工具。

FAHP（Fuzzy Analytical Hierarchy Process）评价法是一种将模糊综合评价法和层次分析法（AHP）相结合的评价方法，在体系评价、效能评估、系统优化等方面有着广泛的应用，是一种定性与定量相结合的评价模型，一般是先用层析分析法确定因素集，然后用模糊综合评判确定评判效果。模糊法是在层次法之上，两者相互融合，对评价有着很好的可靠性。

模糊综合评价主要涉及四个因素：对象集 A；因素集 U；单因素评价矩阵 R；权重向量 W。模糊综合评价模型建立步骤如下：

（1）建立被评判对象的对象集 $A = (A_1, A_2, \cdots, A_m)$，因素集 $U = (U_1, U_2, \cdots, U_n)$ 按其属性分成 n 个子集，n 表示 U 中所包含的一级指标数目（$n = 5$）。每个 U_k 由若干个二级指标集组成，即 $U_k = \{u_{k1}, u_{k2}, \Lambda, u_{kn_k}\}$，$n_k$ 表示 U_k 所包含的二级指标的数目，具体评价因素如表 6.3 所示。

（2）建立优先关系矩阵。优先关系矩阵是每一层次中的因素针对于上层因素的相对重要性两两比较建立的矩阵，也称为模糊互补矩阵，即：

$$R = (r_{ij})_{n \times n} = \begin{pmatrix} r_{11} & K & r_{1n} \\ M & O & M \\ r_{n1} & L & r_{nn} \end{pmatrix}$$

其中，r_{ij} 表示下层第 i 个元素相对于第 j 个元素的模糊关系。而因素间两两重要性比较 r_{ij} 与因素重要程度权重 w_i、w_j 之间的关系为 $r_{ij} = 0.5 + (w_i - w_j) \cdot \beta$，$0 < \beta \leq 0.5$，$\beta$ 越大表示决策者越重视因素间重要程度的差异。将采用 Satty 1~9 标度（见表 6.4）给予数量表示，r_{ij} 且 $r_{ij} \times r_{ji} = 1$。

表 6.4　Satty 1~9 标度的含义

标度	含义
1	表示两个元素相比，具有同样重要性
3	表示两个元素相比，前者比后者稍重要
5	表示两个元素相比，前者比后者明显重要
7	表示两个元素相比，前者比后者强烈重要
9	表示两个元素相比，前者比后者极端重要
2，4，6，8	表示上述相邻判断的中间值
倒数	若元素 i 与 j 的重要性之比为 a_{ij}，那么元素 j 与元素 i 重要性之比为 $a_{ji}=1/a_{ij}$

（3）将优先关系矩阵改造成模糊一致矩阵，利用加性一致性 $r_{ij}=r_{ik}-r_{jk}+0.5$。记 $r_i=\sum_{k=1}^{n}r_{ik}$，$i=1，2，L，n$，做变换 $r_{ij}=\dfrac{r_i-r_j}{2n}+0.5$，将优先关系矩阵改造为模糊一致矩阵。

（4）根据公式 $w'_i=\dfrac{1}{n}-\dfrac{1}{2a}+\dfrac{1}{na}\sum_{j=1}^{n}r_{ij}$，$(i=1，2，L，n)$，$a\geqslant\dfrac{n-1}{2}$，可以算出 R 的排序向量 $W'=(w'_1，w'_2，\cdots，w'_n)^T$，$a$ 越小表示决策者越重视因素间重要程度的影响。推导出各因素权重值。

（5）将各层次间的重要性权值转化为相对于总目标的综合权重。

（6）根据考评结果得出优劣次序。

6.6　结语

在市场开发过程中对经销商的科学与合理评价和选择是非常关键的一个环节。作为销售渠道中的重要一环，经销商的选择好坏直接影响到白酒企业的市场营销效果。实践中，白酒企业对经销商的选择多为经验选择，缺乏科学性和借鉴性。在此基础上，本文把层次分析法与模糊综合评价有机结合起来，构建了选择经销商的模糊综合评价模型，不仅保证了经销商选择模型的系统性和合理性，而且充分利用相关专家有价值的经验和判断能力及经销商选择模型具有科学、直观、可操作性强等特点，对白酒企业科学选择适合的经销商来说有一定的参考价值。

[参考文献]

［1］Wernerfelt B. . A Resource‐Based View of the Firm ［J］. Strategic Management Journal，1984，5（2）：171‐180.

［2］Bemey J. B. . Firm Resources and Sustainable Competitive Advantage ［J］. Journal of Management，1991，17（1）：99‐120.

［3］Prahalad C. K. ，Gray H. . The Core Competence of the Corporation ［J］. Harvard Business Review，1990（81）.

［4］Zollo M. ，Winter S. G. . Deliberate Learning and the Evolution of Dynamic Capabilities ［J］. Organization Science，2002，13（3）：339‐351.

［5］Teece D. ，Pisano G. ，Shuen A. . Dynamic Capabilities and Strategic Management ［J］. Strategic Management Journal，1997，18（7）：509‐533.

［6］World Economic Forum and IMD. The World Competitiveness Report ［R］. 1985.

［7］World Economic Forum and IMD. The World Competitiveness Report ［R］. 1994.

［8］韩中和 . 企业竞争力：理论与案例分析[M]. 上海：复旦大学出版社，2000.

［9］胡大立 . 企业竞争力论[M]. 北京：经济管理出版社，2001：350.

［10］Douglas W. Vorhies and Larry Yarbrough. Marketing's Role in the Development of Competitive Advantage：Evidence from the Motor Carrier Industry ［J］. Journal of Market Focused Management，1998（1）：361‐386.

［11］Clark Bruce H. . Marketing Performance Measures：History and Interrelationship's ［J］. Journal of Marketing Management，1999（15）：711‐732.

［12］Davidson J. H. . Transforming the Value of Company Reports Through Marketing Measurement ［J］. Journal of Marketing Management，1999（15）：757‐777.

［13］郑鑫，吴泗宗，叶明海 . 中国汽车经销商竞争力 AFDA 评价模型及实证[J]. 汽车工程，2005，27（6）：754‐758.

［14］陈志鑫，陈宝胜 . 汽车经销商销售能力评价指标体系[J]. 同济大学学报（自然科学版），2005，33（6）：833‐837.

［15］郑鑫，吴泗宗 . 中国汽车营销渠道竞争力集成评价模型与实证研究 ［J］. 经济管理，2005（16）：19‐26.

［16］孙淑英，王秀村，刘菊蓉 . 我国企业营销绩效评价指标体系构建的实证研究[J]. 中国软科学，2006（1）：132‐137.

［17］尤建新，陈志鑫，陈宝胜.汽车经销商销售能力提升的系统研究［J］.汽车工程，2006，28（10）：834-837.

［18］杨伟文，曾娟晖.我国汽车企业营销竞争力评价指标体系的构建［J］.湖南财经高等专科学校学报，2008（24）：112-115.

［19］郑鑫，叶明海，贾鸣镝.基于能力与忠诚度的汽车经销商竞争力评价矩阵研究［J］.汽车工程，2009，31（1）：94-99.

四川白酒产业制度供给问题研究 *

苏　奎[1]　曾祥凤[2]

（1. 四川轻化工大学经济学院，四川自贡　643000；
2. 四川轻化工大学管理学院，四川自贡，643000）

摘要： 经济新常态暨白酒产业新常态下，四川白酒产业的发展迎来质量型增长的机遇，也面临前所未有的挑战。在供给侧推进四川白酒产业实现质量型增长的体系中，制度供给是重要保障。四川白酒产业有悠久的历史，并在发展中形成了多层次的制度基础，但仍旧存在制度供给不均衡、制度供给动力不可持续等问题。实施制度创新，通过修正制度框架、改善动力机制等提升制度资源的质量，成为四川白酒产业实现质量型增长的关键一环，并需要政府部门、白酒产业、白酒企业的共同参与，将制度增量供给、结构调整和运行机制优化结合起来。

关键词： 四川白酒产业；制度供给；创新路径

7.1　制度供给文献综述

我国经济在表面上呈现的需求不足和产能过剩，在我国跨入中等收入水平国家行列的阶段，实质上是供给侧结构性问题在需求侧的虚假表现，在原有的思路上继续需求管理的探索，势必会南辕北辙（徐康宁，2016）。在中国经济面临新常态下的矛盾和挑战的背景下（贾康、苏京春，2016；刘海凌、何眉，2016），推进供给侧结构性改革有助于优化供给结构，提升供给质量，促进经济增长方式转向，改造增长动力，实现经济稳定增长（胡鞍钢等，

* 基金项目：川酒发展研究中心项目（CJY18-11）；四川省科技厅软科学项目（2017ZR0125）。
第一作者简介：苏奎，研究生，四川轻化工大学经济学院副教授。

2016；崔晓东，2016）。供给侧结构性改革的路径选择需要有识辨、有创新（李智、原锦凤，2015），将全要素生产率的提升和制度供给的优化结合起来（邓磊、杜爽，2015；申晓佳，2016；马艳玲，2016）。与需求侧"原动力"相对应的供给侧的结构性动力机制的优化构建，才能促使经济增长的"动力系统"浑然天成又升级换代，这种动力需要物质要素的供给和制度安排的供给形成的合力（贾康、苏京春，2016；廖小平，2006）。

制度是旨在约束人们追求个人利益最大化的规章制度、守法程序、风俗习惯及观念意识形态等（柯武刚、史漫飞，2000；鲍宗豪、王晗，2016）。有效制度的本质特征是普适性，体现在一般性、确定性和开放性上。作为人们行为选择的价值依据和指示系统，制度有规范、惩罚、增进秩序、提升效率的功能（廖小平，2006；柯武刚、史漫飞，2000；汤因比，1986；苏奎，2013；冯永刚，2012）。

制度供给路径包括需求诱致的自下而上的制度供给和强制性的自上而下的制度"圈建"（陈柳钦、黄坡，2008；柯武刚、史漫飞，2000）。制度供给的产出是千差万别的、不可通约且以各种特色表现。制度供给中存在"政府主导协同"机制，政府既是制度供给者，又是治理者（鲍宗豪、王晗，2016）。制度供给升级换代产生"供给创造自己需求"的巨大动力，制度供给的优化更会带来"解放生产力"的巨大引擎与红利效果，为产业集群的发展提供良性环境（贾康、苏京春，2016；李颖，2011；段文斌等，2003）。

制度供给是否有效取决于该区域的实施机制是否有效或具有强制性（窦玲，2010），制度变迁中存在制度供给不足和供给过剩的问题，均会导致社会经济非帕累托最优（张宏、赵金锁，2007）。制度供给过剩并非泛指，而是相对于某一制度的社会需求而言一些制度的生产是不必要的，其实质乃是社会制度需求有效满足不够的问题（胡凯、杨竞雄，2015）。制度供给不足是制度体系中制度供给与需求不适应，存在制度制定目标功利化、内容残缺化、主体单一化和落实形式化等问题（廖小平，2006；高兆名，2001；V. 奥斯特罗姆，1996）。

制度供给要避免制度安排的功利化、"软政权化"倾向（赫伯特·马尔库斯，1969）。政府作为正式制度的供给者，应结合本地既有的非正式制度环境，带动可持续发展（李颖，2011）。因此，制度供给应向主体多元化、公共利益最大化、方式上规范化转变（杨瑞龙，1993；姚莉、操世元，2007），实现政府引导、降低供给成本（邓大才，2004；曹艳，2007）和增强民间在制度需求上的传递能力（姚莉、操世元，2007）。

7.2 四川白酒产业发展现状

7.2.1 四川白酒产业发展优势

（1）四川白酒在我国白酒产业中的地位举足轻重，其各项指标均位于全国前列。在白酒产品市场相对疲软的新常态下，2016 年，四川白酒产量稳居全国第一，占比 32.5%；销售收入超过 2100 亿元，占比 35%；利润额超过 200 亿元，占比 27%。

（2）品牌优势。四川汇聚了众多优质白酒品牌，且品牌层次分明，主流品牌聚集于高端及次高端市场，品牌化红利的效应明显。2017 年列出的中国白酒十大品牌中，四川白酒占据了半壁江山。

（3）区域性产业发展平台建设有序推进。一是中国白酒金三角。实现产业空间上的集聚，白酒产业区域合作，产生经济"集聚效应"。二是科技创新平台。包括技术研发类平台和产业运行研究平台。这些研究平台发挥平台集聚优势，为科研院所、企业提供良好的合作环境，是壮大川酒科研力量、提升川酒科研技术水平、争取行业"话语权"的发动机。三是产业运行辅助平台。包括产品交易类平台、资源平台建设、权威性行业运行报告发布平台等。

7.2.2 四川白酒产业发展劣势

①产业盈利能力不高，增长的粗放性明显。2008～2014 年，川酒销售收入和利润分别增长了 2.1 倍和 1.8 倍，但低于全国白酒收入和利润（2.2 倍和 2.4 倍）的增长速度。②产业集中度仍然偏低，区域内竞争过于激烈。一是市场集中度低。目前省内原酒企业共有 6000 家左右，但规模以上只有 340 余家，并且大企业不够大、不够强。二是省内的白酒企业与品牌众多，几乎全面覆盖了高、中、低端产品市场，存在过度竞争。③产业集群的社会化、专业化协同配套水平不高。以品牌塑造为核心的社会化、专业化的协同配套水平仍然不高。产业集群酒类企业间的协作较少，没有形成利益联盟，企业之间、地区之间缺乏良性竞争，没能形成良性循环体系。④研发投入强度低，创新能力不强。2013～2014 年，全国制造业 R&D 经费投入强度分别为 0.88%、0.91%，即便是川酒老大的五粮液 R&D 投入强度分别只有 0.25%、0.31%，远远低于全国平均水平。同时，2012 年川酒申请专利为 67 项，仅占当年四川省专利申请量的 1‰。⑤面临人才结构与分布失衡，人才培养模式落后，行业高端人才明显不足，川酒企业掌舵人呈现"老龄化"等问题。⑥产

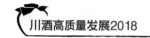

业创新实施能力亟待加强，缺乏足够的组织能力去推动产业转型。

7.2.3 总结

总的来看，一方面，四川白酒产业在发展规模、市场地位、品牌效应、平台建设和技术研发等方面都形成了较好的基础；另一方面，四川白酒产业存在增长方式粗放、产业集中度低、竞争与市场拓展压力大、研发投入与技术转化不到位、人才培养模式落后等问题。

7.3 四川白酒产业制度供给的现状

经济新常态暨白酒产业新常态下，创新发展是四川白酒产业的必然选择，通过全要素生产率的提升推进高质量增长是必由之路（贾康、苏京春，2016）。四川白酒产业的创新实践离不开制度体系提供的保障力，有效的制度供给及其与白酒产业发展相融合的机制，是发挥制度在白酒产业发展中"动力源"功能的关键（脱文娟、李瑞娥，2005）。四川白酒产业的发展具有多层次制度建设基础，产业发展获得了重要的制度框架。

7.3.1 创业发展规划方面

国家制定酿酒产业（五年）发展规划，《中国酒业"十三五"发展指导意见》根据酿酒产业发展环境和消费需求，综合考虑酿酒产业的现实情况和未来发展趋势，提出了"十三五"的发展方向、发展的主要目标。国家发改委发布的《产业结构调整指导目录（2011年本）》（国家发改委令第9号）显示，"白酒生产线"被再次列入"限制类"。

7.3.2 生产许可、食品安全和质量监管方面

（1）白酒生产许可证制度。自2005年9月1日起，国家对生产重要工业产品的企业（包括白酒生产企业）实行生产许可证制度。此后，国家质检总局于2010年8月发布《食品生产许可审查通则》（2010年版），规定了食品生产企业的必备条件，并在《关于调整部分食品生产许可工作的公告》中规定，将规模以上白酒生产企业的生产许可审批工作交由各省级质量技术监督部门组织实施，许可证有效期为三年。

（2）食品安全方面。1995年10月30日，中华人民共和国第八届全国人民代表大会常务委员会第十六次会议通过《中华人民共和国食品卫生法》；2009年2月28日，全国人民代表大会常务委员会通过《中华人民共和国食品

安全法》，自 2009 年 6 月 1 日起施行。2015 年 4 月 24 日，中华人民共和国第十二届全国人民代表大会常务委员会第十四次会议修订通过《中华人民共和国食品安全法》，自 2015 年 10 月 1 日起施行。

（3）加强白酒质量安全监督管理工作的要求。国家食品药品监督管理总局于 2013 年 11 月颁布了《关于进一步加强白酒质量安全监督管理工作的通知》，明确了要严格落实白酒生产企业责任主体，从源头保障白酒质量安全。强调了原辅材料采购、生产过程监管、产成品出厂检测、白酒标签监管的全过程监管。着重强调了对塑化剂污染物的控制措施。此外还要求强化监管力度，严厉打击违法违规行为，强调对白酒加工小作坊的监管要求，明确要完善白酒生产企业食品安全信用档案制度和退出机制。

7.3.3 行业规范、酒类流通、消费管理法规方面

（1）2005 年 2 月，经国务院国资委和国家发改委有关部门同意，中国食品工业协会颁布实施《全国白酒行业纯粮固态发酵白酒行业规范》，对行业生产、经营、监督与管理等领域进行规范，全面推广纯粮固态发酵白酒标志，维护白酒行业公平、公正、有序的竞争秩序。

（2）2005 年 10 月 19 日，商务部于第 15 次部务会议审议通过《酒类流通管理办法》，自 2006 年 1 月 1 日起施行。2012 年 11 月 15 日，商务部公布《酒类流通管理办法（修订）（征求意见稿）》，规定酒类流通实行经营者备案登记制和溯源制；向未成年人售酒者，处 2000 元以下罚款。2016 年 11 月 9 日，根据商务部令 2016 年第 4 号《商务部关于废止部分规章的决定》，废止《酒类流通管理办法》。

（3）2013 年 11 月 18 日，中共中央、国务院根据国家有关法律法规和中央有关规定，印发实施《党政机关厉行节约反对浪费条例》，以弘扬艰苦奋斗、勤俭节约的优良作风，推进党政机关厉行节约、反对浪费，建设节约型机关。2013 年 12 月 8 日，中华人民共和国中央人民政府网公布中共中央办公厅、国务院办公厅印发的《党政机关国内公务接待管理规定》，共 26 条。

7.3.4 地方相关法规

（1）1985 年 9 月 6 日，四川省发布《四川省加强酒类产销管理的若干规定》，针对酒类市场面临的各种问题，为增加生产、提高质量，就四川省酒类产销管理工作规定。1991 年制定的《四川省酒类管理条例》的实施细则，于 1994 年 12 月 17 日经四川省人民政府第三十一次常委会议讨论批准，并于 2004 年和 2013 年两次修正。2015 年 7 月 22 日，四川省十二届人大常委会第

17次会议修订通过《四川省酒类管理条例》，就行业总则、生产经营管理、品牌保护、监督管理、法律责任等方面做出规定，自2015年10月1日起施行。

（2）2014年3月15日，四川省办公厅、四川省人民政府办公厅以川委办〔2014〕11号印发《四川省党政机关国内公务接待管理办法》。该《办法》分总则、接待管理、接待标准、经费控制、监督管理、附则共6章28条，自印发之日起施行。

（3）2016年10月31日，成都市食品药品监督管理局组织制定了《成都市白酒企业生产管理规范》，经四川省质量技术监督局发布，2016年11月1日起正式实施。

7.3.5 白酒企业制度建设

2017年6月，经四川省委、省人民政府同意，组建了大型综合性国有企业四川省酒业集团有限责任公司。目前，川酒集团已成功建设五大生产基地，覆盖泸州、宜宾、邛崃等川酒优质产区，呈现出强劲发展势头。川酒集团建立了四川酒业（集团）有限公司规章制度，制度包括十五章，除了总则之外，详细规定了包括员工行为规范、员工薪酬制度、人事制度、市场人员工作量化规定、市场人员请示汇报制度、销售货款管理制度、库存管理制度、市场审货管理制度、合同管理制度、优秀员工评比、会议规定等方面的规范。此外，以五粮液、泸州老窖等大型国有企业为代表，众多白酒企业积极推进企业微观层面的制度建设。

7.3.6 四川白酒产业制度供给特征

从上述制度供给呈现来看，四川白酒产业制度供给特征在于：①制度供给具有多层次性，宏观层面的制度供给相对较多，中观层面和微观层面的制度供给较少；②正式制度供给为主，非正式制度建设严重滞后；③自上而下的强制型制度供给为主，自下而上的需求诱导型制度供给不足。

7.4 四川白酒产业制度供给存在的问题

7.4.1 制度供给过剩

（1）制度供给过剩制度相对于主体需求过剩（鲍芳修、刘海燕，2010）。经济学对经济活动主体的哲学假定是"经济人"，经济人具有利己性，在追求个人利益最大化的选择中，个人理性有代替集体理性的冲动，以个人利益侵害集体利益。因此，对于旨在约束经济人追求个人利益最大化行为的制度，经济活动主体在践行制度方面存在违约的侥幸心理，在破坏制度框款建立的行为规范边界方面有潜在的冲动。白酒产业运行中的粗放式规模扩张、"天价酒"事件、塑化剂问题、假冒伪劣、曾经流行的公务消费等现象，都反映了市场自发条件下，相关法律法规及行业规范无法得到践行的现实。

（2）制度过于抽象，导致制度面临执行障碍，引发"负功能"；而制度的分解与具体化，会增加制度的执行成本。因此，缺乏契约精神基础的制度供给，将陷入不得不采取不断调整制度以应对层出不穷问题的被动局面，并将进一步加剧相对于需求的过剩矛盾，制度实施成本也居高不下。这是发展中经济体在市场机制不健全的情况下，产业发展在制度建设方面面临的普遍问题，是改革发展过程中不能确保"两条腿"走路的必然结果。

（3）制度干预过度，超出社会和人们实际承受能力，导致抵触、摩擦、低效率。制度干预过度的集中表现是制度安排细节化，它将导致制度框架丧失弹性，侵害行为主体的合理选择权，并在企业管理中与"以人为本"的管理理念冲突（苏奎，2010）。

7.4.2 制度供给不足

7.4.2.1 正式制度供给不足

白酒产业的正式制度供给可以划分为宏观、中观和微观三个层次（曹艳，2007）。①宏观层面由国家和地方政府推进的制度供给，总体上保持了有条不紊的供给状态，制度供给不断走向完备、完善。②中观层面以行业为主体的制度供给明显较弱。四川省白酒协会作为重要的社会团体，其推动四川白酒行业制度建设的表现极不充分，目前还没有建成像样的网站，缺乏一个供行业成员工商产业发展大计的平台，相关的制度资源更不得见。2012 年成立的四川中国白酒金三角酒业协会在中观层次的制度供给上产生了积极的引领作用。但自 2016 年以来，从协会网站建设反馈的信息看，其影响力和作为的积极性有所下降。而且缺乏以协会为主体形成的制度资源供给，协会更像是传达宏观层面制度信息的话筒。③白酒企业是微观层面制度建设、供给的主体。2017 年《四川省白酒生产企业名录 2017 年最新版》收录的四川省白酒企业有2030 家，而四川中国白酒金三角酒业协会网页挂名的品牌企业仅有五粮液、泸州老窖、剑南春、郎酒、水井坊等 12 家，挂名"名企联盟"的企业也仅 63家。这意味着更多的中小型白酒企业并未真正融入行业协会中，微观层面的制度建设与供给更多地停留在少数大中型白酒名企范畴，更缺乏企业制度资源的共享机制。现实中，处于第一集团的大型白酒企业管理层的产生模式，将会引发如下问题：一是受不完全理性和目标多元化的影响，酒业企业的管理决策层可能借助资源控制大肆开展"寻租"，增加了管理决策背离市场导向、违背市场规律的风险（廖小平，2006）。二是存在"委托—代理"问题，易于产生内部人控制，影响管理决策的科学性。三是在外部治理机制缺失的情况下，白酒企业会滋生内部治理结构和治理机制问题，导致结构失灵和机制失灵，致使政绩导向和独裁决策交叉泛滥，从而大大增加牺牲效率的可能性和决策风险。这些问题会阻碍白酒企业现代企业制度建设和创新的进程。

7.4.2.2　白酒产业非正式制度资源缺乏提炼、呈现不足、影响力弱

四川白酒有3000多年的历史，从蚕丛鱼凫时代就有的酿酒蒸醴，到先秦时期的特色贡品"巴乡清"，到秦汉之际领先时代的蒸馏酒，到清朝初年风靡全国的绵竹大曲，再到1915年五粮液、泸州老窖获"巴拿马万国博览会"金奖，到20世纪90年代以来享誉全国的"六朵金花"，以及进入21世纪呈现的川酒"新金花"。但是以酒俗酒礼为核心的非正式制度却无有效传承与供给。除个别少数民族地区有特色鲜明的酒文化传承外，即便是典型的白酒产区也没有代表性的、流行的酒俗酒礼，缺乏代表性的、聚焦性强的、包含酒文化精髓的典礼仪式，缺乏广为流传、脍炙人口、寓意深刻的酒歌、酒诗、酒辞等；相反地，在社会经济越是"开花"的发展区域，酒俗酒礼退化的程度反而越高，故通过酒传递出的往往是人所憎恶的负面因素。

7.4.2.3　制度实施机制不健全，导致制度需求不足，制度作用不明显

制度实施机制关键是要激发主体的制度需求，使其产生主动引征制度的积极性，从而确保制度的严肃性，提升主体行为绩效（鲍宗豪、王晗，2016）。而实施机制动力来源在于正式制度的强制力和非正式制度的软约束力。四川白酒产业在制度实施机制上面临的典型问题：一是制度强制为主，负激励大众化，正激励小众化，主要见于企业制度和相关法规；二是缺乏制度实施机制，主要见于行业制度，有行业协会"俱乐部化"的嫌疑。

7.4.3　制度供给动力不可持续性

制度供给的动态变化表现为制度变迁。白酒产业制度变迁的动力源于产业外和产业内两股力量。①经济社会的基础性制度框架作为影响白酒产业制度变迁的外生变量，当其变化对白酒产业形成直接或间接影响的时候，将会形成白酒产业实施制度变迁、产生新制度供给的挤压或牵引力。当然，基础性制度框架具有较强的稳定性（苏奎，2010；冯永刚，2012）。②短期内，产

业内力量是白酒产业制度变迁的主导因素。政府部门的官僚或白酒企业的管理者推动正式制度供给的动力，来源于对制度供给收益的预期，其动力的大小通常与官僚或管理者确定的成长目标及其实现的紧迫性成正比，并存在明显的机会主义倾向。在此种情形下，一方面，进行制度合理性检验的时间条件并不充分；另一方面，当官僚或管理者的成长目标达成，这种制度供给的支撑力可能迅速瓦解，或者是原有制度被新的制度所取代而开始新一轮的循环。在针对官僚或管理者（尤其是大型白酒企业中的国有企业）的现行考评机制下，白酒产业正式制度供给陷入这种循环的可能性较大，导致制度变迁的动力不可持续。

7.5 四川白酒产业制度供给创新思路

7.5.1 四川白酒产业制度供给创新的认识基础

要实现有效的制度供给创新，为四川白酒产业提供优质的制度保障，需要确立以下观点：①四川白酒产业要步入自主创新的良性循环路径，需要通过修正制度框架、改善动力机制等推动行之有效的制度创新，提升制度资源供给的质量。②制度供给本质上是一个制度动态变迁和创新的过程，应当与制度需求动态整合。理性条件下的制度供求动态均衡是制度有效的集中表现（刘志彪，2017）。③制度供给的动力来源于两个方面：一是自上而下的强制；二是自下而上的诱致。不同的制度具有不同的约束力，正式制度供给具有政府主导性和强制性，而非正式制度则体现为软约束，制度供给应该在正式制度和非正式制度之间做到兼顾协调。④政府、企业和社会都是制度供给的施动主体，在宏观、中观和微观三个层面推动制度供给（韦诸霞，2016），不同层次的制度交互形成有机的制度体系。

7.5.2 四川白酒产业制度供给创新的思路

①政府部门积极转变职能，科学决策，持续做好白酒产业发展政策规划，推进金融、财税、社会保障、科教等方面的制度建设与创新，将制度的增量调整与结构优化紧密结合起来。牵头带动和促进跨区协同条件下的组织建设与制度供给。②在政府层面推进产权制度改革，主要针对国资国企白酒企业进行混合所有制改革探索，以巩固和发展企业的市场主体地位，充分发展市场机制在企业生产经营中的支配作用。③行业层面，以名酒名企为龙头，带动行业的组织资源建设与行业规范建设。④企业层面，在内部行政管理体制

改革的基础上，主要围绕白酒企业切实推进现代企业制度改革。⑤建成多层次的酒文化资源供给体系，由政府牵头打造区域性的酒文化资源，以名酒名企引领代表性酒文化资源供给，围绕中小型白酒企业培育个性化的特色酒文化资源。通过政府职能部分、院校、科研平台、论坛等，促进川酒文化的整理和传播。加强对旧俗酒礼等的凝练，突出、优化其呈现形式，增进酒文化的魅力与影响力。

[参考文献]

[1] 徐康宁. 供给侧改革的若干理论问题与政策选择 [J]. 现代经济探讨，2016（4）：5-9.

[2] 贾康. 供给侧改革与中国经济发展 [J]. 求是学刊，2016，43（6）：41-52.

[3] 胡鞍钢，周绍杰，任皓. 供给侧结构性改革——适应和引领中国经济新常态 [J]. 社会科学文摘，2016（8）：11-13.

[4] 李智，原锦凤. 基于中国经济现实的供给侧改革方略 [J]. 价格理论与实践，2015（12）：12-17.

[5] 邓磊，杜爽. 我国供给侧结构性改革：新动力与新挑战 [J]. 价格理论与实践，2015（12）：18-20.

[6] 贾康，苏京春. 论供给侧改革 [J]. 管理世界，2016（3）：1-24.

[7] 廖小平. 论诚信与制度 [J]. 北京大学学报（哲学社会科学版），2006（6）：129-137.

[8] 鲍宗豪，王晗. 社会诚信体系建构中的制度供给 [J]. 开放导报，2016（5）：63-68.

[9] 苏奎. 酒文化资源开发利用中的规制问题研究 [J]. 酿酒科技，2013（9）：120-122.

[10] 冯永刚. 道德教育制度供给不足及其路径选择 [J]. 浙江社会科学，2012（9）：118-122.

[11] 陈柳钦，黄坡. 产业集群发展的制度经济学分析 [J]. 云南财经大学学报，2008（1）：45-49.

[12] 李颖. 中国二元经济结构：特征、演进及其调整 [J]. 农村经济，2011（9）：83-87.

[13] 段文斌. 道德——白酒营销难跃的坎 [J]. 中国酒，2003（2）：29.

[14] 窦玲. 东西部区域经济制度供给的差异及其原因 [J]. 西北大学学

报（哲学社会科学版），2010，40（5）：46-51.

[15] 张宏，赵金锁. 国家的制度供给模型 [J]. 甘肃社会科学，2007（1）：72-76.

[16] 胡凯，杨竞雄. 党内法治建设须规避制度供给过剩陷阱 [J]. 领导科学，2015（2）：4-6.

[17] [美] V. 奥斯特罗姆，D. 菲尼，H. 皮希特. 制度分析与发展的反思：问题与选择 [M]. 王诚等译. 北京：商务印书馆，1992.

[18] [德] 赫伯特·马尔库斯. 爱欲与文明：对弗洛伊德思想的哲学探讨 [M]. 黄勇，薛明译. 上海：上海译文出版社，1987.

[19] 李颖. 可持续发展的本质 [J]. 中共石家庄市委党校学报，2006（10）：48.

[20] 杨瑞龙. 论制度供给 [J]. 经济研究，1993（8）：45-52.

[21] 邓大才. 制度供给效率研究 [J]. 江海学刊，2004（4）：70-74.

[22] 姚莉，操世元. 论和谐社会的构建与地方政府的变革——以制度供给理论为视角 [J]. 前沿，2007（4）：140-143.

[23] 脱文娟，李瑞娥. 可持续发展：制度供求与政府责任 [J]. 中国人口·资源与环境，2005（5）：34-38.

[24] 鲍芳修，刘海燕. 政府管制过程中的制度供给过剩 [J]. 湖北社会科学，2010（9）：25-26，130.

[25] 苏奎. 制度变迁的效率与安全之边界问题 [J]. 生产力研究，2010（5）：42-43.

[26] 曹艳. 创新型国家建设过程中政府的制度供给与维度 [J]. 经济问题探索，2007（2）：12-15.

[27] 刘志彪. 政府的制度供给和创新：供给侧结构性改革的关键 [J]. 学习与探索，2017（2）：83-87.

[28] 韦诸霞. 嵌入型治理：全面深化改革时期行业协会的制度供给探析 [J]. 中国行政管理，2016（6）：52-57.

白酒类上市公司盈利能力分析

——以宜宾五粮液股份有限公司为例

张 莉* 颜 莹 唐玲娜

（成都理工大学，四川成都 610015）

摘要： 白酒行业在大多数人眼中是一个暴利行业，近几年，其行业的市场销售情况与人群消费模式出现了明显的变化，其中，最突出的表现为盈利能力的变化。本文以宜宾五粮液股份有限公司为例，以国内外盈利能力理论研究为基础，从生产经营、资产、所有者权益、成本控制这四个方面对五粮液公司的盈利状况进行描述，深入探讨此次行业调整中盈利能力的相关经营指标先下滑后反弹的重要原因，进而剖析影响五粮液公司盈利能力的因素，并针对五粮液公司的盈利能力提出建议，借此对白酒行业上市公司盈利能力的增强提供参考。

关键词： 五粮液；盈利能力；影响因素

8.1 前言

8.1.1 选题背景

我国有着源远流长的酒文化，白酒不仅是人们生活的必需品，它也在我国各色酒产品中占据主导地位。综观我国白酒行业，行业壁垒低，白酒企业众多，但行业集中度偏向高端白酒，多极化、工业化、规模化的格局正趋于成熟，大中型白酒企业处于行业领先地位，也是推动整个行业发展的重要

---

* 第一作者简介：张莉（1972— ），女，成都理工大学副教授，研究方向为工商管理、财会金融。

力量。2004~2012年是我国白酒行业量价齐升的"黄金十年"，白酒企业发展良好。2013年，我国进入经济新常态，经济增速换挡，经济结构转型，经济驱动全面转化对白酒行业盈利能力也带来一定影响，与此同时，政府为了加强服务职能，密切联系群众，出台了相关工作条例，如"六条禁令""八项规定""反对四风"等，进一步限制了政务消费中的高端白酒消费。在新常态的经济背景下，白酒企业盈利能力受到更大的影响，对此白酒行业进行了大洗牌，各白酒企业积极应对这一经济环境的转变，在2015年白酒行业实现触底反弹，进入平缓发展阶段。到2017年，高端白酒进入全面复苏阶段。

8.1.2　选题意义

在我国白酒企业中，宜宾五粮液股份有限公司作为高端白酒企业的代表之一，目前其盈利能力在行业中名列前茅，这在一定程度上归功于企业良好的管理，究其根本，企业的盈利能力由企业的运营管理、财务管理和市场等综合因素决定。如果白酒企业具有现代企业的管理模式和与之相应的管理水平，在经济形势较好时，能取得比行业平均水平更高的盈利；在经济形势较差时，也能将利润水平控制在一定的范围内，这便是白酒行业上市公司追求的目标。

宜宾五粮液股份有限公司是我国白酒行业龙头企业之一，对整个行业有着重要作用，本文将从生产经营、资产、所有者投资、成本控制四个方面对其盈利能力进行全面分析，探讨盈利能力相关经营指标先下滑后反弹的原因，再剖析影响其盈利能力的因素，提出对宜宾五粮液股份有限公司运营和发展有用的建议和设想，增强其盈利能力，也希望通过对它的财务指标以及经营状况的分析，反映我国白酒行业盈利能力情况。

8.1.3　国内外文献综述

8.1.3.1　国外文献综述

国外学者很早就对酒类行业展开研究，文献、成果很多，大多以整个行业为研究对象，微观层面是针对葡萄酒公司进行研究，其中对盈利模式、能力、因素等研究较为全面。

一方面，对资产负债率与盈利能力的相关性进行实证研究。Hall等（2000）收集、整理3500个英国中小企业数据进行实证分析，研究长、短期资本结构对企业盈利能力的影响，结果表明，长期资产负债率与企业盈利能力不相关，短期资产负债率与之呈负相关。Goyal等（2003）发表了《资本结构对盈利能力的相关影响》，该文将 1950～2000 年美国所有非金融企业作为研究对象，对影响公司盈利能力的因素进行了分析，发现公司盈利能力与资产负债率呈负相关。

另一方面，着重剖析影响企业核心盈利能力的因素，并从多维度给出改进措施。Baumol 等（1982）的"进退无障碍理论"和"可竞争性理论"进一步推动了传统 SCP 范式，改变了厂商与市场结构之间简单的逻辑关系，更注重潜在竞争者对绩效与市场结构的影响。Akhtar（2005）对跨国企业及国有企业进行研究，表明企业的盈利能力、规模以及成长性与资产负债率呈现显著的相关性。Albany T. 和 Arnaud R.（2012）认为对盈利能力影响最大的因素是产品的价格上限，另外，企业盈利能力还与企业的规模、经济环境及政府部门的监管有关系。

8.1.3.2　国内文献综述

我国学者探讨白酒行业和盈利能力始于 20 世纪 80 年代，研究主要偏向行业政策、市场战略、公司战略等，也取得了突出的研究成果。

在白酒行业盈利因素的研究上，刘红、帅富成（2008）用因子分析法对酿酒行业上市公司 2007 年的数据作出了一个综合的评价。张若钦（2008）采用 Malmquist 指数分析法对我国白酒类上市公司 2003～2007 年的综合效率进行了分析，表明国家政策对白酒类上市公司综合生产效率有影响，此外，外部竞争对企业构成了一种压力，也是一个发展的良好时机。

在企业盈利能力的研究上，栾云凤（2014）认为多方面因素都会对上市公司盈利能力造成影响，将它们分为外部因素和内部因素，外部因素主要有宏观经济发展水平、行业及产品所处的市场环境、产品竞争力等，内部因素主要是企业资本结构与经营管理能力。钱爱民（2016）指出企业获取现金的能力、营销能力、规避风险能力等都能通过盈利能力表现出来，盈利能力能反映企业运营的好坏。

由此可见，国内外对企业盈利能力进行的探讨很多，内容也丰富全面，也存在对具体行业、具体企业的盈利能力分析，但对酒类企业的研究多是在一些营销策略、生产效率、公司战略、行业竞争力等方面，对白酒类上市公司盈利能力进行的针对性研究很少。本文以白酒制造业代表企业之一——宜宾五粮液股份有限公司为例，分析白酒类上市公司盈利能力变化的原因，并给出一些改善建议。

8.1.4　研究方法

本文查阅有关盈利能力分析的大量文献，首先了解做一个企业的盈利能力分析应注意的问题、应考虑的内容；其次结合网络与实际对白酒行业有所了解，了解白酒类行业当前发展状况与存在问题，也参考了其他行业，如房地产行业、生物医药行业以及具体企业的盈利能力分析，结合财务分析相关知识，收集、整理一些能力分析的评价指标和绩效评定等，在此基础上，笔者准备以宜宾五粮液股份有限公司为例对我国白酒行业上市公司盈利能力进行分析。

8.2 白酒类上市公司盈利能力理论概述

8.2.1 盈利能力的意义

盈利能力表现为企业一段时间内进行充分运营得到收益的能力，综合反映出企业财务、管理、生产、销售等能力。盈利能力不光是通过企业一段时间营业利润或净利润的数值大小来判定，更重要的是通过所有资源赚得利润的效率。因此，我们应从多个角度，选取利润额、相关报酬率等指标来对该企业进行盈利能力分析。盈利能力是企业融资能力、管理水平、生产能力、投资决策、成本控制和风险防范能力的综合体现，也能在一定程度上体现企业发展与成长潜力，盈利能力水平能反映企业过去一段时间的获利状况，在一定程度上也能体现内外环境稳定时企业将来的获利能力。

8.2.2 影响盈利能力的因素

8.2.2.1 影响生产经营盈利能力因素

生产经营一般指企业进行原料采购、生产、销售，再生产或扩大生产的一个过程，包括企业在此过程中的一切活动。生产经营的盈利能力分析，是对企业正常生产经营能取得最大利润能力进行探讨，企业的利润大多来源于此，故这也是盈利分析的重点之一。生产经营的盈利能力通过营业利润展现，它由营业收入、成本与费用三者决定，即营业利润＝营业收入－营业成本－税金及附加－销售费用－管理费用－财务费用－资产减值损失＋（－）公允价值变动收益＋（－）投资收益（中国注册会计师协会，2015）。

可见，企业经营运作的影响环节很多，可以划分为产量、成本费用、销售三大因素。目前企业产量由原材料、生产人员、机器设备来决定，在产出不过剩的情况下，其他条件不变，一般来说，产量越大，盈利能力会越强。成本费用是企业生产运营过程中产生的成本与费用支出，包括生产成本、财务费用、制造费用、管理费用等，有效合理的成本控制能够减少费用，增加利润（杨洋，2017）。营销能力是企业经营活动的最后一步，产品销售的收入取得也来源于此，营销策略的不同决定了产品的销售情况，进而影响收入情况，如果一个上市公司对不同的产品或产品组合制定合适的价格、销售渠道，相应的收入也会增加，该公司的盈利能力也会增强。

8.2.2.2 影响资产盈利能力因素

资产是一个企业所能掌握、利用的一切资源，包括货币资金、机器设备、土地使用权、债券等，是企业进行生产经营的根本。从企业资产来源看，资产源于负债与所有者权益，资产负债率是用来衡量资产总额中负债所占的比重的财务指标，将该指标控制在合理的一个范围，可以实现企业价值最大。企业因借款产生的利息可以在计算所得税时从应纳税所得额中扣除，而发行股票条件严苛且成本较高，在一定比例下，随着负债的增加，企业因负债产生的资本成本会不断下降，最后达到一个最佳状态。从企业资产组成中可以看出企业具体拥有、控制的资产，企业生产经营特点和资产运营状况由此可观。

8.2.2.3 影响所有者投资盈利能力因素

投资回报率是企业盈利能力强弱的一个重要体现，投资者是否将资金投向企业取决于此。投资者不插手企业的管理，只注入资金，支撑企业的经营活动，参与企业的利润分配。如果企业当期利润绝对值大幅提高，负债在当期也大量增加，按照利润分配顺序，在支付利息后所有者才能分享剩余利润，那么所有者取得的回报不一定多，投资报酬率未必很高。所以，企业盈利能力不能单看利润金额、资产收益率等指标，投资者回报率对企业盈利能力也有深远的影响。

8.2.3 评价盈利能力的方法

8.2.3.1 评价盈利能力的传统方法

这里介绍两种主要的传统评价方法：财务分析法和专家评分法。

财务分析法是在经济业务活动结束后，以财务数据为基础，对企业财务状况与经营状况进行分析判断，使下一轮经济业务更加经济合理的一种技术方法。在盈利能力的评价上主要是财务指标的比较分析、比率分析、趋势分析和因素分析。

专家评价法是以定性与定量分析以及专家的判断为基础，以打分为评价方式，结合加权系数法等方法做出定量评价。

8.2.3.2　评价盈利能力的现代方法

评价盈利能力的现代方法是从传统的评价方法基础上发展起来的，一般会运用多维度的指标，构建一个综合的评价体系进行分析。现代探讨企业盈利能力一般会加入现金流量分析、盈利的持续稳定性分析，综合盈利的真实性、成长性、实现性等多方面进行评价，运用较多的有模糊综合评价法、杜邦分析法、因子分析法等。

8.3　宜宾五粮液股份有限公司盈利能力分析

8.3.1　宜宾五粮液股份有限公司简介

宜宾五粮液股份有限公司（以下简称五粮液公司），位于四川宜宾，毗邻岷江，经过近70年的发展，从最初的"中国专卖公司四川省宜宾酒厂"，经1959年改为"宜宾五粮液酒厂"和其后的五次扩建，于1998年改为"四川省宜宾五粮液集团有限公司"，此后向现代化大型企业发展。目前，五粮液公司已形成以五粮液及其系列酒的生产经营为核心主业，机械制造、高分子材料、包装、运输等产业多元发展的特大型白酒生产集团公司。

五粮液公司凭借独特的自然环境、古老的酒窖、独特配方、古传工艺等优势，使其产品具有较强竞争力。目前，经过质量的提升与规模的扩大，五粮液公司每年能够酿造五粮液系列酒40余万吨，并相应为之完成包装，在当今白酒制造企业中，五粮液公司规模最大、生产环境最佳、品质最优。2018年五粮液品牌价值达147亿美元，进入世界100强品牌。

8.3.2　宜宾五粮液股份有限公司财务报表分析

8.3.2.1　资产负债表分析

资产负债表反映某一时点企业资产与资本的状况，具有极强的综合性，能全面、整体地展示企业一段时间内运用资本所带来的成果。通过资产负债表，对企业整体进行了解，具有全局性（见表8.1）。

表 8.1　资产负债表主要项目　　　　　　　　单位：元

项目	2013 年	2014 年	2015 年	2016 年	2017 年
流动资产	36942220105	38501100000	44597411226	54504540073	63279701076

续表

项目	2013 年	2014 年	2015 年	2016 年	2017 年
非流动资产	7187282033	7908790000	7949223714	7669866510	7642925604
资产	44129502138	46408900000	52546634940	62174406583	70922626679
流动负债	7042604818	5924941000	7967616901	13687886638	15968029114
非流动负债	67612768	150849000	233857077	280660735	280271917
负债	7110217586	6075790000	8201473978	13968547373	16248301030
股本	3795966720	3795966720	3795966720	3795966720	3795966720
所有者权益	37019284552	40333100000	44345160962	48205859210	54674325650

资料来源：宜宾五粮液股份有限公司 2013~2017 年度财务报告，下表同。

从表 8.1 中可以看出，2013~2017 年，五粮液公司资产规模总体呈现上升的趋势，增长幅度呈上升趋势。资产从 2014 年开始平稳增长反映出五粮液公司内部开始对市场改变做出应对，从相关财务数据来看，企业内部实行的战略调整是有效的。从具体数据趋势可以看出，五粮液公司流动资产规模增长迅速，比例和规模逐年增大。可见，整个企业的资产保持很强的流动性，能迅速变现，资金短缺风险低，财务风险较低。

负债是企业从外部获得的资金，和权益成本相比，成本较小，能够发挥杠杆作用。2013~2017 年五粮液公司负债先减少后增加，企业负债下降，一方面表明企业的负债得到控制，但另一方面也表明企业的财务杠杆功能减弱；反之，五粮液公司负债规模从 2015 年开始增长，说明企业开始有意识地调整资本结构，利用财务杠杆增强资本盈利能力。从表 8.1 中的数据可以看出，负债流动性很强，流动负债约占 95%，流动负债和流动资产从规模和比例上对应成比例，保证了五粮液公司良好的偿债能力。

所有者权益能提供资金，是一种长期资金来源，是企业经营安全的最后屏障。从表 8.1 中可以看出，五粮液公司的股本从 2013~2017 年保持不变，所有者权益不断增加，说明可动用资金增多，经济实力增强，五粮液公司通过自身不断发展壮大，产生再生产所需资金。

8.3.2.2　利润表分析

从表 8.2 中可以看出，五粮液公司的利润以经常性的营业利润为主，其营业利润在 2014 年有所滑落，主要是当时政府政策影响，市场需求减少，导致销售量下降，收入的下降是导致这两年营业利润下降的重要原因。2015 年五粮液公司实现触底反弹，2016 年后保持良好上升状态，是五粮液调整产品结构、中低价位产品营业收入增加、营销渠道多元化共同作用的结果。

表 8.2　利润表主要项目　　　　　　　　　单位：元

项目	2013 年	2014 年	2015 年	2016 年	2017 年
营业利润	11432432905	8032400000	8246237395	9237211058	13374535185
营业外收入	65895607	59944600	66157319	118552442	45130040
营业外支出	251249096	76429800	24900730	12046979	27977017
营业外收支净额	−185353488	−16485200	41256589	106505463	17153023
利润总额	11247079417	8015914800	8287493984	9343716521	13391688208

8.3.2.3　现金流量表分析

现金流量表（见表 8.3）说明企业中现金的来源与去向情况，展现企业现金的支付能力，具体的情况下可用来判断企业实现利润的质量。经营现金流在 2014 年大幅下跌，由上文可知，这与利润表中营业利润下降的事实吻合，是因为企业经营情况不佳，现金流量的稳定性和再生性受到一定影响。2015 年后情况好转，也与企业经营好转、营业利润增加相吻合。筹资活动现金净流量流出大于流入是五粮液公司从外部借入的资金小于因偿还债务而引起的支出，实际五粮液公司负债较少，长期负债比例低，五粮液公司发展所需的资金主要来自自身的盈余资本，符合实际情况。

表 8.3　现金流量表主要项目　　　　　　　　　单位：元

项目	2013 年	2014 年	2015 年	2016 年	2017 年
经营活动产生的现金流入	25964527586	21192292434	26792273431	33934806754	37075422132
投资活动产生的现金流入	20852865	30475857	1044232	149167158	15177613
投资活动产生的现金流出	342734397	1217014319	395218521	310426493	216058887
筹资活动产生的现金流入	172467935	6000000	102490805	18092049	491047150
筹资活动产生的现金流出	3391501362	2995275620	2457403820	3212019611	4130290291

8.3.3　宜宾五粮液股份有限公司盈利能力指标分析

结合上文白酒类上市公司盈利能力的一般理论概述中对盈利能力影响因

素的分析，企业盈利能力的核心内容包括生产经营、资产、所有者投资和成本控制的盈利能力，本文从这四个方面出发建立盈利能力分析体系对五粮液公司盈利能力进行分析。

8.3.3.1 生产经营盈利能力指标分析

企业生产经营的盈利状况是说明企业盈利能力的重要指标，它表明了企业一定时期内的经营成果，也是企业后续经营的基础，是企业盈利能力最重要的外在体现，本文对销售毛利率与销售净利率进行具体分析。

8.3.3.1.1 销售毛利率

销售毛利率是衡量产品经营效益最直接的指标，通过该指标与同行业公司间比较能反映产品的竞争力大小和获利潜力，即成长性。销售毛利率越大，单位产品销售带来的营业利润越多，企业的盈利能力越强；销售毛利率越小，盈利能力越弱。计算公式为：

销售毛利率=（销售收入−销售成本）/销售收入×100%　　　　（8.1）

由表 8.4 可知，不同白酒企业销售毛利率相差较大，但销售毛利率普遍较高，从数据可知，2013 年五粮液公司的营业成本约占营业收入的 30%，与贵州茅台的 8%相比，高出很多，竞争实力低于茅台。但五粮液公司销售毛利率都远高于行业平均水平及同行业其他企业，表现出较强的行业竞争力。2013~2017 年，五粮液、贵州茅台、洋河股份销售毛利率整体上呈现出先下降再上升趋势，幅度较小。2014 年、2015 年五粮液公司的营业收入与营业成本较 2013 年大幅下降（见表 8.5），主要是受外部环境影响，白酒市场整体低迷，白酒的需求量减少，销量下降，收入继而下降，这也是这两年营业利润下降的重要原因。在市场不景气的情况下，五粮液公司需要对成本费用严格管控，才能扩大企业盈利空间，由表 8.6 及五粮液公司公告可知，近几年五粮液公司不断加大对市场的投入，销售费用增加，但销售费用的增长与销售相关指标的变化不均衡。2016 年茅台、五粮液等高端白酒采取控货保价战略，2017 年高端白酒量价齐升，销售全面回暖，部分地区甚至供不应求。

表 8.4　销售毛利率

企业	2013 年	2014 年	2015 年	2016 年	2017 年
五粮液	72.14	72.53	69.20	70.20	72.00
贵州茅台	92.90	92.60	92.23	91.23	89.80
洋河股份	61.23	61.15	60.98	60.90	62.25

表 8.5　五粮液营业收入—成本　　　　　　　　单位：元

项目	2013 年	2014 年	2015 年	2016 年	2017 年
营业收入	24718588618	21011491536	21659287360	24543792661	30186780409
营业成本	6610410852	5772029404	6671963270	7314252452	8450087271
营业利润	11432432905	8032400000	8246237395	9237211058	13374535185

表 8.6　2013~2017 年期间费用　　　　　　　　单位：元

项目	2013 年	2014 年	2015 年	2016 年	2017 年
管理费用	2263637925	2047028547	2128805680	2143703443	2269024701
销售费用	3382176991	4308897448	3568061356	4694545076	3625397914
财务费用	−826879678	657775551	−732111448	−765864111	−890505902

8.3.3.1.2　销售净利率

不同行业、不同地区的销售净利率相差较大，相同情况下，销售净利率在很大程度上取决于内部经营管理，通过对销售净利率的变动分析，提高销售净利率除了需维持并扩大销售，同时还需增强对成本费用的管控。计算公式为：

销售净利率＝净利润/销售收入×100%　　　　　　　　　　（8.2）

结合前面的分析可知，五粮液公司在 2013 年和 2014 年的营业收入出现下滑，导致相应时期的利润总额也随着下滑，在如此情况下，净利润也随着出现下滑趋势。综观该行业其他企业，利润下滑并非个例，该时期整个行业都呈现下滑状态。2016 年销售净利率显著增长是企业销售增加与营业外净收入增加的结果；2017 年销售毛利率增大而销售净利率减小是因为 2017 年据川国税函〔2017〕128 号文件，五粮液公司部分酒产品消费税税基提高，消费税增长较多（见表 8.7）。

表 8.7　销售净利率　　　　　　　　单位：%

企业	2013 年	2014 年	2015 年	2016 年	2017 年
五粮液	33.67	28.83	29.60	38.00	33.41
贵州茅台	51.63	51.53	50.38	46.14	49.82
洋河股份	33.30	30.73	33.42	33.78	33.23

8.3.3.2 资产盈利能力指标分析

资产报酬率是企业运用全部资产所取得的回报，包括债权人、国家、所有者分享这三部分。该指标越大，在相同销售情况下，资产运用越好；该指标越小，说明企业资产利用效率低，应从资产运用与销售上进行分析，做出应对。计算公式如下：

资产报酬率＝(净利润+利息费用+所得税)/平均资产总额×100%　　(8.3)

表8.8　资产报酬率　　　　　　单位：%

企业	2013年	2014年	2015年	2016年	2017年
五粮液	34.25	28.94	27.26	24.64	26.41
贵州茅台	33.00	29.13	23.33	19.87	25.67
洋河股份	20.14	19.54	20.67	20.76	22.00

从表8.8中的数据可以看出，贵州茅台、五粮液公司的资产报酬率一直高于洋河股份，说明贵州茅台、五粮液公司在资产利用方面，效率较高。三家企业数据走势表明，在2013年前后，三家企业资产报酬率都是最大值，然后从这一年开始降低，直到2017年反弹。由表8.1、表8.2可知，该指标下降的原因是利润总额下降而资产总额不断增加。结合上文与近几年行业情况，可推断是市场不景气导致销售收入下降，带动利润下降，最终降低资产的使用效率。贵州茅台因为资产总额与资产增加额较大，导致资产报酬率下降幅度较大。2017年三家企业资产负债率出现大幅上涨，是利润增长幅度高于资产增长幅度。

8.3.3.3 所有者投资盈利能力指标

净资产收益率反映企业存在的目的，表示净资产为所有者投资带来的利润。投资者选择投资对象会着重衡量该指标，也是企业股东衡量管理层业绩的评价指标。计算公式如下：

净资产收益率＝净利润/平均所有者权益　　　　　　(8.4)

平均所有者权益＝(所有者权益年初数+所有者权益年末数)/2　　(8.5)

表8.9　净资产收益率　　　　　　单位：%

企业	2013年	2014年	2015年	2016年	2017年
五粮液	22.09	14.80	14.25	14.41	18.14

企业	2013 年	2014 年	2015 年	2016 年	2017 年
贵州茅台	35.51	28.73	24.25	22.94	29.61
洋河股份	28.77	22.85	23.39	22.37	22.45

通过表 8.9 可发现，五粮液公司的净资产收益率一直低于洋河股份和贵州茅台，基本能够断定，五粮液公司自有资本的获利能力低于洋河股份和茅台集团。该指标在 2014 年大幅下降，一方面行业不景气，销售缓慢，净利润降低；另一方面五粮液公司净资产逐年增大，在这两个因素作用下净资产收益率下降，2015 年、2016 年相对稳定，说明资产增加速度与盈利规模保持稳定，2017 年增长幅度较大是由销售增加、利润增加导致的。虽然从 2013 年起五粮液公司的净资产收益率在经济环境改变中表现较好，但与贵州茅台、洋河股份相比，可以看出五粮液公司投入产出水平并不好，投资者的回报率低下。

8.3.3.4　成本控制盈利能力指标分析

成本费用利润率表示消耗每一元成本带来的利润大小，成本费用总额有期间费用、主营业务成本、主营业务税金及附加。相较于其他指标从产出角度评价企业的经营获利水平，该指标是从耗用角度补充评价企业的获利能力和经营效益。该指标越大，表明企业经济效益与获利能力越强。在产量相同情况下，加强对企业成本费用管控，降低单位成本，有助于提高企业的盈利能力。计算公式如下：

成本费用营业利润率=营业利润额/成本费用总额×100%　　　　（8.6）

由表 8.10 可知，五粮液公司、贵州茅台以及洋河股份的成本费用利润率逐年降低，2017 年前后开始回升，说明经营效益和盈利能力逐年下降再上升，但从数值来看，白酒类上市公司盈利能力还是很强。五粮液公司 2014 年降低幅度最大，2014 年后趋于平稳。成本费用利润率与成本毛利率比率相比较能反映期间费用，由表 8.4 的销售毛利率分析中可知，五粮液成本毛利率分别为 27.86%、27.47%、30.80%、29.80%、28.00%，和成本费用利润率的差额较大，说明五粮液期间费用控制不佳。由表 8.6 可知，五粮液公司财务费用一直为负，管理费用与销售费用逐年增加，这也体现出五粮液公司不断优化营销结构的战略，尤其销售费用自 2013 年到 2016 年逐年增长率约为 30%，2014 年五粮液公司营业利润较少，导致成本费用利润率的骤降，2015 年以后虽然销售情况好转，但市场投入不断增加，成本费用利润率变动较小，

2017 年成本费用利润率增大是五粮液公司酒类产品营业收入增加，销售费用下降所致，销售费用减少是因为五粮液公司酒类产品量价齐升，减少市场投入。

表 8.10 成本费用利润率 单位：%

企业	2013 年	2014 年	2015 年	2016 年	2017 年
五粮液	84.70	61.72	61.75	60.92	79.01
贵州茅台	231.74	217.57	196.13	152.07	176.13
洋河股份	79.96	69.49	75.60	77.96	75.50

8.4 宜宾五粮液股份有限公司盈利影响因素分析

通过上述对盈利能力的四个维度分析，从生产经营、资产和所有者投资盈利能力分析中可以得出资产和资本盈利能力都与利润相关，利润的高低直接取决于收入的多少，收入主要受市场因素影响；从成本控制盈利能力分析中可以得出主要影响因素是销售费用和管理费用。下面将整合这些影响因素，分为外部和内部因素两个方面进行具体分析。

8.4.1 外部因素

8.4.1.1 政策因素

2012 年底中央出台的"八项规定"中的一条重要内容是"简化接待"。在公务接待中，多使用高端白酒，因此"八项规定"的出台对白酒制造业的影响深远，尤其是定位于高端品牌的一线白酒企业，周景煌（2015）对"八项规定"对白酒行业的影响进行实证分析，表明"八项规定"对高端白酒市场短期内影响显著，并有持续的负向影响，但是影响的程度有减弱趋势；从所有者投资来看，"八项规定"的出台让投资者对白酒类上市公司不看好，资金流向其他行业，于白酒行业发展不利。在前文对五粮液的盈利能力分析中也可以看出短期内五粮液公司盈利能力受"八项规定"影响大幅减弱，其后随着产品结构的调整与市场的投入情况才好转。

8.4.1.2 品牌影响力

从销售毛利率分析中可知，贵州茅台销售毛利率高达 90%，超过五粮液公司20%，其中一个重要原因就是品牌的附加价值。毋庸置疑，五粮液品牌价值近年不断增加，已达147亿美元，进入全球百强品牌，但与贵州茅台还有较大差距。五粮液公司的市场定位是以中高端白酒产品为主，推进其他类型酒产品、酒品牌发展。目前，五粮液公司针对消费结构调整，积极发展中低端白酒产品，在这些酒产品上，都有五粮液的商标，这是五粮液公司对新品牌的背书战略，是一种营销战略，运用五粮液的高质量保证与知名度增强消费者对新产品的信任，增加购买量，此举能大大节约新品牌的营销成本、降低销售费用。因此，提升五粮液品牌价值，不仅有利于五粮液公司强化高端白酒定位，保持浓香型白酒第一的位置，还能减少新品牌营销费用。

8.4.2 内部因素

8.4.2.1 费用控制

根据成本效益理论，在收入一定的前提下，减少成本费用可以增强盈利能力。由于期间费用直接影响利润的大小，要加强对期间费用开支的控制与监督，降低企业的成本费用，提高利润。由上文生产经营与成本控制盈利能力分析可知，2013~2017年营业毛利与营业利润及净利润差距较大的主要原因是期间费用。

近年，白酒市场整体情况不佳，行业已趋近饱和，行业内也积极需求变革。在2013~2016年，五粮液公司注重市场拓展，在支出方面，由表8.6可知，和销售相关的费用一直在不断增加，营业收入整体与销售费用呈现相反的变动。这样的不协调增长会使企业的净利润逐渐下降，资产增长放缓，企业的后备力量被削弱。五粮液公司相关成本及费用的不断上升，正是五粮液公司调整市场战略造成的，表明五粮液公司积极对外扩张，进一步占领市场，在此过程中更不能忽略企业自身管理的强化，要加强对成本费用的合理控制，提高企业的管理水平，使成本费用的投入与取得的收益保持均衡，才能实现更多收益，2017年正是加强了对销售费用的内部控制，使得期间费用大幅降低，是利润显著增长的原因之一。

8.4.2.2 资本结构

由上文资产负债表分析与所有者投资盈利能力分析可知，五粮液公司的资本构成中，权益性资本所占比例较高，且有上升的趋势，企业也没有发行新股，说明企业的盈余大量用于自身发展，股东获得分红较少，剩余权益也被剥夺。而且随着所有者权益份额扩大，原股东对企业的控制权和管理权可

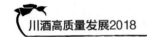

能减弱，且原股东的收益减少，投资者在进行投资时对企业盈利能力衡量的重点也在于此。

分析负债结构可发现，五粮液公司负债构成比例中，流动负债所占份额达到95%，近几年，五粮液公司致力于企业规模的扩大，资产规模增长较快。从财务管理角度来看，长期资产的购置资金来源于长期负债，但是五粮液公司长期负债较少。根据企业情况进行分析，一方面是企业拥有大量自由资金，能够及时变现；另一方面企业大量运用短期借款。从实际来看，五粮液公司短期负债增长较快，占比较高，可知五粮液公司扩张使用了大量的短期负债，带来巨大的资本成本，增加费用，风险也加大。

8.5 提高宜宾五粮液股份有限公司盈利水平的建议

8.5.1 优化资本结构

五粮液公司目前采用稳健的经营战略，经营风险相对较小，在上文分析中发现，五粮液公司的发展依靠自有资金较多，负债较少，其中流动负债占负债95%，财务杠杆运用较差，也存在一定偿债风险。而且在同行业企业中，资产负债率处于较低水平，五粮液公司应该在保障财务安全的前提下，充分考虑政治、经济、社会等因素，根据配比原则提高负债比例，提高财务杠杆，发挥负债的获利能力。在这种财务杠杆作用下，当资产报酬率大于负债利率时，增大负债比例进行经营，能提高五粮液公司的净资产收益率，得到更多投资者青睐。因此，五粮液公司应根据实际，按照资产与负债配比的原则，发挥杠杆优势，加大长期负债的比例，优化资本结构。

8.5.2 降低销售费用

加强市场开发是五粮液公司近几年市场战略的重点，销售费用虽说在2017年减少一些，但仍保持较高水平，也一直在五粮液公司期间费用中占大头。从投入和回报来看，销售收入与销售费用并没有达到均衡，成本费用利润率也与贵州茅台相差甚远，随着高端白酒市场回暖，五粮液公司应合理规划市场投入，适当减少高端市场投入，着重于竞争激烈、需求旺盛的中端市场开发，并创新管理模式，加强销售方面的管理控制，建造素质一流、执行力强、团结和谐的营销队伍，提升营销工作质量，让销售管理扩张的步伐保持一致，通过这样的方式来降低销售费用，与销售收入的增长保持一致。

8.5.3 强化经营风险防范

目前，白酒行业内竞争激烈，红酒、啤酒等替代品快速发展，以及行业政策与消费趋势变化都会对白酒企业发展带来较大影响。加之，五粮液公司在 2013 年、2014 年盈利方面大受影响，一方面是政策影响，另一方面是企业自身生产销售管理不力，库存较多。可见，五粮液公司需增强对来自各方面经营风险的防范，提高对生产经营的总体规划。首先，五粮液公司应持续关注对白酒市场的细分，实现对市场不同消费水平的覆盖；其次，五粮液公司需积极应对消费者不同的消费偏好，关注消费偏好的转变，对生产进行合理安排，确保市场需求格局发生改变后，企业仍能保持行业领先地位。

8.5.4 优化产品结构

五粮液公司一直实施的是多元化战略，在白酒主业的基础上，实现多元效益规模的扩张，然而像服装、塑胶等产品，消耗了大量经营成本却没有带来较好的回报，加之白酒行业目前不景气，因此五粮液公司应削减副业，将资金留给主业的发展。随着白酒消费从对公消费转向大众消费和商务消费，中低端产品将保持刚性增长，并蕴含较为积极的上升潜力，促使高端白酒企业从单纯依靠高端产品转为布局全价位产品，但行业内白酒企业众多，中低端市场竞争更加激烈。五粮液公司从 2015 年开始推出众多中低端系列酒产品，到 2017 年中低端酒产品营业额每年占总营业额的两成左右并保持较低的增长速度，期间，不少中低端酒品牌因市场表现不好被五粮液公司清理，结合行业中低端竞争激烈与五粮液公司在高端白酒中的品牌、产品等各大优势，五粮液公司宜优化产品结构，聚焦中高价位品牌。

8.6 结论

本文以我国白酒行业的发展状况为背景，以五粮液公司为研究对象对其盈利能力进行分析，剖析对其盈利能力影响较大的因素，并结合企业特点和行业现状探讨提升其盈利能力的对策，得出以下结论：

（1）通过五粮液公司与同行业企业比较分析，可知五粮液公司整体经营状况良好，生产经营盈利能力和资产盈利能力较强，但所有者投资回报与成本费用控制较为薄弱，有很大提升空间。

（2）通过五粮液公司盈利能力的趋势分析，可知限制"三公消费"对五粮液公司短期内盈利能力影响较大，后期因中低端市场带来回报与高端白酒市场的回暖，市场表现好转，盈利能力增强。白酒消费税税基核定标准的改变影响五粮液公司净利润相关指标，对五粮液公司盈利能力带来长期的影响。

（3）从五粮液公司盈利能力分析和影响因素分析可知，五粮液公司未能充分利用财务杠杆，期间费用控制薄弱，结合行业现状与企业实际，针对五粮液公司盈利能力的增强，笔者提出了优化资本结构、降低销售费用、强化经营风险防范和优化产品结构的建议。

[参考文献]

［1］黄源，吴裕．零售企业营运能力与盈利能力关系的实证分析——基于158家上市公司数据分析［J］.现代商业，2017（14）：129-130.

［2］骞小丽．企业盈利能力评价指标分析［J］.经济师，2017（10）：288-289.

［3］靳姗姗．高端白酒企业盈利能力分析［J］.合作经济与科技，2017（2）：114-115.

［4］李婧．"互联网+"时代下苏宁云商盈利能力分析［D］.长春：吉林财经大学硕士学位论文，2017.

［5］李帅．A公司盈利能力的分析研究［D］.镇江：江苏大学硕士学位论文，2017.

［6］刘红，帅富成．基于因子分析的酿酒行业上市公司绩效评价［J］.金融经济，2008（24）：62-63.

［7］栾云凤．我国房地产上市公司盈利能力分析［J］.科技创新与生产力，2014（12）：22-24.

［8］钱爱民．公司财务状况质量综合评价研究［M］.北京：北京大学出版社，2016.

［9］任婷钰．我国电力行业上市公司盈利能力及影响因素实证研究［D］.武汉：华中科技大学硕士学位论文，2016.

［10］商竞．西部民营上市公司股权结构、资本结构与盈利能力的相关性研究［D］.西安：西北大学硕士学位论文，2014.

［11］邵瑶春，肖珂．五粮液公司盈利能力研究［J］.重庆与世界（学术版），2016，33（12）：18-21.

［12］杨洋．JR公司成本费用内部控制研究［D］.西安：西安石油大学硕士学位论文，2017.

［13］闫会．五粮液上市公司会计报表盈利能力分析［J］.黑龙江科学，2016（10）：8-9，12.

［14］张若钦．白酒类上市公司综合效率分析［J］.经济研究导刊，2008

（16）：137-139.

［15］中国注册会计师协会. 会计［M］. 北京：中国财政经济出版社，2015.

［16］周景煌.《六条禁令，八项规定》政策对白酒行业影响的实证分析［D］. 北京：北京师范大学学士学位论文，2014.

［17］Akhtar. The Determinants of Capital Structure for Australian Multinational and Domestic Corporations［J］. Australian Journal of Management，2005（30）：321-341.

［18］Arnaud R. , Albany T. Firm's Profitability and Regulation in Water and Network Industries：An Empirical Analysis［J］. Utilities Policy，2012（7）：20-22.

［19］Frank，Goyal. Testing the Pecking Order Theory of Capital Structure［J］. Journal of Finance，1998（43）：1-19.

［20］Hall，Hutchinson，Michaelas. Determinants of the Capital Structures of European SMEs［J］. Journal of Business Finance & Accounting，2004（31）：711-728.

［21］W. J. Baumol，John C. Panzar，Robert D. Willig. Contestable Markets and the Theory of Industry Structure［M］. San Diego：the San Diego Press，1982.

9 白酒上市公司财务风险评估与管理研究*

林东川　陈　颖　余前衡　王业玲

(四川农业大学商学院，四川雅安　611830)

摘要：本文在国内外研究的基础上，结合当前白酒产业进行新一轮深度调整的背景下，运用我国白酒上市企业2013~2017年的财务数据，运用Z-score模型分析企业面临破产的可能性，对企业财务风险进行评估、管理。进而对白酒企业如何应对财务风险、成功转型提出合理化的建议。

关键词：财务风险；企业转型；Z-score

9.1　引言

近年来，白酒市场并不稳定，就目前的白酒消费格局而言，早已不是当年"黄金十年"的景象，面对不确定的政策环境以及行业内日趋白热化的竞争趋势，白酒产业进入了新一轮深度调整的转型期，2015年白酒学术研讨会在四川自贡举行，会议提到，近年来国内白酒的销售数量急剧下降；在2017年"第六届酒业营销趋势高峰论坛"上，盛初集团董事长王朝成表示2017年酒业关键词是"量价背离"，在销量下降的情况下，通过价格上涨带动行业增

---

　　* 基金项目：本文获得了川酒发展研究中心一般项目"川酒龙头企业价值评估与价值创造研究"（课题编号：CJY18-03）、四川农业大学2018年学科"双支计划"第七层次资助项目、四川农业大学2018年国家级大学生创新训练计划项目（课题编号：201810626062）、四川农业大学2019年大学生科研兴趣计划项目（课题编号：2019733）资助。

　　第一作者简介：林东川（1986— ），男，四川邻水人，汉族，管理学硕士，讲师，四川农业大学商学院会计系主任。主要从事会计与审计理论、创业板公司财务研究。

长不可持续，2018 年也有新数据表明高档白酒销量下降五成。主要原因在于白酒行业的产量远比市场需求大，预示白酒行业从价格产量都上升的时代走向亟须进行结构创新的缓慢增长的时代。面对白酒消费出现前所未有的多元化，中国白酒企业需要有效分析和应对风险、抓住机遇，不断细分市场，采取有效的改革措施。

财务风险是指在企业经营途中产生利益或蒙受损失的可能性。当企业面临外部因素发生变化的时候，企业应该及时做到财务风险的预警、评估和应对，才能保证其不会变成财务危机。因此，财务风险的管理研究对企业能否实现价值最大化，对当前白酒企业能否适应新阶段的行业调整，得到有效改革，继续实现白酒销量稳步提升具有重要意义。

9.2 产业转型背景下白酒企业的发展现状

近两年，宏观政策环境的变化使得许多白酒企业积极调整产业内结构、变革内部机制。党的十九大以来，并未退减的"反腐"热潮，让不少白酒企业的经营受阻，企业纷纷转变商业模式、整合资源，从而获得更多更有效的盈利途径；加之税改等相关法律法规的出台，加剧了行业内竞争。同时白酒行业还面临下行压力，为提升销量不得不变革公司的经营发展策略，降低价格，增加销售。具体表现分为内部、外部两个方面。

9.2.1 外部表现

（1）政策方面。

受"禁酒令"、"反腐倡廉建设"、中央"八项规定"等多项政策的持续影响，白酒行业总体经营状况一直处于低迷状态。厉行节约、反对浪费的规定使得星级酒店减星、高端白酒减价、高档餐厅被迫关门的现象层出不穷。白酒企业经销商出现大幅赔本，高端市场遇冷，面临库存积压、售价下跌、经营压力激增的问题，一改往年量价齐升的常态；面临"一带一路"倡议以及大型酒企强势的竞争，中低端白酒企业不能迅速对外部环境的冲击做出反应，管理策略未作出及时调整，转型不当导致经营现状不佳。

（2）市场方面。

由于消费群体的转变，白酒企业原有客户群出现一定程度的减少，同时受到众多假酒乱象丛生的影响，白酒销量大幅减少。消费群体逐渐转变，具体表现是消费群体偏年轻化，年轻中产阶级迅速崛起，中老年高资产阶级人群购物偏理性化，群众消费理念倾向个性化、多元化和健康化。因此，传统白酒行业消费群体受到一定程度的限制。此外，市场上以假乱真、贴牌灌装的现象近年来层出不穷，多数酒企都委托营销公司对产品进行委托代销和包装，但很多质量非常差，因此类似的酒类包装价格可能就同比增加数倍，这就是在透支核心品牌竞争力。老百姓为避免被假酒欺骗，倾向于选择不购买这类高端酒。

9.2.2 企业自身

（1）产能过剩。

当行业总体处于低迷状态时，国内酒企仍未停下增产的脚步。中国酒业协会第五届理事会第七次（扩大）会议梳理了 2017 年行业的发展现状，指出 2017 年中国白酒生产量达到 1198 万千升，同比增幅 6.86%，超过了之前对于 2017 年白酒行业的规划产量，但是，如今白酒的销售情况一直很不好，尤其是高档酒，产能过剩的后果是产业紧缩，品牌集中度提高，边缘酒企面临抗压能力低，破产危险大。

（2）销量增速放缓。

企业自身也面临销量增速放缓，甚至出现亏损的现象。2017 年金种子酒企业营业收入比上年同期降低 10.14%，基本每股收益比上年同期降低 66.67%；皇台企业 2017 年营业收入比上年同期降低 73.23%。白酒企业近年的发展不复之前繁华景象，取而代之的是"销量增速下降，甚至出现赔本"的状况。对企业自身来说，拓展销售渠道，创新销售模式，将大面积囤积的存货销售出去成为亟待解决的问题。

9.3 研究设计

9.3.1 模型描述

美国著名教授 Altman 为预测企业破产提出了 Z-score 模型，该模型基于上市公司财务报表数据考虑了 22 个潜在的财务指标，并将其分成五类。在这 22 个财务指标中，他选择其中五个错误率的财务指标，构建 Z-score 模型。本文旨在对白酒上市公司财务风险进行预判，而 Z-score 模型作为最常用、最早对财务风险进行预测的多元函数预警模型，对本文的研究有一定适用性。本文参考 Z-score 模型选取了五个指标对财务风险进行度量（见表 9.1）。

表 9.1　模型各变量

指标	具体公式
企业流动性（X1）	营运资金/资产总额＝（流动资产−流动负债）/资产总额
企业筹资功能（X2）	留存收益/资产总额＝（盈余公积+未分配利润）/资产总额
企业资产盈利能力（X3）	息税前利润/资产总额＝（利润总额+财务费用）/资产总额
对企业前景的判断（X4）	所有者权益/负债总额＝股东权益/负债总额
企业获得销售收入的能力（X5）	销售额/资产总额＝营业收入/资产总额

Z＝1.2×X1+1.4×X2+3.3X3+0.6X4+1.0X5

Z 指标评价分类值如表 9.2 所示：

表 9.2　Z 指标评价分类值

Z 记分值	短期出现破产的概率
Z<1.81 时	企业有很大的破产危险
1.81≤Z<2.675 时	企业财务状况极不稳定
Z≥2.675 时	企业财务状况很好，破产危险极小

9.3.2　数据来源

选择白酒所有上市公司，共 18 家，其中包括三家 ST 公司。年度为2013～2017 年。其中，由于今世缘于 2014 年上市，迎驾贡酒、口子窖于 2015 年上市，因此上市之前财务数据缺失，故剔除这几个变量。剩余 15 家公司，其中有三家 ST 公司。数据来源于 CSMAR 数据库、上市公司官网。

9.4　白酒上市公司风险评估

9.4.1　样本公司 Z-score 模型趋势分析

把财务数据代入模型，得到白酒企业上市公司 2013～2017 年的 X1、X2、X3、X4、X5 的数据计算出该五年的 Z 值平均值，分别为 2.3800、2.1246、1.9947、2.7157 和−5.6698，如表 9.3 所示。由表 9.3 可以看出，白酒行业近五年的 Z 值总体上呈下降趋势，不同于以往白酒价格、产量并涨的黄金时期。以国内白酒龙头企业茅台为例，53 度飞天茅台从 2004 年单价为 350 元激增到

2012 年的 2300 元。而到 2017 年 53 度的飞天茅台单价下跌至 1299 元，从 2013 年至今，酒业市场陷入低谷，龙头企业也不例外，虽有市场，也是大量转移至商务型消费的情况。

表 9.3　白酒行业描述性统计

年份	均值	标准差	最小值	最大值
2013	2.3800	0.9732	0.32	3.64
2014	2.1246	0.8724	0.61	3.59
2015	1.9947	0.5501	1.25	3.02
2016	2.7157	1.6855	−2.26	4.47
2017	−5.6698	33.3942	−126.23	5.16

"反腐"政策、严查酒后驾驶等规定的出台使白酒企业的"黄金十年"于 2012 年末戛然而止。2013～2015 年，Z 值均值分别为 2.3800、2.1246、1.9947，Z 值逐年递减，可得出白酒类上市公司的财务状况是逐渐恶化的，并非突然陷入财务困境，由 Z 指标评价分类值得出，从 2013 年起，1.81<Z<2.675，说明近三年来国内白酒企业财务状况极其不稳定。特别是 2015 年，Z 值有大幅度的下降，原因在于全球经济低迷，我国经济由高速增长转化为中高速增长，中央"八项规定"的出台使得高端白酒的价格逐渐下降，中低端酒处境尴尬，大批酒企甚至面临停产、大批员工失业的情况，白酒行业一片萧条，进入前所未有的"寒冬"，这标志着我国白酒行业正式进入需要深度调整的转型期。2016 年 Z 值均值上升至 2.7157，这是由于消费升级带动高端白酒价格不断上涨，自 2016 年下半年起白酒行业开始复苏，终端用户白酒消费需求有所上升，带来白酒行业整体收入和利润的增长。2017 年 Z 值均值下降至−5.6698，2017 年白酒行业年产量出现了负增长。其一，由行业的样本数据可知，该年均值受到极端值影响，即被标记*ST 的皇台公司的 Z 值−126.23 极大降低了行业平均水平，原因是该公司在报告期内迎来白酒行业复苏，"一带一路"倡议及新零售的发展机遇，可持续经营能力未发生客观改变，处于资金短缺、连续亏损状况。因此，基于宏观经济环境的变化，类似的中小企业资金使用效率低下，无法满足投资者的投资报酬期望，筹资困难加剧，资金成本上升，无法顺利地进行企业内部改革与公司转型。其二，受白酒质量安全事故、政府严加惩治政治贪腐以及交通运输部、中央军委等颁发的多项禁酒令的共同影响，减缓了白酒行业产量的增长趋势，使得众多企业经营风险提升，公款消费的企业减少订购，仅剩下一些私企和个人，存货变现能力降低，库存产品

积压现象加剧，进而占用企业资金，甚至影响企业的正常生产和预期规划。其三，由于部分领头企业打出"限量提价"的旗号，着重发展中高端白酒。但是，用提价的方式并不能长远地应对调整期阶段的问题，同时掩盖了自身的财务风险，不能准确评估和处理风险问题，长此以往将可能酿成财务危机。

9.4.2 具体公司 Z-score 模型趋势分析

然而白酒具体而言，2013～2017 年 Z 值均值分别为 2.3800、2.1246、1.9947、2.7157、-5.6698，先增大后减小，因为酒企经历了从白酒"黄金十年"到"销量增速放缓"的新阶段。虽然在 2016 年有所增长，但大多数酒企的 Z 值逐渐变小，特别是 2017 年。

汾酒高层不像其他大部分酒企纷纷开放品牌，调动市场价格，而是采取一系列其他措施应对新常态。首先，专注创新整体营销形式。具体表现是与时下新媒体结合，充分利用微博、微信等平台，加强企业文化宣传，提升品牌知名度，吸引更多消费者。其次，注重企业体制创新。重视对技术人才的培养，激发其创造性和潜力，为设计更符合消费者消费观念的产品打好基础。最后，优化企业管理，严格把控原材料成本。在当前白酒行业不景气的情况下，汾酒坚持不提价的原则，但为获得同等利润，不得不从控制成本入手，实现成本精细化管理的同时保证产品质量，加大从购入原材料到产品生产的每个环节的监管力度，确保老百姓喝放心酒。

无论白酒行业如何萧条，伊力特一直保持质量不变、价格不变、情感交流不变的"三不变"原则。以不变应万变，赢得消费者的青睐，同时，伊力特采取和汾酒类似的战略，线上线下结合，与国内知名电商平台合作，比如伊力特旗下的伊力特曲、伊力老窖都有固定的网络直销商，正是因为伊力特坚持的"三不变"原则，赢得客户广泛认可，使得 2017 年实现净利润同比增长 4%。白酒上市企业 2013～2017 年 Z 值如表 9.4 所示。

表 9.4　白酒上市企业 2013～2017 年 Z 值

企业名称	证券代码	2013 年	2014 年	2015 年	2016 年	2017 年
茅台	600519	3.64	3.59	3.02	4.38	3.80
青青稞酒	2646	2.42	2.26	1.95	3.76	5.16
汾酒	600809	3.24	2.27	2.33	3.67	3.51
沱牌舍得	600702	1.63	1.7	1.53	2.04	2.02
金种子酒	600199	2.08	1.94	1.73	2.66	-1.63

企业名称	证券代码	2013 年	2014 年	2015 年	2016 年	2017 年
老白干	600559	2.61	3.02	1.46	2.09	3.21
伊力特	600197	2.71	2.57	2.71	3.79	3.94
顺鑫农业	860	2.93	2.31	1.86	1.70	1.73
五粮液	858	3.26	2.95	2.48	4.47	4.79
泸洲老窖	568	3.57	2.31	2.22	1.16	1.09
洋河	2304	2.7	2.61	2.68	3.58	3.72
古井贡	596	2.39	2.29	1.73	3.29	3.34
*ST 酒鬼酒	799	1.12	0.74	1.25	3.42	3.73
*ST 皇台	995	0.32	0.7	1.3	-2.26	-126.23
*ST 水井	600779	1.08	0.61	1.67	2.99	2.77

9.4.3 样本公司 Z-score 模型各财务指标比较分析

由表 9.5 可以看出，白酒类上市公司的 Z 值偏低，Z 值小于 2.675 的基本超过 57%，按照 Z-score 模型，Z 值介于 1.81~2.675 的公司被认定为极有可能陷入或者已经陷入财务困境；而 Z 值小于 1.81 的企业即是有很大破产风险的企业可被认定为破产企业。这样看来，2013~2017 年几乎每年都有超过 20% 的破产企业，事实并非这样，由此可以看出，Z-score 模型或许有一定误判性，因此仅用 Z 值来预测上市公司财务风险或许有一定误差，还需要进一步分析 Z 值各财务比例变动情况。

表 9.5 Z 值分类统计

Z 值范围	Z<1.81		1.81≤Z<2.675		Z≥2.675		合计
	公司数量	比率（%）	公司数量	比率（%）	公司数量	比率（%）	
2013 年	4	26.67	4	26.67	7	46.67	15
2014 年	4	26.67	8	53.33	3	20.00	15
2015 年	7	46.67	5	33.33	3	20.00	15
2016 年	3	20	3	20	9	60	15
2017 年	4	26.67	1	6.67	10	66.67	15

（1）企业流动性（X1）。

X1 是流动资产减去流动负债的差除以资产总额，说明企业资产的折现能力（见表9.6）。X1 越大，公司资金的折现能力越好，周转速度越快。2013～2016 年波动程度和变动程度较小，说明上市公司资金营运周转能力状况较为良好，其中2015 年变动比例较大，说明在很大程度上受新常态的影响。以五粮液集团为例，由深交所公布的2015 年五粮液财务报表及附注可以得出其货币资金占总资产的比重由2014 年的48.23%增加到2015 年的50.19%，增长比率达1.96%，固定资产降低2.05%。2015 年应收账款比率较2014 年降低0.06%，2015 年存货比率较2014 年降低0.88%，经营活动中现金流增加26.42%，说明五粮液现金资产占比逐年上涨。由上述数据看出，五粮液集团并未加大投资力度，将资金重点投入固定资产，而是注重对现金流的管理，注重对营运资本的管理，注重资产的变现能力，减少赊销款，减少应收账款占比；同时扩大市场份额，寻求多元化的销售渠道，比如与电商巨头合作，进而减少存货压力。2016 年 X1 值的变动趋势相比2015 年有所减小，说明企业总体开始呈现减少资金流变现的状况。2017 年 X1 值的变动幅度更为明显，是这七年中最低的一次，说明面对大环境的变化，白酒行业并没有快速反应并有效制定相应的改进策略，策略效果也不明显，企业整体上存货变现能力差，公司资金周转不畅，货款不能及时收回来，因此加大赊销款，存在明显的存货管理风险和流动性风险，使企业的销售量同比下降，所收取的资金收入也随之下降，进而影响企业的变现能力，X1 值减小。

表 9.6　X1 描述性统计

Variable	Obs	Mean	Std. Dev.	Min	Max
2013 年	15	0.345187	0.23499	−0.1473	0.6775
2014 年	15	0.33942	0.242272	−0.2318	0.7019
2015 年	15	0.366413	0.18209	−0.1385	0.6971
2016 年	15	0.341866	0.211609	−0.3051	0.6565
2017 年	15	−6.294490	26.037926	−100.4144	0.7760

（2）企业筹资功能（X2）。

X2 是留存收益除以资产总额，体现公司的累计筹资能力（见表9.7）。X2 越大，公司累计筹资能力越强，财务风险越小。除了茅台和五粮液，其余白酒类上市公司的 X2 普遍低于0.5，有退市风险的 ST 公司甚至是负数，说明近几年白酒企业的获利能力逐渐降低，究其原因，严惩酒驾、"反腐倡廉"、"禁酒令"等一系列政策的出台导致白酒行业全面洗牌。但是 2015 年企业筹资能力有所上涨，筹得资金逐渐增多。以山西汾酒为例，它通过吸收投资、收到借款以及发行债券的方式筹资，筹资活动现金流量比上年同期增加 25.88%，说明汾酒集团在 2015 年更重视企业的筹资能力，主要表现是汾酒注重对投资者服务水平的提升，经常运用走访、召开座谈会等方式与投资者进行深度沟通交流，完善投资者分红体系，此举吸引了众多汾酒的投资者。汾酒主要将筹得的资金用于重点项目的建设，生产性投入由基础性设施转变为半自动化、自动化设施，提升了产销效率、促进企业供产销一体化建设，进一步提升销量。2016 年开始至 2017 年 X2 大幅度减小，是由于 2017 年白酒延续了 2016 年以来白酒行业市场消费复苏的趋势，白酒消费从政务消费、投资驱动向大众消费、商务消费转变，许多企业开始重视其销量，不得不减少其投资、筹资方面的投入，使得 2016~2017 年白酒行业的总体筹资能力急剧下降，而企业之间的竞争在行业调整阶段越发加剧。上市公司要想在资本市场站稳脚跟，并实现长远发展，就必须通过筹资来获取企业发展资金。这导致像金种子企业等中小上市公司在激烈的竞争中很难保持较强的盈利能力和偿债能力，从而增加筹资管理风险和债务风险。

表 9.7　X2 描述性统计

Variable	Obs	Mean	Std. Dev.	Min	Max
2013 年	15	0.32136	0.316864	−0.5848	0.7248
2014 年	15	0.327393	0.333291	−0.6318	0.7473
2015 年	15	0.336713	0.322872	−0.5669	0.7342
2016 年	15	0.259298	0.427019	−1.1173	0.6808
2017 年	15	0.176743	0.761177	−2.4827	0.6850

（3）不考虑税收的资产盈利能力（X3）（息税前利润）。

X3 是息税前利润除以资产总额，体现不考虑税收情况下资金取得报酬的能力（见表 9.8）。X3 越大，该企业全部资金投入取得报酬越多，企业处于财务危机的可能性越小。ST 公司的息税前利润与资产总额比率普遍低于非 ST 公司，*ST 水井、*ST 酒鬼酒、*ST 皇台公司的 X3 均为负数，说明 2013~2015 年，ST 公司的盈利能力明显低于非 ST 公司，且逐年下降，在 2015 年有回升迹象。以泸州老窖为例，2015 年泸州老窖稀释每股利润比上年同期增加 6.75%，这也直接导致了 X3 的增加，在 2015 年，泸州老窖销售初步企稳并实现恢复性增长，主要原因是泸州老窖坚定地打造"五大单品"战略，将现有产品整合，淘汰部分品牌，重新进行市场定位，确保公司全面的"量价齐升"，提高了品牌影响度，同时还调整了销售渠道，稳固核心大客户，成功地树立了品牌形象。2016 年又开始下降，是由于受"三公消费"的影响，整个白酒行业集体遇冷，而大众酒却迎来了新的发展机会；随着理性消费、健康饮酒观念逐步成为主流消费观念，大众酒迎合了广大年轻消费者的需求，传统的大品牌名酒受各种市场压力及股市业绩增长压力，迫使其销量剧减，进而影响其行业的运营效果。2017 年 X3 值大幅度增加，受国民经济收入增长的影响，城市新中产阶层快速崛起，消费升级下的高品质大品牌酒类需求高速增长，而许多事业刚刚起步、经济基础还不够稳定的消费者开始倾向于次高端品牌酒类，任何档次的酒类都有相应的消费者，白酒公司可以从其各个销售板块取得收入，使其投资有效回收。

表 9.8　X3 描述性统计

Variable	Obs	Mean	Std. Dev.	Min	Max
2013 年	15	0.13118	0.138041	−0.0828	0.3788
2014 年	15	0.077667	0.12448	−0.1875	0.3303
2015 年	15	0.1038	0.070905	0.009	0.2542
2016 年	15	0.071287	0.109260	−0.2620	0.2118
2017 年	15	−0.029636	0.421778	−1.3340	0.2873

（4）对公司前景的判断（X4）。

X4 是所有者权益总额除以负债总额，该比率体现公司的偿债能力（见表 9.9）。X4 越高，归还债能力越强，财务风险越低。2013～2017 年，非 ST 公司该比率逐年降低，但在 2015 年有小幅度的上涨，说明非 ST 公司负债安全性逐年增高，但 2015 年受新常态的影响，使得该比率有一定程度上升，该比率有一定程度的波动，原因在于，2014 年，*ST 水井、*ST 酒鬼酒、*ST 皇台公司均由于连年亏损，被实行退市风险警示，故在 2014 年有一定程度的波动。2016 年、2017 年较以往有了大幅度上升，是因为白酒行业许多公司开始实行降量升价，提升自身的品牌和公司形象，其销量在降低的同时产量也随之降低，使公司的资金占用较少，可以更好地降低其财务风险。

表 9.9　X4 描述性统计

Variable	Obs	Mean	Std. Dev.	Min	Max
2013 年	15	0.793687	0.9111	0.1676	3.3412
2014 年	15	0.7963	0.9360	0.1251	3.2156
2015 年	15	0.69848	0.8112	0.1649	3.2134
2016 年	15	2.089223	1.1710	0.1293	3.6658
2017 年	15	2.094425	1.5919	−0.3613	6.2811

（5）企业获得销售收入的能力（X5）。

从 X5 可看出，公司通过销售产品能够取得的利润水平，同时说明企业经营白酒的能力水平。X5 越高，则资金使用效率越高（见表 9.10）。其总资产增长率没有较大变动但仍高于 ST 公司，则其取得利润能力明显好于 ST 公司，X5 在 2015 年均值有所提高，与国内各大白酒企业为应对新一轮深度调整采取一系列包括改变营销模式等提高销量的策略是分不开的。以茅台为例，2014 年预期次年营业收入较本年上涨 1%，营业收入同比上涨 3.44%，2015 年每股收益比上年同期增长 1%，销售收入变动是由于本期销量增加所致，这与茅台着力实施"133 战略"是分不开的。2016 年和 2017 年其 X5 值较均等，相比 2015 年减少了很多，是由于从 2016 年开始许多企业的销售盈利效果较差，特别是金种子酒和 ST 黄台酒已出现负盈利情况。

表 9.10　X5 描述性统计

Variable	Obs	Mean	Std. Dev.	Min	Max
2013 年	15	0.606073	0.2421	0.2303	1.0465
2014 年	15	0.52556	0.2575	0.1155	1.1356
2015 年	15	1.199973	2.0474	0.0269	6.726
2016 年	15	0.453657	0.1594	0.1123	3.6658
2017 年	15	0.477290	0.2023	0.1276	0.8779

9.5　白酒企业风险管理策略建议

受白酒行业持续低迷的影响，白酒行业由"量价齐升"进入"增速放缓"的调整阶段，白酒企业价格连续下跌，偿债能力、盈利能力都持续下跌，财务风险也逐年增加。由上述描述性统计表可看出，经过两年的调整后，Z值有一定程度的回升，财务风险逐年降低，但 2017 年，受外部环境的影响，Z 值仍然出现大幅下跌，说明行业"寒冬"仍然没有结束，白酒企业需要继续转型并且抓住新时期下发展新机遇。

为降低财务风险，并且抓住新机遇。首先，应该提升风险管理意识。管理者应该有应对风险的能力，增强全公司员工的风险意识，可以通过建立专门的风险管理委员会。特别是在近几年白酒行业不景气、白酒企业面临转型的时候，倘若管理层和员工无较强风险意识，将导致较大财务危机。其次，应该从以下几个方面来提升 Z 值以降低财务风险，顺利渡过白酒企业低迷期。

9.5.1 加强营运资金的管理——折现能力 X1

企业需加强对营运资金管理，增强企业资产的变现能力，增大 X1。具体而言，首先应该加强对营运资金（包括资金、业务管理）重视程度；其次还应该提升存货周转的效率，与供应商合作，建立一套完善的存货管理体系，实时跟踪存货进度，实现对成本总量和存货的双重控制；最后是存货信息化管理，将相关工作人员从繁杂、重复的存货管理中解脱出来，进而更高效地管理存货。可以借鉴 X1 较大的五粮液集团，由五粮液集团的财报可以看出，存货、固定资产占比逐年减少，说明其重视营运资金的管理，通过寻求多元化的销售渠道减少囤积的存货、较少存货的压力，同时减少不必要的固定资产投资。

9.5.2 拓展筹资渠道——筹资能力 X2

为增加 X2，主要可以通过拓展筹资渠道的方式来提升筹资能力。近年来，受政策与经济环境的影响，白酒企业一改往日量价齐升的常态，销量收入都骤减进入"寒冬"，在一定程度上影响着酒企的筹资渠道，对品牌知名度也有一定影响，影响企业的信誉，此时，应该积极探索新的融资渠道，比如除债券融资之外还可利用股权投资，通过公开募股的方式吸引机构投资者前来投资，在一定程度上缓解企业目前的还款压力，比如 2014 年衡水老白干获得更多战略资金，通过发行股票筹资。

同时，企业更应该做好清晰的规划，明确收益和风险之间的关系，在筹资之前确定合理的筹资方式、筹资期限以及筹资金额，筹资过程按计划进行，严格遵守筹资程序，同时建立风险控制机制，提早控制风险，合理规避风险。针对不同的筹资方式还要建立不同的方案，如果选择债券筹资，应该明确还本付息的时间，按期还本付息，避免因债务堆积过多造成较大的还款压力。

9.5.3　开发产品、增加销售渠道——获利能力 X3、X5

调查显示，我国市、区、乡都分布大量酒厂，其中大多酒厂以小作坊的形式出现，并非知名白酒企业，这对品牌集中度有一定程度的影响，某些老百姓倾向于购买当地酒作坊自产酒，对一些知名白酒品牌了解甚少，因此，一些畅销品牌比如茅台、剑南春、五粮液占领的消费人群相对固定。原本就固定的消费群体，加之这些固定消费群体消费观念的转变，对产品的要求更高，使得一些畅销品牌的消费人群存在一定程度的减少，为吸引更多消费者，提升产品销量，尽早回到白酒企业"量价齐升"的常态，酒企应增加产品种类，迎合多元化的消费需求，同时增加消费渠道。

首先，应该增加产品种类。老百姓消费观念转向健康化、多元化，单一的白酒产品必然受到市场竞争的影响，因此酒企需要根据不断变化的市场需求开发出更多的酒类产品，如可以发展葡萄酒生产等。同时，由于消费者近年来对消费品的需求倾向于健康化，白酒企业也可以从健康的角度出发，开发设计出一些保健类酒产品，适量饮用这类产品能起到驱寒、强健筋骨的效果，并且在广告宣传的时候也要将这类酒与消费者健康契合的理念传达出来，如劲酒的广告词是"劲酒虽好，可不要贪杯呦"，这句广告词一经播出，掀起了健康饮酒的新理念。

其次，白酒企业要结合互联网。与天猫、京东等知名电商平台合作，构建多元化的销售渠道，凭借互联网强大的影响力迅速取得消费者的关注，从而达到增加销量的目的。产品定价要符合顾客的消费水平，根据不同市场制定不同价格，比如可以根据消费者个人需求推出定制酒业务，如生日聚会、升学会等。

最后，抓住国际发展机遇。人民币加入 SDR、"亚投行"的成立，标志着中国已经进入"走出去"的时代，意味着白酒这类代表中国文化的产品更能赢得世界各国消费者的青睐。白酒企业应该抓住此次机遇，增加海外直销点，分析顾客的消费心理，采取一系列的措施吸引国外消费者、提升品牌影响力，如在白酒包装、外形上寻求突破，运用包括 Facebook、Line、推特在内的社交软件加大宣传力度迎合国外顾客的消费需求。还可以开发更多符合国外消费者口味的诸如葡萄酒、香槟在内的酒类产品。

9.5.4　改善负债结构、实施多元化的经营战略——X4

为提升白酒企业自身偿债能力，主要可以通过改善负债结构，实施多元化的经营战略来提升 X4，从而降低资产负债率。

首先，应该改善负债结构。长期负债还款时间超过一年，然而一次性偿还利息较高；短期负债还款时间在一年以内，利息相对较低，但是需要企业有较好的资金调度能力，应该协调好两者之间的比例，当短期负债利率较低时，应该适当增加短期负债的比例，而利率较高时，贷款短期负债较为困难，需加大长期贷款的比例。长期负债融资可以用来购买企业所需的固定资产，开发新的酒类产品，如葡萄酒等洋酒，而短期贷款可以起到暂时性周转资金的作用。

其次，实施多元化经营战略。酒企可通过实施多元化的经营战略来降低资产负债率，减少库存囤积的存货，在一定程度上解决酒企产能过剩的情况。比如五粮液近年来一直坚持多元化经营战略，它旗下有油污工程、机械、玻璃为重点发展的三大产业，以五粮液普什为例，其汽车模具、制造已处于国内领先水平。各大白酒企业为应对新一轮转型的挑战，可以借鉴五粮液的做法，根据企业自身情况、自身定位，提出适合酒企长远发展的多元化经营战略，以提升偿债能力，增加 Z 值，减小财务风险。

[参考文献]

［1］Ainoor Mtholi. Investment Decision‐making of Enterprisement ［J］. Journal of Accounting and Public Policy，2006（8）：390‐408.

［2］Ohlson J. A.. Financial Ratios and the Probabilistic Prediction of Bankruptcy［J］. Journal of Accounting Research，1981（1）：109‐131.

［3］毕文静，许纪校. 基于信息熵和 Copula 模型的供应链财务风险评估研究——以海尔、美的、格力供应链为核心数据［J］. 经济研究导刊，2017（28）：77‐79.

［4］李露. 基于 ANP‐LVQ 模型的转型升级企业财务风险分析［J］. 财会通讯，2018（14）：113‐116.

［5］刘洪海. 商贸流通企业财务外包风险识别及应对策略研究［J］. 商业经济研究，2018（19）：162‐164.

［6］王海峰. 试论企业财务管理中的风险预测及处理——基于优化的 BP 神经网络算法［J］. 中国注册会计师，2018（9）：103‐106.

［7］向德伟. 论财务风险［J］. 会计研究，1994（4）：21‐23.

［8］要晨阳. 互联网金融时代商业银行财务风险应对研究［D］. 北京：首都经济贸易大学硕士学位论文，2018.

［9］周首华，杨济华，王平. 论财务危机的预警分析——F 分数模式［J］. 会计研究，1996（8）：8‐11.

［10］张彦. 微观经济杠杆合理值域的确定及其实证分析［J］. 华南理工大学学报（社会科学版），2004（2）：39‐42.

四川白酒产业与旅游文化产业融合发展的研究[*]

张凤婷 徐 哲 黄秋洁

（四川外国语大学成都学院英语学院，四川都江堰 611844）

摘要： 四川是白酒生产大省，也是旅游文化产业大省。文章以白酒产业与旅游文化产业融合发展为主题，论述了白酒产业是最具备产业融合发展时代特征的战略性产业，分析了白酒产业与旅游文化产业的相互依存关系，在此基础上进一步阐述四川白酒产业与旅游文化产业融合发展的可行性，提出了坚持古为今用、坚持四川特色、坚持探索创新等促进四川白酒产业与旅游文化产业融合发展的路径和策略。

关键词： 四川白酒产业；旅游文化产业；融合

10.1 问题的提出

自 2015 年 11 月习近平总书记在中央财经领导小组会议上提出"着力加强供给侧结构性改革"以来，供给侧改革受到了越来越多的关注，迅速成为全国经济发展的主旋律，整个中国经济也从此进入供给侧改革时代。供给侧改革的内涵和本质是：从提高供给质量出发，用改革的办法推进结构调整，矫正要素配置扭曲，扩大有效供给，提高供给结构对需求变化的适应性和灵

---

  * 基金项目：川酒发展研究中心项目（CJY17-01）。
  第一作者简介：张凤婷，女，海归硕士，主讲"英语口语""综合英语"等课程。现任四川外国语大学成都学院英语学院口语课程组组长。曾获四川外国语大学成都学院"中青年教学骨干"称号，两次获得外研社"教学之星"大赛一等奖。主持省级科研项目 3 项，发表学术论文 17 篇，主编教材 1 部。

活性，提高全要素生产率，更好地满足广大人民群众的需要，促进经济社会持续健康发展。一句话，供给侧改革就是从供给侧发力，通过重大改革的推进来解决重大的结构性问题，最终提升供给质量和效率。

从 2013 年开始，随着我国经济发展进入新常态和"三公消费"受限，四川白酒产业同全国白酒产业一样，逐步进入深度调整期，市场萎缩，效益下滑，内生动力缺乏，品牌张力不够。川酒名企水井坊近期宣布终止邛崃项目建设，也进一步折射出当前四川白酒行业萧条的现状。邛崃项目全称为"成都邛崃'中国名酒工业园'内新产品开发基地及技术改造项目"，建设工期为 5 年，计划投资约 23 亿元，是水井坊欲做大做强白酒市场的一个关键性项目。到了 2018 年 6 月，水井坊对外表示由于白酒市场未有好转，公司生产经营困难，因此决定终止邛崃项目建设。水井坊无力继续邛崃项目引起了社会对四川白酒危机的广泛关注和担忧。虽然在目前四川白酒有复苏的迹象，但"黄金十年"爆发式增长暴露出来的诸多供给侧结构性问题并没有根本解决，积累下来的大量沉疴也没有彻底消除，整个行业仍然处于"寒冬期"。因此，在全国供给侧改革时代大潮下，四川白酒业必须进行供给侧结构性改革，通过对供给端的转型、创新和改革，实现与市场"面对面"，满足消费者对"美好生活"的追求，促进产业转型升级，提高企业的竞争力。

从供给侧改革的内涵看出，供给侧改革强调结构性的改革与供给效率的提升，这为四川白酒产业发展方式转型、经济增长新动能注入提供了可供借鉴的思路与切入点。四川是白酒生产大省，白酒产业十分发达，有着"中国白酒看四川，四川工业看川酒"之说；同时也是旅游文化大省，旅游文化产业充满活力、方兴未艾，已成为现代服务业的龙头产业。白酒产业与旅游文化产业关系紧密，高度关联，在技术上也存在必然的联系，两者具备融合发展的得天独厚的条件。旅游文化融入四川白酒产业、让川酒产业与旅游文化产业融合产生新业态，从而实现资源的优化配置，形成新的经济增长点，则是推动四川白酒行业供给侧结构性改革、实现产业持续健康发展最有效的切入点。

作为一个多民族的经济欠发达省份，四川要实现经济的跨越发展，完全可以扬长避短、发挥优势，实施白酒产业与旅游文化产业深度融合战略，这不但为白酒产业持续健康发展提供了内生动力，而且对促进全省产业结构调整和经济增长方式创新也具有重要的意义。但目前四川白酒产业与旅游文化产业的融合才刚刚破题，旅游文化与白酒产业融合发展的研究主要还是以宏观视角为主，专业深入不够，成果理论性及应用性不是很强；学术性的研究较少，系统性研究成果不多。尤其是在供给侧改革的大环境下，四川白酒产业如何发展的研究成果更少，即使有人问津，也只在去产能、去杠杆等方面研究的多，而就旅游文化融入四川白酒产业的问题，研究数据相当匮乏。虽然有不少企业对白酒文化与旅游资源作了一些整合，但都规模小、质量低、单一化、同质化现象严重，没有形成完整、有效的川酒旅游文化供给体系。因此，开展"供给侧改革背景下旅游文化融入四川白酒产业路经研究"课题，具体探索四川白酒产业与旅游文化产业融合发展的路径和策略就显得异常迫切和重要。

10.2 白酒产业的产业特征与产业融合发展特征分析

白酒产业是一个高度复合的产业，与农业、工业、服务业、文化业关联度高，彼此之间存在着千丝万缕的联系；白酒产业是一个绿色、生态、高效和成长性极好的健康产业，有"无烟工业"之美誉；白酒产业还是一个文化附着力非常强的行业，具有文化消费、聚饮消费属性。白酒产业的这些属性和特征，决定了其可能是国民经济中最具备产业融合发展特征的战略性产业。

首先，白酒产业与其他产业关联度高，向其他不同产业渗透力大、融合速度快、延伸能力强，极易形成白酒旅游、白酒养生健康、白酒体验休闲等新的产业业态。由于白酒产业是天然的绿色健康产业，它与其他产业融合出来的新产业具有高成长、高效益、竞争力强、可持续发展的特征。白酒产业与其他产业融合、延伸到不同的产业领域内，以不同的演进方式，形成富有成长性、竞争力强的新业态，可形成一个个新的经济增长点。

其次，白酒产业和其他产业关联度高，能与不同产业或同一产业不同行业相互交叉，最终融为一体，形成新的产业型态。这种融合以市场为导向，以效益最大化为中心，在市场和政府的作用与推动下与多个在技术、经济、文化等方面有紧密联系的产业之间交叉融合，形成具有强大竞争力的新业态，促进白酒产业与其他融合产业健康发展。其他关联产业也可以以白酒产业为依托进行产业间的融合，引发新业态的形成和产业整体竞争力的提升。

最后，让白酒产业作为基础和其他产业进行融合发展，能够优化市场结构、促进产业创新和转型升级，培育新的经济增长点，创造新的复合产业，实现资源的流动和合理配置，助推区域经济一体化。

10.3 白酒产业最适宜与旅游文化产业融合发展

产业融合的思想起源于20世纪60年代，经过半个世纪的发展和完善，已经形成了较为全面的理论体系，涌现出了很丰厚的理论成果。其中最具代表性的是动因说和效应说，这两种理论由于关注产业融合问题的角度和层次不同，对一些问题的看法和结论也有所不同，但是在产业融合的概念、产业融合的动力（或前提条件）、产业融合的类型三个方面存在较大的共识。

第一，产业融合是指不同产业或同一产业的不同行业通过相互渗透、相互交叉，最终融为一体，逐步形成新产业的动态发展过程（厉无畏，2002；孙永波、王道平，2009）。第二，产业融合发生的动力包含三个方面：一是产业之间具有一定程度的关联性或技术与产品的替代性，有共同的技术基础。产业之间相互依存、高度关联，就容易相互渗透和交叉，形成新业态。产业之间存在共同的技术基础，就能够首先发生技术的融合，即某一产业的技术革新或发明开始有意义地影响和改变其他产业产品的开发特征、竞争和价值创造过程。二是产业融合的发生源于技术进步和管制的放松，一方面技术革新是产业融合的内在原因，技术革新给产业融合带来了必要性和可能性；另一方面管制的放松导致其他相关产业的业务加入本产业的竞争中，又促使产业走向融合。经济管制的放松为产业融合创造了制度环境，产业融合的内在要求又促使管制理论与政策的不断改善，以适应变化了的技术和经济条件（冯健，2003）。三是追求效益的最大化。产业融合化发展，形成更具竞争力的新的技术、新的业态和新的商业模式，可以突破产业间的条块分割，加强产业间的竞争合作关系，减少产业间的进入壁垒，降低交易成本，提高企业生产率和竞争力，最终形成持续的竞争优势（周春波，2018）。第三，产业融合可分为产业渗透、产业交叉和产业重组三类：产业渗透是指发生于两个或多个产业在边界处的产业融合；产业交叉是指通过产业间功能的互补和延伸实现产业融合，往往发生于具有紧密联系的产业之间；产业重组主要发生于具有产品上下游关系或产品同类的产业之间，这些产业往往是某一大类产业内部的子产业（涂静，2017；朱信凯、徐星美，2017；赵珽、张士引，2015）。

白酒产业与旅游文化产业关系紧密，高度关联，在技术上也存在必然的联系。白酒、旅游都是人类历史社会文化活动的产物，都离不开文化，文化可以当之无愧地成为白酒、旅游的灵魂和支柱。可以说，没有美酒就没有一种良好的旅游文化氛围；没有旅游文化氛围，再好的白酒也难以成为美酒。因此，白酒产业和旅游文化业都是以文化为依托、相辅相成的战略性产业，两者具备融合发展的得天独厚的条件。旅游文化融入白酒产业形成有竞争力的新型产业形态，自然会提升白酒产业的供给质量和效率，促进白酒产业的转型升级和持续健康发展。

10.4 旅游文化融入白酒产业是供给侧改革背景下白酒产业转型升级、健康发展的有效切入点

第一，旅游文化融入白酒产业能促进产业结构优化与升级：在我国经济发展进入供给侧结构性改革时代后，白酒产业的供给效率较低，结构性矛盾更加突出。旅游文化融入白酒产业塑造了有竞争力的产业新业态，能吸纳和转移其他产业资金、人才和技术，激发白酒产业发展潜能和活力，拓展白酒和旅游文化等产业发展空间，实现白酒产业结构的优化升级。此外，促进白酒产业与旅游文化融合发展，可将白酒业植入旅游文化产业中，有效促进第一、第二产业要素迅速转化为第三产业，推动地方产业结构调整重组和优化升级。第二，旅游文化融入白酒产业能推动经济增长点形成：旅游文化与白酒产业融合，使白酒业与旅游、文化产业等关联产业之间相互渗透、功能互补，逐渐形成以酒庄的养生度假、休闲娱乐、婚庆喜宴、生日庆典、康体健身、美体美容等内容为核心的"白酒旅游文化产业"这一经济新业态。"白酒旅游文化产业"的形成与发展，一方面催生了旅游新业态、新功能和新产品，使旅游服务向更大的深度和广度扩展；另一方面极大地推动了白酒文化的传播和交流，提升和扩展了白酒产业的社会服务功能，促进了白酒产业的产业链延伸、附加值提升和综合效益提高。第三，白酒和旅游文化都是富民的产业，这对于经济欠发达、贫困人口较多的四川来说尤为重要。大力推动白酒业和旅游文化产业融合发展，就能充分发挥白酒业和旅游文化业的"富民功效"，在白酒养生度假、白酒休闲娱乐、白酒康体健身等白酒旅游文化新兴业态中积极吸纳农村剩余劳动力、缩小城乡差距，为四川产业扶贫提供示范经验。第四，白酒和旅游文化是绿色生态的，都是天然的绿色健康产业，有"无烟工业"之美誉。推动白酒与旅游文化融合发展，对于四川省培育一批高品质酒庄工业旅游示范园、打造生态产业链条、丰富生态旅游产品、在大西南构建生态安全屏障将发挥重要作用。第五，旅游文化融入白酒产业，可以促进四川各民族交流融合和社会和谐。

一言以蔽之，旅游文化融入白酒产业，让白酒产业与旅游文化产业融合产生新业态，从而实现资源的优化配置，形成新的经济增长点，是推动白酒行业供给侧结构性改革、实现产业持续健康发展最有效的切入点。

10.5　四川白酒产业已经具备与旅游文化产业融合发展的基础

在四川省，白酒产业与旅游文化产业融合更是得天独厚，两者不仅是最完美的结合方式，也是业态创新的最好途径。首先，就旅游来看，美丽的天府之国孕育了四川许多独特的自然景观，如"天下秀"的青城山、"天下幽"的峨眉山、"天下雄"的剑门关、"天下第一佛"的乐山大佛、"天下第一堰"的都江堰、人间仙境的九寨沟、世所罕见的蜀南竹海等。近年来，四川高度重视旅游业发展，多元化综合开发旅游文化资源，已经吹响旅游大省向旅游强省进军的号角。因此，四川旅游资源丰富且特色鲜明，绝无仅有，弥足珍贵，为四川白酒与旅游文化产业融合发展提供了前提。其次，从白酒生产来看，在这神秘的天府之国，培育了泸州老窖、五粮液、剑南春、郎酒、水井坊、沱牌等蜚声中外的名酒，四川已成为中国白酒的摇篮。目前，四川已经把白酒产业作为全省经济结构调整优化升级的重要战略产业重点扶持，四川白酒产业发展十分迅速，酒庄建设已有相当的规模和品牌优势。这是四川白酒与旅游文化产业融合发展的基础。最后，就文化底蕴来看，四川是中华文化的重要发祥地之一，历史悠久，名人辈出，文化底蕴深厚。同时还有着鲜明特色的红色革命文化和民间文化、现代文化资源，是著名的文化资源大省。四川也是我国少数民族较多的省份，地理地貌、历史变迁、民族分布都很特殊，尤其是多样的民族文化让人们感觉到四川的神奇瑰丽。神秘的天府之国孕育着多元化的文化，各民族文化在此碰撞、交融，形成强大的文化合力，推动着四川经济文化的发展。这是四川白酒与旅游文化产业融合发展的根本。

综上所述，白酒产业与旅游文化产业有着天然的融合发展基础，是融合条件最好的产业。四川已经具备白酒产业与旅游文化产业融合发展的前提条件和基础。作为一个多民族的经济欠发达省份，四川要实现经济的跨越发展，完全可以扬长避短、发挥优势，实施白酒产业与旅游文化产业深度融合战略，促进白酒旅游文化产业快速发展。

10.6　四川白酒产业与旅游文化产业融合发展的策略

四川大力实施白酒产业与旅游文化产业的深度融合战略，可以形成新的、有效的川酒旅游文化供给体系，促进川酒产业健康发展，从整体上带动四川社会经济文化的发展。笔者经过认真研究和考察，认为坚持以下三个路径和

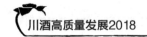

策略就可以做好"四川白酒+旅游+文化"这篇大文章,有效推动四川白酒产业与旅游文化产业的融合发展。

10.6.1 坚持"古为今用"

古代的历史文化遗产等资源,可以很好地古为今用,使我们的白酒旅游业文化发展得更加完善。四川具有悠久灿烂的酿酒历史,留下了许多历史文化遗产资源,比如:列为国家级非物质文化遗产的泸州老窖、五粮液、剑南春、郎酒、水井坊、沱牌等白酒传统酿造技艺,列为世界文化遗产预备名单的泸州老窖1573国宝窖池群和剑南春"天益老号"酿酒作坊(孔佳,2014),广汉三星堆遗址中三千多年前蜀人饮酒的酒具,成都平原、绵阳、宜宾、泸州等地先后发现的大量商周至战国末期的酒器(刘婧、张培,2014)等。所有这些遗迹遗址都是四川古老的遗产文化,也是四川省白酒文化旅游的宝贵资源。四川省可依靠这些厚重的历史遗产文化资源,实施"白酒+旅游+遗产文化"战略,充分将这些遗产文化与旅游及千年白酒历史文化深度融合,通过建设白酒文化博物馆、白酒文化产业园和发展以参观白酒酿造遗迹遗址为主的工业旅游、餐饮旅游、文化旅游等形式,深入挖掘文化内涵,赋予新的时代气息,让丰厚的文化底蕴与白酒、旅游相辉映,显示博大精深的川酒文化张力,提升魅力无穷的川酒旅游品质。还可以围绕这些历史整理出版一些经典书籍,编撰四川白酒史志,使之成为宝贵的文化遗产。

10.6.2 坚持四川特色

四川实施白酒产业与旅游文化产业的融合发展战略,必须要结合四川省省情,运用四川独有的资源,走出一条具有鲜明四川特色的酒旅融合之路,形成一个具有鲜明四川特色的川酒旅游文化供给体系。四川是一个以汉族为主的多民族的省份,各个民族由于其独特的自然环境、传统和历史,呈现出不同的生活方式和情感信仰,形成了具有浓郁地方特色的民俗文化,如藏族的藏历新年、彝族的火把节、羌族的羌历年、苗族的苗年、侗族的花炮节、傈僳族约德节、回族的圣纪节(邓清南、徐虹、文全治等,2015)等民族节日以及成都花会、自贡灯会、都江堰放水节、彭州牡丹会、宜宾酒圣节、广元女儿节、新津龙舟会、梓潼庙会等地方节庆活动。这些有着浓厚四川特色的民俗文化,具有很强的娱乐性和参与性。针对这些民俗文化资源,四川要搞好白酒、旅游与民俗文化的融合,努力实施"白酒+旅游+民俗文化"战略,把民俗文化植入白酒旅游中,让旅游者不但要尽情享受四川各民族丰富多彩的民俗风情,还要深耕白酒旅游商品市场,满足白酒旅游者的多层次、高品位需求；把四川众多民族呈现出不同的社会文化形态和丰富多彩的民族风情与白酒旅游有机结合起来，开辟新的白酒旅游文化景点和产品，增加四川白酒旅游的文化内涵，促进四川白酒旅游文化产业的大发展。此外，四川又是"美食之乡"，这里境内江河纵横，四季常青，烹饪原料多而广，产生了许多有着不同民族、不同地域特色的传统菜肴，如享誉海内外的川菜、色香味俱全的成都火锅、历史悠久的盐帮菜，还有彝族的砣砣肉、羌族的猪膘、土家族的社饭、藏族的水淘糌粑、苗族的血肠粉、纳西族的干菜（康珺，2010）以及担担面、龙抄手、钟水饺、赖汤圆、酸辣粉等风味小吃。这些传统菜肴以及各民族独有的饮食材料、饮食制作、饮食器具、饮食礼俗、饮食观念和思想，构成了灿烂的四川饮食文化。四川要充分利用这些独具四川特色的饮食文化，大力实施"川酒+旅游+饮食文化"战略，把饮食文化植入白酒旅游中，既让旅游者在天府之国尽情享受传统美食，又要创新川酒与美食的融合，做到菜借酒力，酒扬菜名，相互辉映，并驾齐驱。

10.6.3　坚持探索创新

四川白酒产业与旅游文化产业的融合发展在国内还是发展中的新事物，没有现成的经验和固定的模式可循，必须以自我探索为主，勇于实践、勇于创新，在发展中逐步摸索出一个符合省情、具有鲜明产区特色的川酒旅游文化运作模式，并精心培育使其成为一个具有竞争力的旅游文化产品。

四川白酒历史悠久，在漫长的发展过程里积淀了厚重的文化因子，形成了个性突出、内涵丰富的川酒文化。如《旧唐书·德宗本纪》记载的"土解金貂""解貂赎酒"佳话，1909年宜宾县名人杨惠泉的"五粮液"美名诞生故事，1916年朱德的除夕赋诗使酒城泸州扬名天下等名人趣事与历史事件（牟红，2016；孔佳，2014）；彝族的"转转酒"、傈僳族的"早餐酒"、羌族的"顺酒"、家族的"咂酒"、苗族的"拦路酒"、侗族的"交杯酒"、水族的"送客酒"（林洁、王平春，2015）等民族酒风酒俗以及"满月酒""寿酒""上梁酒""进屋酒""开业酒""会亲酒""回门酒"（曾庆双，2003）等民间酒风酒俗；还有李白、杜甫、黄庭坚、司马相如等古代著名诗词作家对川酒的诗歌诗赋（羊玉祥，1998）等。深度挖掘这些与川酒有关的文化因子，探索和实践"川酒+旅游+创意文化"战略，是我们要做的重要创新工作。比如围绕与川酒有关的历史事件和名人趣事，编撰一些故事、小说、电影、电视剧等；围绕与川酒有关的酒风酒俗，编撰出多种具有可读性、普及性和趣味性的旅游读物等；围绕与川酒有关的古今名人诗歌诗赋，编撰出形式多样的传说佳话、名人逸事、传世墨宝等。通过川酒旅游与这些创意文化的融合，不但能彰显川酒的独特文化特色，而且会使四川白酒旅游文化内涵更加丰富，真正达到推动四川白酒旅游文化产业发展的目的。

10.7 结语

四川省文化底蕴深厚、旅游产业与白酒产业发达。把白酒产业作为产业融合的基础，高度融合旅游文化产业，就一定能够形成新的、有效的川酒旅游文化供给体系，促进四川白酒产业与旅游文化产业的健康发展，进而带动四川社会经济文化的发展。然而，四川白酒产业与旅游文化产业的融合才刚刚破题，产业融合的经验不足，融合进程中困难和问题不少。但我们相信，始终坚持古为今用、坚持四川特色、坚持探索创新三个策略，并为之不懈努力，就一定能有效推动四川白酒产业与旅游文化产业的融合发展，成为四川经济增长新引擎。

[参考文献]

[1] 厉无畏. 产业融合与产业创新[J]. 上海管理科学，2002（4）：4-6.

[2] 孙永波，王道平. 产业融合及如何促进我国产业融合的发展[J]. 北京工商大学学报（社会科学版），2009，24（1）：105-109.

[3] 冯健. 产业融合理论研究评述[J]. 经济学动态，2003（5）：51-53.

[4] 周春波. 文化产业与旅游产业融合动力：理论与实证[J]. 企业经济，2018，37（8）：146-151.

[5] 涂静. 产业融合的经济学分析[J]. 现代管理科学，2017（8）：84-86.

[6] 朱信凯，徐星美. 一二三产业融合发展的问题与对策研究[J]. 华中农业大学学报（社会科学版），2017（4）：9-12.

[7] 赵珏，张士引. 产业融合的效应、动因和难点分析——以中国推进"三网融合"为例[J]. 宏观经济研究，2015（11）：56-62.

[8] 孔佳. 非物质文化遗产视野下川酒的历史文化价值[J]. 湖北工程学院学报，2014，34（4）：33-36.

[9] 刘婧，张培. 文化旅游与川酒产业软实力提升[J]. 四川旅游学院学报，2014（5）：53-55.

[10] 邓清南，徐虹，文全治等. 四川省民俗文化资源的旅游开发[J]. 中国商贸，2010（12）.

[11] 康珺. 基于酒文化的四川省旅游经济发展战略[J]. 安徽农业科学，2010（13）：6984-6986.

［12］牟红．川酒文化概述［J］．酒城教育，2016（4）：66-71．

［13］孔佳．非物质文化遗产视野下川酒的历史文化价值［J］．湖北工程学院学报，2014，34（4）：33-36．

［14］林洁，王平春．四川少数民族酒文化研究［J］．南方农机，2015（5）：15-17．

［15］曾庆双．中国白酒文化［M］．重庆：重庆大学出版社，2003．

［16］羊玉祥．川酒诗话［J］．川北教育学院学报，1998（4）：13-16．

基于因子分析法的白酒行业上市公司财务绩效评价研究[*]

林东川　孙瑞琦　代昌利　罗　兰

（四川农业大学商学院，四川雅安　611830）

摘要：本文首先阐述白酒行业上市公司基本发展现状。其次，构建白酒上市公司财务绩效评价指标体系，运用 SPSS 19.0 软件，基于因子分析法对 18 家白酒上市公司 2017 年主要财务指标进行运算，从而得出分项能力指标及综合绩效得分及排名。最后，通过实证结果及分析，对白酒行业上市公司提出建议，为投资者、管理者、债权人决策提供合理依据。

关键词：白酒行业；财务绩效；因子分析

11.1　引言

我国证券市场是国民经济的重要组成部分，反映着国民经济的发展水平，但与西方发达国家的证券市场相比，我国证券市场体系还不够成熟，对上市公司财务绩效还没有统一的、全面的评价体系。与此同时，中国白酒行业从最初的"限制三公消费"到"八项规定"再到进入经济增速放缓、经济结构优化升级的新常态发展趋势。在此背景下，一些中国传统白酒行业上市公司如何制定自身的发展战略转型升级，提高经营管理水平，改善企业绩效显得

---

　　[*]　基金项目：本文获得了川酒发展研究中心一般项目"川酒龙头企业价值评估与价值创造研究"（课题编号：CJY18-03）、四川农业大学 2018 年学科"双支计划"第七层次资助项目、四川农业大学 2018 年国家级大学生创新训练计划项目（课题编号：201810626062）、四川农业大学 2019 年大学生科研兴趣计划项目（课题编号：2019732）资助。

　　第一作者简介：林东川（1986—），男，四川邻水人，汉族，管理学硕士，讲师，四川农业大学商学院会计系主任。主要从事会计与审计理论、创业板公司财务研究。

尤为重要。因此，本文希望基于 2017 年白酒行业上市公司的财务数据，选取资产周转率、利润总额增长率、资产负债率等财务指标进行因子分析建立财务绩效评价体系，从而构建一个综合评价函数，得出各白酒行业上市公司主因子及综合绩效得分及排名，并进行实证研究，以此达到一个发现白酒行业上市公司的优势和不足，同时为其未来发展提供合理化建议的目的。

11.2 新常态下我国白酒行业上市公司的基本情况及发展现状

11.2.1 白酒行业上市公司基本情况

从 2014 年起，我国白酒行业进入发展速度从高速转为中高速、经济结构不断优化升级的新常态发展趋势。在经济新常态这个大背景下，白酒行业发展进入调整期，全行业的增速从以前的年均 20%~30% 缩减到 10% 以内。据中国证监会上市公司行业分类方法，当公司某类业务的营业收入比重大于或等于 50% 时，将其划入该业务对应类别。截至 2017 年，根据国泰安数据库统计资料，符合中国证监会行业分类指引所规定的白酒上市公司共有 18 家，其中皇台（000995）出现财务状况异常，已被证监会 ST 处理。

11.2.2 白酒行业上市公司发展现状

表 11.1 是白酒行业 18 家上市公司 2017 年发展现状统计情况，其中包括白酒行业上市公司的代码、证券名称、上市时间、地区分布、营业收入、资产总额、股本总数的具体信息。

表 11.1 　2017 年白酒行业 18 家上市公司发展现状统计　单位：万元

代码	证券名称	上市时间	地区分布	营业收入（元）	资产总额（元）	股本总数（股）
000568	泸州老窖	1994-05-09	四川	10394867493.4	19755761074.2	1464752476
000596	古井贡酒	1996-09-27	安徽	6968325048.5	10152862119	503600000
000799	酒鬼酒	1997-07-18	湖南	878331383.5	2541736623.9	324928980
000858	五粮液	1998-04-27	四川	30186780409.1	70922626679.4	3881608005
000860	顺鑫农业	1998-11-04	北京	11733843205.8	18412037106.6	570589992
000995	ST 皇台	2000-08-07	甘肃	47605091.2	252214593.5	177410000
002304	洋河股份	2009-11-06	江苏	19917942238.2	43258140702.4	1506990000

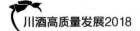

续表

代码	证券名称	上市时间	地区分布	营业收入（元）	资产总额（元）	股本总数（股）
002646	青青稞酒	2011-12-22	青海	1318361958.5	2663503267.6	449780000
600197	伊力特	1999-09-16	新疆	1918812697.1	3068967817	444283473
600199	金种子酒	1998-08-12	安徽	1290154269.2	3133971800	555775000
600519	贵州茅台	2001-08-27	贵州	58217861314.2	134610116900	1256197800
600559	老白干酒	2002-10-29	河北	2534965148.2	2887404100	438060200
600702	沱牌舍得	1996-05-24	四川	1638440107.8	4698942300	337300000
600779	水井坊	1996-12-06	四川	2048380366.4	2788889212.9	488545700
600809	山西汾酒	1994-01-06	山西	6037481699.1	8939785369.1	865848300
603198	迎驾贡酒	2015-05-28	安徽	3138381225.5	5890219077.5	800000000
603369	今世缘	2014-07-03	江苏	2952210040.4	7223229799.5	1254500000
603589	口子窖	2015-06-29	安徽	3602647169.8	7676357124.9	600000000

从表 11.1 中的数据可以看出，我国白酒上市公司主要分布在四川、贵州、安徽等地。白酒行业上市公司山西汾酒最早于 1994 年 1 月上市，口子窖最晚于 2015 年 6 月上市。根据各白酒企业披露年报数据显示，2017 年中国白酒企业营收前三名分别是贵州茅台、五粮液、洋河股份。我国白酒行业销售收入最高的贵州茅台销售收入约为 582.18 亿元，占整个白酒行业销售收入的比重为 10.53%，所占市场份额超过 10%，其原因是茅台运用了其独特的历史文化，以及地域优势将其品牌道为国酒、绿色食品、世界上最好的蒸馏酒。茅台系列的产品非常精简，除茅台酒外只有迎宾酒、王子酒、年份酒三大分支。茅台酒的"高端品牌策略"抓住了高端市场的高毛利率，来提高自己的盈利能力。白酒行业销售收入排名前三的企业占整个市场的份额为 19.58%，排名前五的企业占整个市场的份额为 23.58%，排名前十的企业占整个市场销售份额为 27.58%，可见行业内目前竞争较为激烈。

从上市公司的表现看，行业的分化趋势非常明显，强者恒强、弱者愈弱已是一个行业常态，具有较高品牌影响力的酒企抗风险能力最强，也最容易调整恢复过来，也最具有业绩增长的持续性。

11.3 白酒行业上市公司财务绩效评价指标体系的构建

11.3.1 样本选取及财务绩效指标的构建及指标的确定

根据国泰安数据库统计资料选择我国白酒行业 18 家上市公司 2017 年数据以及财务指标如表 11.2 所示：

表 11.2 指标的确定

序号	指标名称	指标性质	计算公式
X1	资产负债率	偿债指标	资产/负债
X2	存货周转率		销售成本/存货平均余额
X3	流动资产周转率	营运指标	销售收入/流动资产平均余额
X4	总资产周转率		销售收入/资产平均余额
X5	总资产净利率		净利润/资产平均总额
X6	股东权益报酬率	盈利指标	净利润/股东权益平均余额
X7	总资产增长率		本年资产增长额/上年资产总额
X8	利润总额增长率	发展指标	本年利润总额增长额/上年利润总额

11.3.2 数据的预处理

同趋化处理和无量纲处理，即对所选取的指标中的适度指标进行的一种处理方式，其目的是让所选的指标对分析结果更加有意义。由于本文选取的指标均是比率指标，不受纲量影响，无须进行标准化处理，并且采用 SPSS 19.0，运算过程中可自动化进行标准化处理。

11.3.3 描述性统计

2017 年白酒行业上市公司描述统计如表 11.3 所示。

表 11.3 2017 年白酒行业上市公司描述性统计

	均值	标准差	最大值	最小值	分析 N
资产负债率（X1）	0.39164259	0.30339985	1.5658	0.137341	18

续表

	均值	标准差	最大值	最小值	分析 N
存货周转率（X2）	0.68866797	0.32845177	1.35	0.19	18
流动资产周转率（X3）	0.73295743	0.31264015	1.285689	0.002453	18
总资产周转率（X4）	0.53236769	0.18247895	0.832266	0.147679	18
总资产净利率（X5）	0.06489818	0.16918510	0.218783	−0.58206	18
股东权益报酬率（X6）	0.15788127	0.26253359	0.902289	−0.58206	18
总资产增长率（X7）	0.10044285	0.17774291	0.414607	−0.35741	18
利润总额增长率（X8）	0.24167635	0.4604646	1.044549	−1.18454	18

标准差是指各数据偏离平均数距离的平均数，标准差小，表示概率分布越集中，大部分的数值和其平均值之间差异小；反之，则差异大。

（1）短期偿债能力：白酒行业的流动比率均值为 2.3236，说明行业的整体财务状况较好。但是最小者 ˚ST 皇台的流动比率为 0.2739，说明公司流动资产的资金过少难以偿还企业的短期债务，其根本原因是 2017 年 ˚ST 皇台官司缠身且因历史遗留问题拖累，生产经营受到制约公司融资能力非常有限。

（2）长期偿债能力：白酒行业的资产负债率平均值为 0.3916，说明在行业整体资金来源中，来源于所有者资金较多，来源于债务的资金较少，但最大值 ˚ST 皇台与最小值青青稞酒之间相差 1.43，说明行业内部差异较大。˚ST 皇台的资产负债率高达 1.5658，说明该公司的资金链发生重大问题，导致其可能出现公司已经没有净资产或资不抵债的情况，有濒临倒闭的危险。

（3）营运能力：白酒行业的存货周转率、流动资产周转率、总资产周转率的均值分别为 0.6887、0.7330、0.5324，行业整体指标均未超过 1，这是由于白酒行业的性质所限定。营运能力整体较好者如山西汾酒均在前列，这是因为其集团积极运用营销手段，提高其知名度，扩大销售，并且资产利用率较高，经营管理水平较高。营运能力较低者如贵州茅台均在末位，这是由于其白酒的存放时间较长且其定价较高导致周转率较其他酒业偏低。

（4）盈利能力：白酒行业的股东权益报酬率均值为 0.1579，表明整体行业的普通股投资者委托公司管理人员应用其资金所获得的投资报酬较低。行业最高者酒鬼酒为 0.9023，表明股东每投入 100 元资本将可以获得 90 元的净利润，接近于 1，说明企业的盈利能力较其他白酒酒业好。

11.3.4 适度性检验

对因子进行适度性检验主要是为了确定指标间的相关性，越接近 1 则表明指标之间相关性越高，越适合做因子分析，从表 11.4 中检验结果可得，KMO 分析结果显示为 0.516，大于 0.5，相关性较强，适合进行因子分析；Bartlett 的球形度检验分析结果显示为 0.000，小于 0.01，拒绝原假设，也适合采用因子分析法进行分析。

表 11.4　KMO 和 Bartlett 检验

KMO		0.516
Bartlett 的球形度检验	近似卡方	119.597
	Df	28
	Sig.	0.000

11.4　基于因子分析法的分析

11.4.1　提取公因子

解释的总方差表是由成分、初始特征值、提取平方和载入、旋转平方和载入四大列组成（见表 11.5）。第一列及成分列显示有 8 个因子。第二列为初始特征值大列，第一个因子的特征值为 3.781，可解释的方差为 47.267%，累积贡献率为 47.267%，以此类推。第三列表明前 3 个因子累计贡献率为 85.382%，第四列表示旋转后因子对总方差的解释情况。因子旋转后，累计方差并未改变，仍为 85.382%。

表 11.5　解释的总方差

成分	初始特征值			提取平方和载入			旋转平方和载入		
	合计	方差（%）	累积（%）	合计	方差（%）	累积（%）	合计	方差（%）	累积（%）
1	3.781	47.267	47.267	3.781	47.267	47.267	3.127	39.092	39.092
2	1.677	20.961	68.229	1.677	20.961	68.229	2.166	27.076	66.169
3	1.372	17.154	85.382	1.372	17.154	85.382	1.537	19.214	85.382
4	0.605	7.568	92.951						
5	0.411	5.142	98.092						
6	0.097	1.213	99.305						

续表

成分	初始特征值			提取平方和载入			旋转平方和载入		
	合计	方差（%）	累积（%）	合计	方差（%）	累积（%）	合计	方差（%）	累积（%）
7	0.038	0.470	99.775						
8	0.018	0.225	100.000						

注：提取方法：主成分分析。

由碎石图（见图 11.1）可看出前三个特征值比较陡峭，第一个公因子的方差解释贡献最大，随后逐渐变缓。从图 11.1 的纵坐标看，前三个特征值都大于 1，符合特征值大于 1 的判断标准。综上所述，解释的总方差分析表和碎石图这两种选取主成分分析的方法，经过验证两者得出的结果一致，选取的三个主成分已经包含了绝大部分的财务信息，所以本文提取三个主因子进行分析。

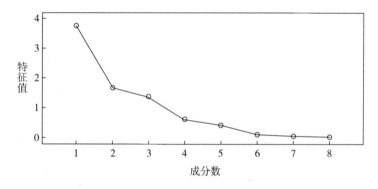

图 11.1　碎石图

11.4.2　因子的命名

旋转成分矩阵图如表 11.6 所示。

表 11.6　旋转成分矩阵图

	旋转成分矩阵[a]		
	成分		
	1	2	3
资产负债率（X1）	−0.907	−0.079	0.367
存货周转率（X2）	0.101	0.455	−0.657

续表

旋转成分矩阵[a]			
	成分		
	1	2	3
流动资产周转率（X3）	0.119	0.927	0.018
总资产周转率（X4）	0.272	0.942	-0.033
总资产净利率（X5）	0.926	0.292	-0.083
股东权益报酬率（X6）	0.862	0.024	0.310
总资产增长率（X7）	0.766	0.296	0.222
利润总额增长率（X8）	0.140	0.182	0.903

提取方法：主成分。

旋转法：具有 Kaiser 标准化的正交旋转法。

a 表示旋转在 6 次迭代后收敛。

因子 1（F1）：总资产净利率、股东权益报酬率、总资产增长率三项指标在 F1 上有较高的载荷，载荷均大于 0.766，将 F1 命名为盈利因子。

因子 2（F2）：总资产周转率、流动资产周转率、存货周转率三项指标在 F2 上有较高的载荷，载荷均大于 0.455，将 F2 命名为营运因子。

因子 3（F3）：资产负债率指标在 F3 上有较高的载荷，载荷均大于 0.367，将 F3 命名为偿债因子。

11.4.3　单因子得分计算

利用 SPSS 19.0 软件进行因子回归分析，得到白酒行业上市公司因子得分系数矩阵，因子分析基础模型为：$F_j = a_{j1}F1 + a_{j2}F2 + a_{j3}F3 + \cdots + a_{jm}Fm + u_j$（j = 1，2，3，…，n。n 是原始变量的总数，u 是特殊因子，其均值为 0），从而得出 18 家白酒行业上市公司的各因子得分表（见表 11.7）。

表 11.7　成分得分系数矩阵

	成分		
	1	2	3
资产负债率（X1）	-0.344	0.142	0.269
存货周转率（X2）	-0.021	0.196	-0.410
流动资产周转率（X3）	-0.125	0.491	0.059

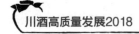

续表

	成分		
	1	2	3
总资产周转率（X4）	−0.067	0.468	0.021
总资产净利率（X5）	0.302	−0.013	−0.071
股东权益报酬率（X6）	0.313	−0.127	0.175
总资产增长率（X7）	0.230	0.036	0.136
利润总额增长率（X8）	−0.012	0.125	0.599

提取方法：主成分。

旋转法：具有 Kaiser 标准化的正交旋转法构成得分。

三个主因子得分具体计算如下：

$F1 = -0.344X1 - 0.021X2 - 0.125X3 - 0.067X4 + 0.302X5 + 0.313X6 + 0.230X7 - 0.012X8$

$F2 = 0.142X1 + 0.196X2 + 0.491X3 + 0.468X4 - 0.013X5 - 0.127X6 + 0.036X7 + 0.125X8$

$F3 = 0.269X1 - 0.410X2 + 0.059X3 + 0.021X4 - 0.071X5 + 0.175X6 + 0.136X7 + 0.599X8$

将标准化后的原始数据代入因子得分函数，可得 18 家白酒行业上市公司三个主因子的得分（见表 11.8）：

表 11.8　18 家白酒行业上市公司各因子得分排序

代码	证券名称	F1		F2		F3	
		得分	排名	得分	排名	得分	排名
600702	舍得酒业	−0.156256073	11	0.474236473	17	0.169245086	7
600519	贵州茅台	−0.001971861	2	0.637484477	14	0.443955039	3
600199	金种子酒	−0.140765048	8	0.324278129	18	−0.677502318	17
600559	老白干酒	−0.331514472	16	1.182581365	2	0.003187083	12
000568	泸州老窖	−0.047558128	3	0.986950056	7	−0.04135855	13
000596	古井贡酒	−0.210138746	14	1.220200651	1	0.11605443	8
000799	酒鬼酒	0.143340343	1	0.515138667	16	0.780844591	1
000858	五粮液	−0.057542542	4	0.695852372	11	0.055270004	10
000860	顺鑫农业	−0.351768099	17	1.026006406	5	−0.060841979	14
000995	*ST 皇台	−1.038908196	18	0.626034302	15	0.547825592	2
002304	洋河股份	−0.096703121	7	0.728414145	10	0.05230351	11
002646	青青稞酒	−0.248852386	15	0.659317878	12	−0.914734779	18

代码	证券名称	F1		F2		F3	
		得分	排名	得分	排名	得分	排名
600197	伊力特	-0.148974265	10	1.021967868	6	-0.240174329	16
600779	水井坊	-0.18736049	12	1.135500412	4	0.393724616	4
600809	山西汾酒	-0.20726979	13	1.153390396	3	0.190450497	6
603198	迎驾贡酒	-0.148615201	9	0.762340871	9	-0.097726501	15
603369	今世缘	-0.079504321	6	0.649991475	13	0.061377568	9
603589	口子窖	-0.060273765	5	0.82627223	8	0.277724611	5
行业平均值		-0.187257565		0.812553232		0.05886801	

11.4.4 综合绩效得分计算

公司经营绩效评价不仅要看公因子得分能力，还要关注企业的综合能力，综合能力更能体现企业全面的绩效水平。综合得分可对上述三个公因子的得分进行加权求和，权数就是方差贡献率，参看因子分析原有变量总方差解释表中"旋转平方和载入"一栏里的方差贡献率。三个旋转后公因子的累计贡献率（从后面−前一个）从大到小依次为：0.85382、0.66169、0.39092。综合绩效得分函数：F = （0.85382F1 + 0.66169F2 + 0.39092F3）/ （0.85382 + 0.66169+0.39092）。将三个公因子得分代入综合绩效得分函数，便可得到综合绩效得分（见表11.9）：

表11.9　18家白酒行业上市公司综合得分排序

排名	代码	证券名称	综合得分
1	000799	酒鬼酒	0.5579
2	600779	水井坊	0.532029
3	600809	山西汾酒	0.443117
4	000596	古井贡酒	0.432398
5	600519	贵州茅台	0.419687
6	603589	口子窖	0.398809
7	600559	老白干酒	0.343903
8	000568	泸州老窖	0.314279

排名	代码	证券名称	综合得分
9	000860	顺鑫农业	0.25673
10	002304	洋河股份	0.256416
11	000858	五粮液	0.254473
12	000995	*ST 皇台	0.249605
13	603369	今世缘	0.236787
14	600197	伊力特	0.216595
15	600702	舍得酒业	0.208357
16	603198	迎驾贡酒	0.190354
17	600199	金种子酒	−0.21974
18	2646	青青稞酒	−0.23187

注：根据因子分析法计算结果编制。

11.4.5 综合能力分析及分项能力分析

11.4.5.1 综合能力分析

从综合分析表 11.9 中可以看出，18 家白酒行业上市公司中有 16 家公司综合得分均大于 0，2017 年度白酒行业上市公司绩效水平较为乐观，其中酒鬼酒以 0.5579 分的得分位于第一，这主要得益于盈利因子与偿债因子两项因子均位于第一，但是其营运因子却为负数，排在第 16 位，说明企业的营业状况及经营管理水平有待提高。

从综合得分排名分析，排名前列的企业如山西汾酒、贵州茅台等规模都较大，形成了良好的规模经济，使企业各部分资产得到充分利用，提高效率，从而降低企业成本。综合得分排名靠后的企业如青青稞酒、金种子酒等，这些企业的营运能力因子得分都比较靠后，总体水平偏低，直接拉低其综合得分排名，只有企业有较好的经营管理水平，才能促进企业更好地成长，同时也反映出我国一些白酒行业上市公司管理水平不高，企业盈利能力差导致开拓市场受阻，资金供给不足。企业应充分利用自身的优势，如地理环境，创造自己独特的产品，使白酒行业的整体健康发展，呈现出产品多样化、专业化。尤其今年下半年白酒行业集体受挫，股价一路直跌，反映着投资者对白酒行业的消极情绪，但从公司综合能力看，这只是短期的，只要企业有良好的经管能力，长期发展就仍旧可期。

11.4.5.2 分项能力分析

（1）F1 盈利能力分析。盈利能力因子得分排在前三名的分别是舍得酒业、贵州茅台、金种子酒。F1 盈利能力因子主要包括总资产净利率、股东权益报酬率、总资产增长率三项指标，行业平均值为 -0.187，其中低于平均值的企业所占比重为 39%，虽然白酒行业上市公司受经济发展形势、国家政策、原材料成本上升、通货膨胀等因素影响，但营业总成本上升幅度尚不算太大。得分最大值酒鬼酒与最小值皇台相差 1.18 分，企业间的盈利能力差距较小。

酒鬼酒虽盈利能力位居第一，但贵州茅台紧随其后，这是因为贵州茅台有较强的品牌效应，可替代性较低。其被誉为"国酒"，在外交、宴请等方面发挥着不可替代的作用。因此，不论茅台价格如何变化，需求仍然较为稳定。这就保证了茅台稳定的销售量，也就保证了较强的盈利能力，因此盈利因子分数高，在一定程度上提高了平均值。

（2）F2 营运能力分析。从整体上分析，营运能力因子平均得分为 0.813，18 家白酒企业营运能力得分均高虽于 0，但是整体分数大多不超过 1，说明白酒行业上市公司整体营运能力状况不理想。经济新常态背景下，市场消费者需求发生变化，厂家了解需求、生产产品也存在滞后性，白酒企业大部分酒厂扩建增产，加剧白酒产能过剩，形成供给矛盾，有效供给不足，无效供给增多，同时大部分白酒储存时间越长其价值便越高，这在无形之中增加了企业存货，这都导致了大部分白酒企业上市公司营运状况不理想。企业可充分发挥广告宣传作用，拓宽销路，提高营业收入，促进营运能力的提升。

营运因子得分排在前三位的分别是古井贡酒、老白干酒、山西汾酒。为提高公司营运能力，可以在投资战略方面采取扩张性政策，实施剩余股利政策，在分配方式上采取现金股利方式，有利于吸引并稳定投资者，使企业资金充足。在营运资金管理方面，主要采取适度的营运资本投资政策，持有充裕的现金和现金等价物，并持有少量库存，同时运用严格的销售信用政策。因此企业库存周转速度快，销售能力强，流动性好，提高了其营运因素得分的能力。营运能力后三名分别是酒鬼酒、金种了酒和舍得酒业，其得分均在0.5 上下。这三个企业的营运能力与前三名差距很大，如古井贡酒与金种子酒相差 0.9，金种子酒存货周转率为 1.14，总资产周转率为 0.26，相比之下，说明企业利用其资产进行经营的效率较差，企业应采取措施提高销售收入或处置资产，提高存货变现能力与经营管理水平。

（3）F3 偿债能力分析。受资本市场不完善、企业经营者对未来公司是否长期经营信心的不足、融资方式的选择等因素影响，白酒行业上市公司 2017

年偿债因子得分为 0.06，整体水平较低，共有 6 家白酒企业得分小于 0，所占比重为 34%。这表明白酒行业上市公司整体偿债能力有待增强。

偿债能力因子得分排在前三名的分别是酒鬼酒、*ST 皇台、贵州茅台。F3 偿债因子主要包括资产负债率和利润总额增长率两项指标，茅台资产负债率为 0.21、利润总额增长率为 1.04，表明企业的资产结构较稳健，短期偿债能力强，企业偿还债务的综合能力较强。

以上分别从综合得分和分项得分排名方面对企业状况进行了简要的评价，很明显的表现是：分项指标比较好的企业综合排名也靠前，分项排名靠后的企业综合排名也靠后，如酒鬼酒综合排名第一，盈利能力与偿债能力也均排名第一；而青青稞酒在综合得分中排在最末，在盈利能力方面也接近末位，这与实证结果相吻合。可见，企业想要提高自身综合实力，需要把细节做好，将各项指标优化。

11.5 对白酒行业上市公司的建议

11.5.1 加强指标考核，提高综合绩效能力

首先，从实证结果可以得出，盈利能力方差贡献率在综合绩效中权重达 39.09，对综合绩效的影响最大，盈利能力排名靠前的企业在综合绩效得分中排名也靠前，比如贵州茅台、酒鬼酒，可见盈利能力对白酒行业上市公司贡献较大，呈正相关，因此企业以盈利能力各指标为重心，从而提高企业的总体实力。同时，偿债能力、经营能力不容忽视，偿付能力反映了企业管理的安全、可持续性和稳定性。应重点加强资产负债率等偿债指标方面的能力，加强应收账款回收速度和经营现金净流量，增强变现能力，提高长短期偿债能力，增强抵御风险能力。而运营能力关系到企业未来发展与成长，应加强对资产运营方面的管理，如积极宣传企业产品，增加销售，生产适量存货，提高存货周转率，减少积压产品，加快资金周转，提高资产的使用效率。

11.5.2 保障有效供给，提高盈利能力

从以上实证结果可得，盈利因子得分对于白酒行业上市公司综合绩效影响最大，受当前经济环境影响，39% 的企业盈利因子得分低于上市公司平均值，因此这部分企业应该着力保障有效供给，注重供给"质量"的提高，同时转变发展观念，推进供给侧改革，对企业既有资源进行分析，理清优势与不足，包括门店、仓储等有形资源，包括品牌、服务体验、供应商等无形资

源，同时，企业要实施差异化战略，不断开发新产品，以满足不同层次的消费需求；利用"互联网+"模式进行"店商+电商+零售商"多方式、多渠道传播、销售，紧抓产品质量关，做到技术与经营理念的创新，同时确保产品的安全，提供优质产品，将更健康的新产品推向市场，满足消费者健康型、时尚型消费需求。除着重产品质量、市场需求、企业竞争、销售渠道、创新等方面外，企业还需从长期角度看待企业的发展问题，不应局限于短期盈利。

11.5.3　合理控制流动资产，提高营运能力

由实证结果可以看出，营运能力与综合绩效呈正相关，营运能力得分最低的白酒行业上市公司如舍得酒业、金种子酒业等应合理管理流动资产，通过与行业相关指标比较以及考虑企业自身特点确定其适当的比例，以提高资金利用效率，减少机会成本，增强资产营运能力，从而提高利润。在库存方面，企业要加强管理，确保合理库存，力求供需平衡，减少仓储成本以及缺货损失，以提高其整体盈利能力；在应收账款方面，要加强对应收账款的管理，制定事前应收账款的评估和分析，定期通过分析账龄或其他方法确定坏账损失，尽量及时收回。在事后的控制下，进行评估后，以减少坏账损失。虽然白酒的价格和储藏年份成正比，但相对于固定资产来说，流动资产具有低收益的特点，流动资产过剩会降低企业盈利能力。因此，维持一个合理的流动资产比例是必要的。白酒企业应根据自己的特点，选择合适产品储存，以确保品牌的价值和未来发展，并考虑到最近的盈利水平。

11.5.4　多元化投融资渠道，提高偿债能力

根据实证分析结果，规模较小的企业偿债能力得分大部分都为负值，如泸州老窖、青青稞酒、金种子酒等，这部分企业资产结构要根据企业自身特点进行制定，保持公司稳定、健康的资产负债结构，增加财务杠杆效应，从而降低财务风险。在股利分配上，企业可以采取固定的股利政策，从而促进股价的稳定，也可以向股东进行"实物分红"，不仅可以改善与投资者的关系，同时又可以减少存货，转嫁成本。在投资方面可以采取灵活多样的投资政策，以技术为重点，完善公司产品线。在融资方面，采取多元化融资方式，满足企业投资运营资金需求。

[参考文献]

[1] Wang Jia - kang. Research on Financial Performance of Chinese Airline Companies——Based on Factor Analysis [A]. Proceedings of 2017 International Confer-

ence on Education Science and Economic Management（ICESEM 2017）［C］. 济南林风文化传媒有限公司，2017.

［2］Zohre Hoseinzade，Ahmad Reza Mokhtari. A Comparison Study on Detection of Key Geochemical Variables and Factors Through three Different Types of Factor Analysis［J］. Journal of African Earth Sciences，2017（10）：134.

［3］郭翠华. 我国酿酒行业上市公司财务绩效评价实证研究［D］. 济南：山东农业大学硕士学位论文，2014.

［4］韩明雪，王玉倩. 基于因子分析法的万科财务绩效评价［J］. 河北企业，2018（11）：29-30.

［5］李亚兰. 基于因子分析的 CM 公司财务绩效评价［D］. 广州：华南理工大学硕士学位论文，2014.

［6］司璐. 基于因子分析法的企业财务绩效评价——以房地产行业为例［J］. 行政事业资产与财务，2018（17）：75-77.

［7］王霞，王竞达. "八项规定"对酒类上市公司财务绩效的影响研究［J］. 经济与管理研究，2015（1）：139-206.

［8］王秋丽，陈谨. 白酒行业上市公司综合效率分析［J］. 中国管理科学，2014（S1）：610-616.

［9］于冬花. 基于因子分析法的化工行业外贸上市公司财务绩效评价研究［D］. 济南：山东科技大学硕士学位论文，2011.

［10］张仁萍，刘军荣，罗洁. 基于因子分析法的企业战略绩效评价——以白酒行业为例［J］. 企业经济，2016，35（2）：80-84.

基于战略群组理论的四川
白酒企业竞争策略研究

吴中超　苏　磊

（成都大学商学院，四川成都　610106）

摘要：中国白酒行业在经历了 2013 年和 2014 年的低潮之后，销量和产量逐渐有了改善。然而白酒行业的竞争依然激烈。一方面，原材料的价格上升，劳动力价格上涨，尤其是现在白酒定位的多样化，功能性的增强，加剧了白酒行业的竞争；另一方面，外国酒企加入，外国酒品牌相继进入中国市场以及消费者需求的变化，使得中国白酒企业需要对自身有更深刻的认识，对市场及消费者的变化做出相应的改变。本文基于战略群组理论，以四川白酒企业为样本，通过对四川白酒企业进行战略群组划分，分析其竞争优势，并为其提出相应的竞争策略。所有这些对四川上市白酒企业解决目前问题以及提高四川白酒的市场竞争力应该有重要的指导意义。

关键词：战略群组；四川白酒企业；竞争策略

中国白酒是世界著名的六大蒸馏酒之一，白酒作为中国酒文化的代表享誉中外。四川作为白酒产量大省，产量一直位于全国前三甲，可以说四川白酒是中国白酒的重要组成部分。据《中国酒业新闻》报道，2016 年中国白酒产量（折算为 65 度）大约是 1358.36 万千升，比上一年增长了 3.23%。而四川省以 402.67 万千升的白酒生产量获得了第一名，其比上一年增加了 8.6%（江源，2017）。在 2017 年，所统计的 1~11 月的白酒总产量是 1115.0 万千升，而总产量的同比增长率是 6.1%（江源，2018）。其中四川白酒就占到了

第一作者简介：吴中超（1972—），男，汉族，四川绵阳人，西南财经大学管理学博士，成都大学商学院副教授。主要研究方向为企业管理与产业金融。在《经济体制改革》《财经科学》《改革》《金融论坛》《企业管理》《浙江金融》等核心杂志发表论文20多篇，出版学术专著1部（中国社会科学出版社），出版教材1部（中国人民大学出版社），担任多家国内核心学术期刊匿名审稿人。

430万千升，比2016年增长了6.9%（江源，2018）。从此可以看出，四川白酒对中国白酒的重要性。但是四川白酒企业也面临很多问题：在现代消费者观念转变的情况下，越来越多的人喜欢追求更多的健康生活方式，人们不太喜欢自己去饮用白酒，而更多的是将其当作礼品或者藏品，白酒自身的定位开始变得多样化。四川白酒品牌众多，除知名品牌（如茅台、五粮液）以外，还有一系列的地方酒企（丰谷、文君等），白酒行业整体存在产能过剩的现象。另外，随着市场的发展，国内的白酒制造原材料和劳动力成本也在不断波动，呈不断上涨的趋势，无形之中加剧了行业之间的竞争，这就要求企业要顺应市场的变化和当前的竞争形势，并对此做出相应的改变。

12.1 战略群组理论

12.1.1 战略群组概念与划分

HUNT在1972年首先提出"战略群组"理论概念，其基本思想是"战略群组是由行业内拥有相似资源、追求相似战略的企业构成"。他认为，在战略群组中的企业必须同时包含两个特征：一是拥有相同或相似的资源；二是企业的战略和目标具有相似性和借鉴性（滕丽梅，2011）。这些企业之间的相似之处表现在这几个方面：要么是企业的管控体系，要么是产品和成本结构，要么是企业管理的个人喜好等。同时，这些在某些方面具有高度相似性的企业却创造出了不同的业绩。1979年，波特又重新定义了战略群组，即"战略群组是行业中在关键战略维度上选择相同或相似的企业"。他认为企业之间有很多的相似之处，但是对企业发展起到关键和核心力量的因素才是划分群组的依据，他在管理领域的研究中提出了自己独特的想法，打破了传统的产业组织学和资源基础学的落后理念，前者通常忽略了企业内部的个体差异，后者没有考虑到行业之间存在的结构和体系差异，而他将两者进行了有机的结合，得出了战略群组的概念（李宗楠，2014）。不同的专家学者对战略群组的定义都有着自己不同的看法，但是万变不离其宗，划分的标准和条件是不能被改变的。通常在判断哪些企业属于共同的群组时，可以采用三种方法进行判断：一是利用同类分析法，将企业的财务报表和计划变化量进行对比分析。Eric（2012）从组织的结构职能特征、业务执行效率以及实际有效的创新实践三个方面来确定美国临终关怀行业的划分指标，紧接着他以这三个特征为依据确立了有关的八个对比指标，最后将该行业的企业划分为三个战略群组。二是按照自己对行业的熟悉度和变量的熟悉度进行选择和挑选。Nicholas等

（2011）将企业的产品规模和特定客户群体作为划分的依据，将英国的塑料行业按照两个步骤进行划分，先将企业按照工人数量划分为大型、中型和小型企业，然后再按照企业的产品定位能力将企业划分为六个战略群组。三是取决于管理者和领导者的行业把握能力和对竞争的感知能力。因为高层管理者的前瞻性会直接影响到企业战略目标的制定和企业的发展前景。Gerry 等（2003）走遍了双城，根据自己对行业的认知和理解，将 30 多家银行按照组织结构和市场定位因素化为五个战略群。战略群组的中心思想是移动壁垒，是一个避免企业从原来的群组转到其他群组的限制因素，并且它的另一个作用是防止和阻止别的企业进入到自己的市场领域，限制因素通常和市场有着密切的关系，比如企业的特性以及行业的特点等（雷辉、王鑫，2014）。

12.1.2　战略群组与市场竞争、行业定位

行业竞争理论是战略群组理论的重要组成部分。这一理论的大部分内容是借鉴产业组织经济学学说中的 SCP 模式，该模式有三个组成因素，分别是结构、行为和绩效。三者的运动规律是：首先，企业的产业系统结构直接决定了企业的市场行为。其次，企业的具体行为又间接地影响着企业业绩的完成度。该学说认为，规模差不多的企业之间会出现两种关系，要么是进行合作，要么是彼此相互对立。波特表示，战略群组的存在是行业内竞争激烈的主要影响因素。战略群组所发挥的作用有三个因素影响：一是所在行业的群组数量和分布范围；二是群组之间的目标和战略的差异化程度；三是市场的依存度。当群组数值很大时、企业之间的产品创新度不高时、市场定位或目标群体相似时，企业之间就有很大的竞争压力（杨鑫，2011）。

波特认为，一个企业是否能在市场中站稳脚跟，主要由两个因素决定：一是企业所选择的产品对潜在的客户是否具有价值和吸引力；二是企业是否能在庞大的市场中找到适合自身的发展领域和位置，而后者其实就是一个企业的竞争优势和手段。在进行市场定位的过程中，前提是需要进行广泛的、详细的市场调查。调查的内容包括三个主要的问题：①各类行业的客户吸引值是多大；②该行业的利润空间怎么样；③影响利润获取的主要和次要因素有哪些。调查完毕后，企业就可根据所掌握的信息确立战略目标、产品类型、经营管理模式等。需要注意的是，行业以及市场的竞争程度和结构在很大程度上影响着企业的定位和目标的选择，所以企业要慎重考虑。

波特将战略群组理论用来分析企业的产业结构，这也给企业在进行市场环境分析时提供了一个较好的方法和思路。这个方法最大的优点表现在，企业不用间接地对竞争对手进行试探，而可以直接进行分析和观察工作，并且

也有利于产业的精细化和标准化。我们可以说战略群组是介于行业和企业之间的第三类分析方法，一方面根据产品结构可以将企业划分为若干战略群组来进行分析和对比，以便企业了解自身的现阶段对手和潜在的对手；另一方面战略群组的作用体现在，可以帮助企业发现潜在的发展领域，从而开展产品的创新工作，让企业在市场中抢先一步。战略群组的核心作用是帮助企业找到适合自己的竞争方式，和行业内的其他企业的战略定位存在一定的差别，为日后赶超其他企业打下良好的基础。

12.1.3　竞争策略

企业战略由领导层的公司战略和执行层的具体业务战略两个部分组成。公司战略主要从宏观的角度出发，强调的是公司要开展什么业务以及怎样领导下面的业务单位，核心目标是怎样促进公司价值和效益的最大化；业务战略从微观的角度出发，重视下面的业务单位如何在市场中占领领先地位和取得竞争优势。所以，我们通常所说的经营业务单位战略就是竞争战略，核心就是明确企业的市场位置和市场优势（王德全，2008）。

在1980年初，战略管理学家迈克尔·波特在所撰写的《竞争战略》中讲述了三种基础的战略：一是总成本要具有优势；二是差异化和独特性战略；三是找准定位点和中心聚焦点。总成本战略是指，通过企业的组织结构改革或者产品升级，重新调整内部资源分配和价值结构关系，将一些成本较高的资源去除或减少。这样一来，企业就具有明显的低成本优势。差异化和独特性战略是指，企业要在产品外观设计、产品质量和功能、产品售后服务以及产品衍生价值等方面下功夫，创造一些让人感到耳目一新的产品。找准定位点和中心聚焦点是指，选取有明显把握的目标群体，占据一小部分市场，为目标客户提供高质量的产品和服务，从而赢得稳定的市场份额。

以三种基础的战略为依据，又可以提出五种战略，分别是低成本战略、独特性战略、最优货源战略、低成本中心战略、独特性的中心战略。低成本战略的核心就是在保证产品和服务质量的前提下，尽可能地降低总的成本，成为一家行业中总成本领先的生产商，进而获得低成本竞争优势；独特性战略就是指企业要提供和其他企业有明显差别和产品和服务，通过建立差异化从而拉拢一部分客户；最优货源战略是指，在现有的条件下寻找到能提供物美价廉的产品的供应商，给客户所购买的产品和服务创造更多的价值，这实质上是将前两种战略进行结合，在考虑到成本的同时也兼顾到产品的创新性和独特性；低成本中心战略是指寻找到特定的服务群体，给他们提供低价格、高品质的物品和服务，以求在竞争市场中占据一席之地；独特性的中心战略是指，确定特定的目标群体，向他们提供独特的、新颖的、新奇的产品和服务体验，探寻客户的独特性需求。

12.2 四川白酒企业战略群组划分

12.2.1 样本企业的选择

根据中华产业网等相关数据库的数据统计，四川的注册白酒企业约为2034家。其中包括五粮液、泸州老窖等知名大型企业，也包括丰谷、文君等地方知名型酒类企业。由于一些地方型酒厂没有自己的品牌，销售范围小，因此我们的样本企业排除这些地方型小酒厂。原因是它们不具备一定的市场知名度，市场范围仅限于一些本地的乡镇或者一些外省购买原酒的人或企业。这种酒类企业不符合我们的研究标准，因此排除这一类企业。最终我们确定的样本数量为59家，部分企业名录如表12.1所示。

表 12.1　白酒企业名录

企业名称	资产规模（亿元）	品牌	资产规模排名
宜宾五粮液股份有限公司	2657	五粮液	1
泸州老窖股份有限公司	817	泸州老窖	2
四川水井坊股份有限公司	215	水井坊	3
四川舍得酒业有限公司	123	舍得	4
四川绵竹剑南春有限公司	48	绵竹剑南春	5
四川成都全兴集团有限公司	31.93	全兴大曲	6
四川沱牌集团有限公司	28	沱牌	7

注：具体样本名录请见附录。

12.2.2 样本企业的战略群组划分

本次战略群组划分选定的样本企业为59家。除五粮液、泸州老窖、沱牌舍得、水井坊四家上市企业之外，其余55家均为非上市企业。由于非上市企业的相关数据获取不够完整，因此我们选择第二种：基于对特定行业的认识和熟悉变量的选择。对于白酒行业而言，品牌影响力是白酒企业最重要的资源。据相关专家指出，2013年央视30分钟广告就有16分钟是宣传白酒。由此可见，白酒品牌影响力对白酒企业的重要性。其次，我们以企业资产规模作为资源的衡量指标。我们划分战略群组的指标有三个：市场知名度、产品广度、资产规模。通过这三个指标，我们将 59 家样本企业划分为三个战略群组，如表 12.2 所示。

表 12.2　四川白酒战略群组划分

战略群组	相关企业
战略群组①	五粮液；泸州老窖；沱牌舍得；水井坊
战略群组②	剑南春；丰谷；郎酒；全兴大曲；文君；江口醇；小角楼
战略群组③	四川宜宾君子酒业有限公司等 48 家企业

战略群组①：以五粮液、泸州老窖、沱牌舍得、水井坊四家上市企业为主。这四家企业作为川酒的"领头羊"，不仅在四川本地拥有很高的知名度和消费者认可度，更是在全国拥有一定的影响力，并伴随着中国文化一起输出海外。

战略群组②：以剑南春、丰谷、全兴大曲、郎酒、文君、江口醇、小角楼七家企业为主。这七家企业在四川拥有一定的知名度，但是没有五粮液等企业那么大的市场影响力。其销售范围主要是四川省以及周围的一些省市。

战略群组③：由四川宜宾君子酒业有限公司等 48 家企业组成。这一个战略群组的企业都是当地的一些企业，有些甚至不具备自己的品牌。它们的市场影响力仅限于当地市场或者向外省的一些其他酒企销售原酒，不具备相应的品牌效应。

我们将选定的四川白酒企业划分为三个战略群组，进行了三个群组竞争策略的研究。接下来针对企业进行相关竞争优势的分析，并提出相应的竞争策略。

12.3　四川白酒企业竞争优势分析

12.3.1　竞争优势

竞争优势很难被肉眼所察觉到并进行量化，但是在具体竞争过程中就会凸显出来，这是不同于竞争对手的一种特有的优点和品质。企业竞争优势实质上就是一种有别于竞争对手的一些特质，不管是在实际的比较层面或指标上，还是看不见的差异性和差别性的软实力上，这种竞争优势能帮助企业赢得客户的青睐。

企业所具有的各种资源和能力是竞争优势的主要来源。和其他企业相比，企业只要利用好手中的资源和能力，向客户提供高品质、高价值的产品和服务，那么企业在市场竞争中就会领先于他人一步。企业的竞争优势不仅体现在产品和服务方面，还表现在企业的管理模式优势、资金链优势、优秀人才和科技人员优势、企业文化优势以及合作关系优势等。在企业的战略层面，竞争优势就包括管理沟通优势、引资优势、科技力量优势、信息技术优势等，以及和这些资源有着密切联系的营销模式、产品创新开发能力以及企业品牌的影响力等。综合众多的资料文献将竞争优势分为三种：一是找准市场位置；二是找准焦点竞争力量；三是资源禀赋。其中，竞争定位以波特为代表，核心竞争力以普拉哈拉德（Prahalad）和梅德尔（Medal）为代表，资源禀赋以巴尼（Barney）和皮特瑞夫（Peteraf）为代表。企业获取并保持竞争优势，是企业的经营之道。

12.3.2 公司群组竞争优势来源

12.3.2.1 历史文化

人类文化发展由来已久。酒，不能简单地描述为一种普通的物质存在方式，它是一种寄托精神和意志的文化符号。所以，白酒企业只有树立自己的文化标志和品牌才能在竞争中取得胜利。一个没有文化底蕴的企业是没有灵魂和生机的。对于白酒企业来说，其品牌映射力和影响力是关键的竞争资源。我们以上市公司这个战略群组作为研究对象发现，它们的核心竞争力源自于它们高于其他群组的品牌影响力。五粮液、泸州老窖、沱牌舍得、水井坊等川酒品牌已经深入人心。提起川酒，人们第一个反应会是五粮液、泸州老窖等，虽然说它们不能等同于川酒，可是在一定程度上它们也就成为了川酒的代名词，成为了川酒的"排头兵"。

对于一个白酒企业而言，拥有丰富的历史文化内涵也显得十分重要。酒文化在中国文化中具有很重要的作用。从杜康酿酒开始，酒就成了人们生活、社会交际的必需品。现在的人们不仅在意白酒的品质，同时也在意白酒里面所包含的文化内涵。

拿五粮液来说，其完美地运用了文化营销方法，潜移默化地影响着市场客户。五粮液借鉴和吸收了传统文化中的辩证方法和理论，以"和谐"作为五粮液的文化标志，并设计出属于自身的宣传广告语，即"香气浓郁、口感醇厚、唇齿留香、入口顺滑"，让人感觉到仿佛已经闻到了此酒的香气，迫不及待想要品尝一下。

12.3.2.2 地理位置

白酒是个微妙的东西，需要合适的地理环境以及水源，这两者缺一不可。四

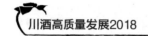

川酒厂以泸州、宜宾最多,这都是因为当地的地质、气候对白酒有独特的帮助。

泸州气候条件得天独厚,全年气候温和湿润,最高温和最低温分别是40.3摄氏度和零下1.1摄氏度,全年最大降水量为1614.9毫升,最大降水量比最小降水量多1550多毫升,常年吹西南风。这种气候条件适合白酒原材料的生长和微生物的培养和发酵,泸州老窖白酒的主要原材料就是本地小麦和糯性红高粱,前者作为发酵的引子。据专家检验和介绍,泸州老窖的使用水主要来自上好的龙泉井水,此水没有异味,具有甘甜的口感,酸性较弱,健康的水质有利于菌种的繁殖、发酵以及糖分的转换。一般来说,大规模的企业主要引用长江水,经过多道加工和过滤,有效地将水中所含的钙、镁、锌等微量金属元素提取出来,并且该水质呈弱酸性,同样能促进有益菌群的繁殖和衍生,特别是能推动霉解反应的霉菌和酵母益生菌。

12.3.2.3 原材料

四川盛产五谷粮食,高粱、大米、糯米、小麦等农作物在四川都有大量出产,给酿酒提供了丰富的原材料。四川主要生产水稻,种植面积达3000万亩左右,种植年产量大约是1500万吨,在全国处于领先地位。四川的原材料是丰富多样的,这为白酒企业的生产和加工提供了保障。

12.3.2.4 酿酒工艺

四川白酒企业集中于泸州、宜宾,可是为什么五粮液、泸州老窖最出名呢?对于喝酒的人来说,白酒的口味是人们对这个品牌以及产品最直接的感受。这是任何广告都无法代替的。尤其是白酒,不仅在于原材料的质量,更在于酿酒人的工艺水平。因为酒一不注意就会酸,就会废。

以泸州老窖作为例子,泸州老窖采用传统的开放式酿酒方法和手艺,由于操作手法具有多样性,从而所制造出的酵母和微生物也是种类繁多,香味物质的代谢途径也是多种多样的,这就使泸州老窖具有多样的、多变的香味物质。虽然以上的菌类物质只在酒体总含量中占2%,但是其中能确定的香味成分就高达360多种,而其中没有被检测出来的香味来源和物质就是上述所说的微量元素,这两类物质造就了"国窖1573"和泸州老窖特曲的独特口感。前者的主要特征有,在感官上无色透明,在口感上是爽净甘甜、余味绵长的;后者的特征主要是在口感上,具有酱香浓厚、清爽干净、回味甘甜的特点和感受。

12.3.2.5 企业自身资源

除此之外,企业自身拥有的资源,如资金、人才储备、技术创新能力都会是它们区别于两个战略群组的重要条件。企业拥有更多的资金去吸引人才,去进行市场开发，去进行相应的技术改进和产品的换代升级。资源的规模、数量是企业竞争优势的基础，但不是关键，关键是对资源的经营和整合。群组内的企业能成为川酒的"领头羊"，跟它们强大的资源整合能力也具有密不可分的关系。

12.3.3 SWOT 分析

不同战略群组的 SWOT 分析如表 12.3 所示：

表 12.3 不同战略群组的 SWOT 分析

战略群组	优势（S）	劣势（W）
战略群组①	①品牌支撑：消费者对这些白酒的认可度和忠诚度很高，从而有利于这些白酒的推广； ②地理优势得天独厚； ③资源优势：借助集团的重点投入，完成品牌的塑造和销量的大幅提升	①产品供给较少：在长时间内的白酒供给都受到很多方面的影响，比如制造工艺和手法、窖池规模等，这就导致白酒的产量难以达到较高的规模 ②销售体系缺乏完整性：要想进入白酒市场，其整体分销体系及网络还未完全形成，销售渠道还不完善
战略群组②	①相对稳定的生产能力； ②较好的产品品控意识； ③具有完整的、稳定的高层产业链引资来源：这类企业会想尽一切方法来制定出适合自身的发展战略和计划； ④有稳定的市场营销团队	①缺乏符合现代化发展的商业运作模式。换句话来说，就是一些白酒企业的商业模式不是一个从上到下的规范性、系统性形式 ②现有的品牌不具有足够的客户吸引力，很难留住长期的客户
战略群组③	①价格优势：针对部分消费者而言，低档白酒具有低廉的价格，更能迎合消费者的消费需求； ②低端白酒生产成本较低，利润也比较高	①市场竞争秩序混乱：造假、伪造以及避税现象泛滥，一些企业存在制造假劣的包装来欺骗民众的现象，而将大量的资金投放到广告宣传中 ②产品制作工艺缺乏创新性，信息技术没有得到充分的利用 ③企业在树立品牌文化和形象时缺乏耐心和过于追逐利益。将品牌建设过程交给相关的运营商来管理，给企业带来短期效益的同时，也给企业的长远发展带来隐患 ④产品种类过于繁杂，品牌的影响能力很微弱 ⑤产品定位模糊和定价混乱

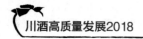

続表

战略群组	机会（O）	威胁（T）
战略群组①	①高端白酒的市场需求趋势逐渐增强；②政策干预，加强整合力度：四川省力求打造一个中国的白酒"金三角"，以提高白酒的知名度和集中程度	①外来企业的冲击进而影响到国内的品牌树立工作②其他酒种的代替，洋酒是走高端路线的，这给我国的市场培育带来不小的挑战和竞争压力③国家严格控制和规范高端白酒的价格范围
战略群组②	①居民消费水平的提升、中产阶级的壮大推动了这些白酒企业的发展；②受益于"三公消费"政策，高端白酒受到严重打压。中端层次的产品终会取代高端产品，占据主要的市场份额	①高端白酒影响中端白酒产品的市场占有率②低端白酒企业挤占中端白酒的位置。这是无可置疑的，低端白酒企业想要往高层级的市场发展，就必然会和中高端白酒企业进行抗衡和竞争
战略群组③	①市场的机会有所增加：经济的增长促进了消费者的收入增加，他们的消费水平就会带动白酒消费的发展；②合理借鉴和吸取其他行业的经验和教训。比如保健产品行业和饮料行业等	①外来省份的竞争压力：某些地区坚持地区产业保护策略的同时，进一步向其他省份的白酒市场进军，这直接冲击了四川的白酒市场②小规模的白酒企业面临较大的压力：一方面压力源自激烈的市场竞争，另一方面来自于发展稳定的力量较强的企业

12.4 竞争策略的选择与实施

一个企业竞争战略的选取不取决于企业自身愿望，而取决于企业自身的实力。白酒行业属于食品行业，由于自身行业的特殊性，我们必须明确的是，白酒的品质不能出现任何问题。品牌影响力是一个白酒企业最重要的无形资源，一旦品牌失去了影响力，这不仅是对企业自身的打击，也是对整个白酒产业的打击。白酒企业不仅要做好自律，将责任扛在肩上；同时也要加强防范意识，减少假酒事件的发生。

12.4.1 战略群组①的竞争策略

在此基础上，通过对战略群组①的分析，本文的观点是，最优成本供应商战略是战略群组①的最佳选择。通过综合低成本和差异化两者的优势，为顾客提供最低价格下的高质量产品和使用价值，其最终要达到抢占高份额市场的目的，得到消费者的支持。

12.4.1.1　降低成本

降低自己的生产成本。近几年白酒原材料如大米、高粱价格的上涨，在一定程度上影响了白酒的价格。据《四川农村日报》显示，2016年四川大米的市场销售价格为4元/斤，但是同档次的东北大米只需要3.4元/斤。四川大米的市场价格偏高在一定程度上加重了企业的负担，并且四川大米的种植比较分散，难以有效组织充足的货源。因此白酒企业首先必须要控制成本，可以与当地或者外省的农业合作社等相关农产品机构建立战略合作关系，通过长期稳定的合作方式获得一个原材料上面的价格优惠，减少自己的成本。

注重人才培养，提升企业的创新能力。建立完善的人才培养体系，加强公司的人才储备。不断注重新技术的开发，改进落后的生产技术。降低白酒的生产成本，增加白酒的功能性，白酒不仅可以拿来喝，也可以拿来收藏。通过新的产品和技术更好地占领市场。

12.4.1.2　完善的产品体系

根据市场情况完善产品体系。对于企业而言，我们不应该只注重自己，我们需要看到的是消费者的需求。有些消费者喜欢高档酒，有些消费者喜欢低档酒。有些喜欢自己喝，有些喜欢当作礼品送人。这就要求我们需要建立完善的产品体系。我们不能只生产高档酒或者低档酒，要充分利用我们所拥有的资源做到全覆盖。合理利用自身资源生产出不同档次的酒，来满足不同档次的顾客。

12.4.1.3　利用互联网销售渠道

运用新媒体传播渠道更好、更快地打进年轻人群体，抢占未来市场。不同年龄阶段的人拥有不同的生活方式，中老年人习惯于电视、报纸等渠道，而且他们对于白酒有着自己独特的情怀，受外来产品的诱惑力低。但是年轻人这一部分作为未来消费市场的主体，更追求时尚与潮流，这两种消费群体之间有着完全不同的生活方式。现代的年轻人与互联网的联系更紧密，除日常工作之外，他们的大多数时间都在浏览各类视频网站、购物网站、直播网站等。笔者认为白酒企业可以与这些网站相结合，利用这些网站的影响力来让年轻人更快地认识我们，从而更快地吸引他们。就如杜蕾斯在腾讯体育的广告投资一样，凭借竞技体育的吸引力，短短的几十秒钟，虽然无法取得销量上的突破，却可以让潜在客户群体直观地了解产品，逐渐在消费者心里树

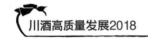

立产品形象。

由于我们是市场上的领先者，领先者才有资格打防御战。后面不仅有我们自身的川酒品牌，还有国内以及国外的很多酒品牌把我们当作潜在的竞争者。因此在选择最优成本战略的基础上，我们还要实施防御战略。

随时提高警惕。我们作为市场上的领先者，肯定是备受关注的，不仅来自于竞争者，同时包括媒体、消费者等也在时刻关注着我们。可以说我们代表的是整个川酒品牌。我们不仅要保证自身产品的质量，生产合格的产品，保证自身不犯错误；同时要随时关注市场，了解市场，掌握竞争对手的变化，知道消费者的变化，了解市场需求的变化。只有适应市场的变化，才能一直处于领先地位。

明确自身弱点，并通过技术和产品创新满足大众需求，并尽可能给消费者一个完整的形象。白酒行业这么多年以来，口味一直没怎么变化。加上现在年轻人消费观念的变化，其他的酒如伏特加、威士忌等更多成为年轻人的选择，年轻人在社交场合不喜欢白酒，更喜欢其他酒。对白酒有需求的都是一些中年群体以及老年群体。消费者结构出现了断层的现象。这是来自于白酒自身的特性，也是整个白酒行业的弱点。我们要明确自身的弱点，既然人们不喜欢把白酒当作消费品，那我们可以赋予我们的白酒品牌更多的含义，如礼品、珍藏品等，给消费者呈现一个最完美的形象。

积极承担企业社会责任，树立良好的企业形象。对于上市白酒企业而言，我们要承担自身的社会责任。我们可以利用公司名义建立公益基金。消费者每购买一次公司产品，就会有一笔钱用来建立希望小学，援助贫困山区，不仅可以帮助我们树立更好的企业形象，获得更多的市场份额；同时也可以给消费者一种满足感，当下次购买同类产品时，会优先选择我们。

12.4.2 战略群组②的竞争策略

通过对战略群组②的分析，本文的观点是，差异化战略是战略群组②的最佳选择。企业采取与同类厂家迥异的营销策略，充分塑造和展现独特魅力，以差异化形成排他性和独占性。

12.4.2.1 设计独特的产品外观、增加防伪标识

战略群组②中的企业要想从现有的市场中脱颖而出，从中端白酒竞升为高端白酒，就必须要扩大现有的品牌影响力。不仅要在川内，更要面向全国市场。

首先，要对现有的产品进行个性化设计，设计独特的产品外观，并且利用现代技术增加防伪标识。拥有一个高端、大气的外观设计可以更好地获得

消费者注意。与其他白酒品牌相比，我们拥有同等的或者是高于他们的产品设计，而价格与其他品牌对比也具有相应的优势，这样消费者就会更倾向于选择我们。同时新型防伪标识的增加不仅可以减少假酒事件的发生，维护企业与产品的形象，消费者也可以通过防伪标识这一部分更好地了解我们的产品、了解企业，从而在消费者面前树立一个负责任的企业形象。

12.4.2.2　扩大现有品牌的市场影响力

战略群组②中的白酒企业都是在当地及省内有一定名气的企业，但是他们还没有达到战略群组①中的白酒企业的高度。群组②中的企业要寻求发展，就必须将市场扩大到川外。从四川周围的省份开始，然后慢慢扩大到全国。首先要改变现有的销售渠道，包括新闻媒介、人员推销、公共媒体宣传等，扩大品牌的市场影响力。其次在省外设立专卖店，建立现代的物流体系。专卖店的设立一方面可以让不知道我们的顾客知道我们的品牌，另一方面可以为潜在顾客提供更好的用户体验，而现代的物流体系是对专卖店的保障，保证专卖店的正常运行。

12.4.2.3　深度挖掘品牌文化价值

五粮液借鉴和吸收了传统文化中的辩证方法和理论，以"和谐"作为五粮液的文化标志，并设计出属于自身的宣传广告语，即"香气浓郁、口感醇厚、唇齿留香、入口顺滑"，让人感觉到仿佛已经闻到了此酒的香气，迫不及待想要品尝一下。人们对白酒更在意其文化，即品牌所具备的文化内涵。群组②中的白酒品牌都具有丰富的历史文化内涵。以文君酒为例，有据可考的邛崃酿酒史始于3000年前，文君酒的渊源则可追溯至2000多年前的西汉时期，史书上也有"临邛酒""瓮头春""卓女烧春"等佳酿入选宫廷贡酒的记载。历来文人墨客借文君酒抒怀的佳句也随着美酒一并流传。如杜甫的"茂陵多病后，尚爱卓文君"，陆游的"青鞋自笑无羁束，又向文君井畔来"。品牌文化作为公司的无形资源，应该作为竞争的关键和重点。群组②的企业应该注重品牌文化价值，深度挖掘品牌文化价值，通过文化来吸引、打动顾客，并将客户发展成我们的忠实客户。

12.4.2.4　完善企业的管理体系

完善现有的企业管理体系，注重核心人才的引进与激励。通过对企业现有管理制度的完善，可以帮助我们提高办事效率，加强各部门之间的合作，更好更快地为顾客提供更好的服务。人才是公司的重要依靠。建立完善的激励机制，可以保持公司现有的竞争力，同时可以吸引人才，从而在产品、生产工艺、设备等方面提出更多独特的见解，降低企业成本，帮助企业进行改

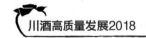

进升级。

由于我们在市场中处于第二批次，因此我们还要实施进攻策略：努力寻找领先者的弱点。对于群组②的企业而言，如果找到了群组①中的白酒企业弱点，这就是我们的机会。通过对其弱点的发现和分析，我们可以对比自身，如果也存在这样的问题，那么我们可以在此基础上做出相应的改变。如果自身不存在，但是竞争对手存在，那么我们可以在此基础上制定相应的竞争策略，形成竞争优势。

通过整合提升整体优势。对于群组②的企业而言，我们没有群组①的企业那么大的规模和可以利用的资源。单个进入市场，面对群组①的企业没有优势，因此我们可以通过组合来提升竞争优势，以群组的方式来形成竞争优势。

12.4.3　战略群组③的竞争策略

结合前面的研究，通过对战略群组③的分析，本文的观点认为低成本的聚焦战略是战略群组③的最佳选择。通过为这个细分市场购买者提供比竞争对手成本更低的产品或服务来战胜竞争对手。

12.4.3.1　聚焦市场，明确产品定位和定价

群组③的企业资产规模小，能利用的资源相比前两个群组要少得多。因此群组③的企业首先要聚焦市场，将企业所在地市场进行细分，找准目标客户，培养企业的忠诚用户。同时在产品定位和定价方面应该明确，我们只做低端市场，客户就是一些当地的人或者企业。首先要保证自身生存，然后再谋求发展。

12.4.3.2　明确主打品牌，加强品牌建设

该群组中的企业虽然规模小，但是自身却拥有很多的品牌和注册商标。企业在树立品牌文化和形象时缺乏耐心和过于追逐利益。将品牌建设过程交给相关的运营商来管理，给企业带来短期效益的同时，也给企业的长远发展带来隐患。而且产品种类过于繁杂，很多企业拥有多个品牌，无法做到资源的集中利用。因此企业必须要确立自己的主打品牌，做到资源的集中利用，形成一定规模的品牌影响力。

12.4.3.3　保证产品和服务的稳定性

对于群组③的企业来说，他们在市场中面临诸多问题。如产品制作工艺缺乏创新性，机器设备落后，生产效率低下，信息技术没有得到充分的利用。销售服务的落后使得企业无法及时得到市场以及消费者需求信息及其对产品

的意见。企业可以适当地通过消费者意见调查，了解消费者对产品及公司的意见看法。通过对消费者意见的收集与处理，结合现有产品，在此基础上做出相应的产品和服务上面的改变。企业要适时更新制造工艺，提高产品质量，保证产场的稳定，建立相应的售后服务体系，及时反馈客户，了解顾客需求，给客户提供良好的用户体验。

12.5 结论

白酒，不仅是中国人社会交际的必需品；更是中华文化的重要组成部分。四川白酒企业不但面临着激烈的市场竞争，同时也面临着消费者和市场需求的变化。四川白酒企业要想在激烈的市场竞争中取得突破，就必须要在酿酒工艺、白酒的市场定位等方面做出足够的思考，并在此基础上做出相应的改变。对落后的酿酒设备进行更换，对生产人员进行新的培训，降低产品生产成本。同时要了解自身弱点，了解自己的竞争对手，知己知彼，百战不殆。运用新的信息传播渠道，随着时代的发展而发展，这样才能立于不败之地。

[参考文献]

[1] 江源.2016 年全国白酒酿酒总产量 1358.36 万千升[J].酿酒科技，2017（3）：1.

[2] 江源.2017 年 1~11 月中国白酒产量 1115 万千升[J].酿酒科技，2018（1）：1.

[3] 江源.2017 年四川白酒产量 430 万千升[J].酿酒科技，2018（2）：1.

[4] 滕丽梅.中国商业银行战略群组与绩效关系研究[D].天津：南开大学硕士学位论文，2011.

[5] 李宗楠.我国制造业上市公司战略群组与绩效的关系研究[D].乌鲁木齐：新疆财经大学硕士学位论文，2014.

[6] Eric U. Kirby. Strategic Groups and Outcomes in the US Hospice Care Industry [J]. Journal of Health Organization and Management，2012，26（5）：641-654.

[7] Nicholas Oregan，Carole Kluth，John Parnell. The Demise of Strategic Groups as an Influence on Firm Performance：Lessons from the UK Plastics Industry [J]. Strategic Change，2011（20）：111-126.

[8] Gerry Mcnamara，David L. Deephouse，Rebecca A. Luce. Competitive

Positioning Within and across a Strategic Group Structure：the Performance of Core，Secondary and Solitary Firms［J］. Strategic Management Journal，2003，24（2）：161-181.

［9］雷辉，王鑫. 战略群组与绩效关系的实证研究——以我国酒、饮料和精制茶制造业为例［J］. 财经理论与实践，2014，35（6）：1-3.

［10］杨鑫. 我国保险业的行业竞争结构研究——基于战略群组的分析［J］. 保险研究，2011（1）：2-4.

［11］王德全. 我国企业的技术标准竞争战略研究［D］. 青岛：中国海洋大学硕士学位论文，2008.

［12］赵立龙. 制造企业服务创新战略对竞争优势的影响机制研究［D］. 杭州：浙江大学博士学位论文，2012.

附录　白酒样本企业名录

企业名称	资产规模（元）	品牌	资产规模排名
宜宾五粮液股份有限公司	2657亿	五粮液	1
泸州老窖股份有限公司	817亿	泸州老窖	2
四川水井坊股份有限公司	215亿	水井坊	3
四川舍得酒业有限公司	123亿	舍得	4
四川绵竹剑南春有限公司	48亿	绵竹剑南春	5
四川成都全兴集团有限公司	31.93亿	全兴大曲	6
四川沱牌集团有限公司	28亿	沱牌	7
中国四川仙潭酒厂	20亿	仙潭	8
四川郎酒集团有限责任公司	17亿	郎酒	9
四川江口醇酒业（集团）有限公司	10亿	江口醇	10
四川省神州春酒业有限公司	9亿	润桐	11
泸州华明酒业集团有限公司	9亿	蜀郁窖	12
四川省万泉春酒厂	9亿	天下春	13
四川省宜宾高州酒业有限责任公司	5.6亿	金潭玉液高州	14
四川省春泉酒厂	5.2亿	春泉	15
四川省绵阳市丰谷酒业有限责任公司	5亿	丰谷	16

续表

企业名称	资产规模（元）	品牌	资产规模排名
四川松涛酒业有限公司	5亿	舒府家	17
平昌县南泉酒业有限公司	4.5亿	小角楼	18
四川省渔樵（集团）有限公司	3亿	渔樵	19
四川省资阳宝莲酒业有限公司	2.2亿	宝莲	20
四川省宜宾市叙府酒业有限公司	2亿	柔雅叙府	21
德阳天元酒业有限公司	1.55亿	川阳春	22
四川省古川酒业有限公司	1.4亿	邛九情	23
四川省宜宾君子酒业有限公司	1.1亿	君子	24
泸州市曲酒三厂	1亿	常年	25
四川省泸州禧事达酒业有限公司	1亿	卢浮老窖	26
四川省东圣酒业有限公司	1亿	绵竹年画	27
四川省川南春酒厂	1亿	川南	28
四川省文君酒厂有限责任公司	1亿	文君	29
四川省宜宾豪雅酒业有限责任公司	1亿	滋生堂	30
四川省宜宾一品妙酒业有限公司	1亿	发财	31
四川崇阳酒业	9800万	崇阳	32
四川金盆地（集团）有限公司	9500万	金盆地	33
四川省宜宾市华夏酒业有限公司	9400万	华夏春	34
泸州原窖酒厂股份有限公司	8000万	原窖	35
四川省巴中市花丛曲酒厂	6891万	花丛酒	36
四川省渠县濛山曲酒厂	6800万	濛山	37
四川省绵春贡酒业有限责任公司	6500万	绵春	38
泸州老池酒业集团有限公司	6000万	泸池	39
四川省泸州市酒厂	6000万	伊莱克	40
四川省岳池特曲酒业有限公司	6000万	丘山	41
旺苍县泰丰川北酒业有限责任公司	5600万	川北王	42
四川省宫宴老窖酒业有限公司	5000万	宫宴	43

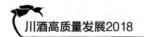
续表

企业名称	资产规模（元）	品牌	资产规模排名
四川八百寿酒业有限公司	5000万	彭祖	44
四川唐朝老窖（集团）有限公司	5000万	唐朝鸿运	45
四川汉碑酒业有限公司	3925万	汉碑	46
四川旭水酒业有限公司	3500万	旭水	47
四川原池酒业有限责任公司	3200万	原池	48
四川省剑阁县酿酒公司	3000万	剑门关	49
四川川沱酒业有限公司	2500万	川沱	50
四川省古堰酒业集团有限公司	2400万	福进门	51
宜宾惠氏酒业	2400万	花树	52
四川泸汉老窖集团有限公司	2205万	泸汉	53
四川省十圣谷酒有限公司	2000万	十圣谷酒	54
四川简阳尽春意酒业有限公司	2000万	尽春意	55
泸州泸府酒业	1700万	青狮	56
泸州市金不换酿酒有限公司	1000万	金不换	57
四川省古艺酒业有限责任公司	800万	宏彩	58
泸州贡酒酒业有限公司	600万	龙泉洞	59

四川白酒产业科技创新金融路线图研究*

宋加山　秦国祯　赵锐铿　周学伟　刘　浩

（西南科技大学经济管理学院，四川绵阳　621010）

摘要： 制定白酒产业科技创新金融的路线图对于有效缓解其金融需求具有重要意义。本文从四川白酒产业科技创新的金融支持现状出发，分析其存在的问题，通过对比省内外白酒产业科技创新金融支持的模式做法，借鉴有益经验，并在此基础上以满足四川白酒产业科技创新的金融需求为导向，明确金融支持任务，探索金融支持路径和关键举措，集成各类金融资源，按照优先权制订每项举措的详细计划并分配金融资源，创造性地制定了目标明确、任务分明、路径清晰、金融资源配置优化的四川白酒产业科技创新金融路线图。最后，结合金融服务四川白酒产业科技创新实际情况，从金融政策支持体系、投融资中介服务环境、投融资担保机制、人才支持、金融生态环境五个方面优化金融路线图的相关配套措施，以期带动四川白酒产业转型升级，助推四川经济快速发展。

关键词： 四川白酒产业；科技创新；金融路线图

13.1　问题的提出

作为轻工业的纳税大户，白酒产业长期以来在推动国民经济发展过程中起到了突出作用（姜莹，2010）。综观我国主要白酒产地，四川省的地位不可

---

　*　基金项目：四川省社会科学研究规划项目（SC16BJ020）。

　第一作者简介：宋加山（1979—　　），男，四川内江人，博士，西南科技大学经济管理学院教授、硕士生导师。

忽视，其白酒产量连续多年保持国内第一，川酒中的"六朵金花"更是闻名全国。然而，近年来随着 GDP 增速放缓，国民消费习惯改变以及电子商务变革加快，四川白酒产业出现了供需失衡、价格体系紊乱等一系列问题，整个行业到了艰难的转型调整阶段（陆岷峰、张玉洁，2011）。为了有效应对挑战，2015 年 6 月，四川省经济和信息化委员会发布"关于促进白酒产业转型升级健康发展的指导意见"，指出四川省白酒行业应树立"酿造老百姓喝得起的好酒"理念，实现四川白酒产业在产品结构上的转型升级，由注重高端转向高中低端兼顾转变（王辉，2013）；在功能定位上，由注重追求外观包装转向注重产品质量健康为主转变；在市场定位上，由注重公务和商务消费向以大众消费为主的转变；在发展理念上，由注重高价格、高利润转向追求合理价值价格转变。要完成这四大"转变"，促进白酒产业转型升级，必然要求四川白酒企业加大科技创新力度，而加大科技创新投入力度必然会催生规模更大、产品更加多元的金融服务需求。理论研究和实践经验表明，金融作为现代经济的重要组成部分，以实体经济发展为基础，根植于实体经济，同时又服务于实体经济，可以为四川白酒产业科技创新持续输氧供血。因此，亟待从四川白酒产业科技创新发展现状出发，兼顾白酒产业链上核心企业以及上下游中小企业科技创新的金融需求，量体裁衣，探索制定四川白酒产业科技创新的金融路线图，为四川白酒企业科技创新提供融资、保险、流动性和信用建设等服务，从而推动四川白酒产业科技创新发展、促进产业转型升级、助推四川经济快速发展。

13.2　四川白酒产业科技创新的金融支持现状

科技创新是助推四川白酒产业持续发展壮大的驱动力，同时加大科技创新力度必然催生更大规模、更加多元的金融需求（段金龙，2016）。近年来，四川白酒产业在供给侧结构性改革过程中，加大了金融改革力度，以此满足科技创新金融需求，并在金融政策支持、银行信贷支持、直接融资支持和融资担保支持等方面取得了阶段性成效。

13.2.1　金融政策支持方面

四川省各地方政府通过出台多项金融支持政策，建立白酒专项发展基金、提供财政奖补及建立税收减免制度等方式，大力支持白酒产业科技创新。其主要政策文件如表 13.1 所示。

表 13.1 四川省白酒产业科技创新金融政策支持现状

政策名称	发文机关	发文时间
《关于推进白酒产业供给侧结构性改革加快转型升级的指导意见》	四川省政府	2017 年 9 月
《加快建成千亿白酒产业的意见》	泸州市政府	2016 年 8 月
《关于支持白酒产业发展的十条措施》	邛崃市政府	2016 年 8 月
《关于促进白酒产业转型升级健康发展的指导意见》	四川省政府	2015 年 7 月
《关于切实做好金融支持宜宾白酒产业发展有关工作的通知》	宜宾市政府	2015 年 3 月
《关于支持五粮液系列酒经销商在我市注册发展的意见》	宜宾市政府	2015 年 3 月
《关于金融支持酒类企业持续发展的通知》	泸州市政府	2014 年 11 月

首先，政府通过出台各项政策，鼓励企业借助公司债、企业债等融资工具优化融资结构降低融资成本。其次，增强金融信贷支持的力度，规范借新还旧担保贷款的流程、开展循环贷和仓单质押等业务，对满足条件的企业提供贷款贴息。同时，设立专业支行为注册的经销商提供专项服务，确保经销商开户、资金结算、资金汇划等畅通无阻。

13.2.2 银行信贷支持方面

白酒产业是四川的支柱产业之一，为更好地支持四川省白酒产业发展壮大，满足四川白酒产业科技创新资金需求，四川省多家商业银行持续加大对川酒科技创新金融支持力度。从 2011 年起，民生银行便开始为泸州老窖、五粮液集团等企业提供信贷支持（张述军，2013）。随后，中国银行四川省分行、中国工商银行四川省分行及宜宾市商业银行也逐步展开对川酒产业科技创新信贷支持。此外，在银企对接会开展方面，2017 年落幕的名优白酒产业银企对接会上，来自全国的酒类生产企业与 20 多家银行、信托公司、担保公司以及四川省酒类联合交易所，围绕"行业调整、理性消费、转型升级"等话题碰撞出火花。未来，银企将就资金清算、标准仓单质押融资、理财产品发行等多个领域进行深入合作，致力于朝向"五位一体"即文化、终端、电商、服务、物流的立体销售网络之路迈进。

13.2.3 直接融资支持方面

目前，四川省针对白酒产业科技创新建立了四川联合酒类交易所。其中，2014 年以来，泸州老窖等企业已在四川联合酒类交易所发行了几十款产品，融资约 30 亿元。川九里春酒业利用股权交易中心进行直接融资，实现 3000 余万元融资额。2015 年泸州市政府通过与四川省最大的综合型产业投融资平台共同设立总规模 30.15 亿元的"四川发展纯粮原酒股权投资基金"为白酒企业科技创新攻破难题,推动了白酒产业快速发展。2016 年邛酒公司与粤科创投界合作推出互联网众筹产品 2000 坛"平落老烧坊"特色典藏酒成功上线,邛酒互联网金融项目实现预融资 4350 万元。宜宾市则在 2017 年建立 5000 万元酒类(食品)专业发展资金专项资金用于支持白酒产业企业技改贷款贴息或补助、品牌建设和市场开拓等方面。

13.2.4 融资担保支持方面

为推动川酒产业科技创新,四川中国白酒金三角创新了如酒企信托融资、原酒质押等多种融资担保方式,拓宽了酒类企业科技创新融资渠道,为川酒产业科技创新融资担保营造良好氛围(黄元斌,2013)。一是酒企信托融资。2011 年四川信托发起设立资金期限为 24 个月的"川信—国酒陈酿歌德茅台酒投资(一期)集合资金信托计划",年化收益率高达 10%。二是商标权质押融资。2012 年宜宾红楼梦酒业股份有限公司通过质押 27 件注册商标,获得贷款约 7828 万元。三是窖池抵押融资。2012 年工商银行宜宾分行审批了宜宾高州就业以估价为 7.72 亿元窖池作抵押,拨付 3.5 亿元高额抵押贷款。四是原酒质押。2018 年泸州商务局和工行泸州分行举行了酒类市场企业专项融资产品"酒贷通"发布会,让原酒和窖池也能进行抵押融资。

从上述现状可以看出,四川白酒产业科技创新在金融支持方面虽然取得了阶段性成效,但同时也存在金融政策体系不够完善、机构与企业信息不对称、白酒企业融资渠道狭窄等方面的问题。

13.3 省内外白酒产业科技创新金融支持比较

通过对比国内贵州、山西和陕西,省内宜宾、泸州和邛崃等地白酒产业科技创新金融支持的模式做法,横向找差距,纵向找不足,形成如下的经验借鉴。

一是设立白酒专项资金。贵州省科技厅先后设立了联合产业基金、知识产权专项资金来支持与保护白酒产业科技创新顺利开展;山西省、陕西省及四川邛崃纷纷成立了产业投资基金,以新产业模式促进中国传统白酒产业转型改革具有十分重要的借鉴意义,为中国白酒产融结合营造良好环境;泸州市发起成立原酒股权基金为原酒提供私募股权等融资服务,促进白酒产业结构优化升级。

二是扩大酒企融资渠道。贵州省为白酒产业搭建了融资多功能平台,陕西省建立了产业生态金融圈及互联网金融支持模式，进一步调动民间资本活跃白酒市场；宜宾市通过拓展多元化融资渠道，帮助企业筹备上市，开辟融资新路径；泸州市积极开展原酒质押贷款等金融业务，帮助抵押物匮乏的白酒企业缓解融资难问题。此外，开展金融仓储项目，既能为白酒企业提供标准化的仓储服务，也能解决企业融资难问题。

三是强化银企对接模式。泸州市通过创新银企对接模式，拓宽多元化融资渠道，促进白酒企业和银行等金融机构互利共赢、共同发展；宜宾市以民生银行为主，不断创新银行信贷产品和服务，为宜宾市白酒产业科技创新提供有力支撑；邛崃市也不断深化银企合作模式，推进各商业银行加大对白酒企业的信贷支持力度，不仅壮大了白酒企业发展，也推动了邛崃市经济发展。

13.4　四川白酒产业科技创新的金融路线图制定

本文对四川白酒产业科技创新金融路线图的制定过程是按照需求驱动和能力驱动相结合的模式。从需求驱动方面来看，依次思考的步骤是：分析四川白酒产业科技创新的金融需求，即为什么做；明确四川白酒产业科技创新的金融支持任务，即做什么；构建四川白酒产业科技创新的金融支持路线，即怎么做；最后，合理配置四川白酒产业科技创新的金融资源。从能力驱动的方面来看，首先需要仔细分析和梳理可用的金融资源和能力现状，然后以此为基础逆向推出有效实施路线，从而实现目标和需求。本文选择前者，即从需求驱动角度制定四川白酒产业科技创新的金融路线图。制定过程如图 13.1 所示。

13.4.1　分析四川白酒产业科技创新的金融重点需求

由于四川独厚地理优势带来丰富的稻米供应，以及商业部和四川省政府对川酒技术改造的大力支持，现已形成邛崃、崇州、大邑、绵竹、宜宾、泸州等生产原酒的中小企业群，整体实力已稳居全国第一。然而，由于其生产操作主要以传统手工为主，所以四川白酒产业也是十分脆弱的民族工业。面对白酒行业日趋激烈的竞争，四川白酒产业效益逐年下滑，许多四川白酒企业资金主要投入在了营销和产品生产上，在技术改造和科技创新方面投入的资金严重不足，导致四川白酒产业发展缺乏技术创新和发展潜力。因此，为应对白酒消费需求、市场营销、渠道流通等方面的变化，满足四川白酒企业科技创新的资金需求，实现四川白酒产业未来的长远发展，迫切需要整合金融资源，加大科研投入，发展白酒产业关键技术（王志勇，2014），鼓励企

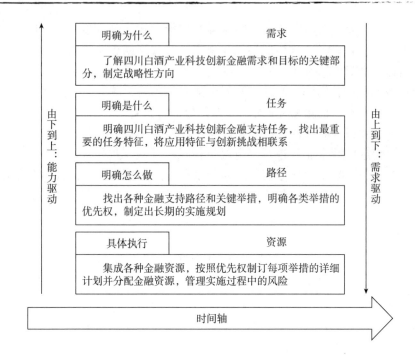

图13.1 四川白酒产业科技创新金融路线图制定过程

业、科研单位和大专院校开展川酒科技创新项目等。因此，对白酒产业科技创新发展的金融支持已成为四川白酒产业转型升级、实现可持续发展的迫切需求（胡安江、孙兴，2009）。

　　首先，根据四川省政府2017年9月发布的《关于推进白酒产业供给侧结构性改革加快转型升级的指导意见》，四川将实施"川酒"品牌推广计划，大力推广"三化"，助推白酒新型工业化产业示范基地（工业集中发展区）的创新升级。其次，加大财政资金对白酒企业技术改造、兼并重组和市场开拓等支持力度，鼓励有条件的川酒企业利用好资本市场和融资工具，优化融资结构，降低融资成本。同时，为推动科技创新驱动四川白酒产业转型升级，帮助大型酒企特别是二线、三线中小酒企解决融资难题，力求构建一个覆盖全面、体制完善、高效运转的白酒产业科技创新金融支持体系，为四川经济社会全面、协调和可持续发展作出积极的贡献（黄平、曾绍伦，2015）。

13.4.2 明确四川白酒产业科技创新金融支持任务

　　本文通过结合《四川省"十三五"科学和技术发展规划》的有关要求和促进白酒产业供给侧结构性改革加快转型升级的指导意见，分析四川白酒产业科技创新金融支持中目前存在的一系列问题，着重建立和完善金融支持政策体系、金融支持信息共享体系、金融支持创新体系，优化金融环境，构建四川白酒产业科技创新的金融路线图。

13.4.2.1 建立健全白酒产业科技创新金融支持政策体系

一是建立由省、市、县组成的三级金融支持政策指挥体系。在省一级，作为金融支持管理的最高行政领导机构，应着力于构建政策整体框架，保证政策执行力度，监督政策落实情况。在市、县两个层级，需要常设白酒产业科技创新金融支持办公室，主要负责该地区的金融支持工作和政策信息的有效传达。二是建立统一由省级、市级区域组成的两级金融支持政策规划体系。希望通过强化金融支持政策的统一规划和分工，协调区域白酒产业的整体布局，对不同地区、不同发展阶段的白酒企业进行分类和跟踪管理。

13.4.2.2 建立白酒产业科技创新金融支持信息共享体系

一是为白酒企业搭建信用信息共享平台，及时做好收集和完成白酒企业的信用信息以及信用评级工作，缓解金融机构与白酒企业之间的信息不对称问题。二是建立供需对接平台，满足白酒企业融资需求和金融机构资金供给，定期举办银企对接大会，加大银行对白酒企业信贷规模，拓宽白酒企业融资渠道。三是建立四川金融支持政策信息共享体系，整合地方金融支持政策、业务运行监测、重大白酒科技专项、白酒产业园区金融支持等信息，促进地方和部门之间金融支持政策信息的共享和交流。

13.4.2.3 建立白酒产业科技创新金融支持创新体系

一是创新白酒产业科技创新金融产品。结合四川白酒产业科技创新融资需求现状，强化本土金融产品创新，试点推出股权质押、仓单质押、应收账款质押等融资方式的信贷产品。二是创新白酒产业科技创新金融服务。创新服务意识、服务方法和服务手段，为各类白酒企业提供全方位、多角度的个性化金融服务（曾祥凤，2017）。

13.4.2.4 优化白酒产业科技创新金融支持环境

一是为白酒产业科技创新金融支持人才建设新高地。大力实施金融人才的引进和培育工程，培养白酒产业科技创新和科技金融复合型人才，营造良好环境。二是为提升金融支持水平和控制金融风险能力，建立健全金融风险防控体系。

13.4.3 构建四川白酒产业科技创新金融支持路线图

健全的白酒产业科技创新金融支持路线主要由信用贷款、资本市场、创业风险投资、白酒产业科技创新保险几部分构成。因此，本文根据四川白酒产业科技创新的金融需求、目标及任务，构建了如图 13.2 所示的金融支持路线。

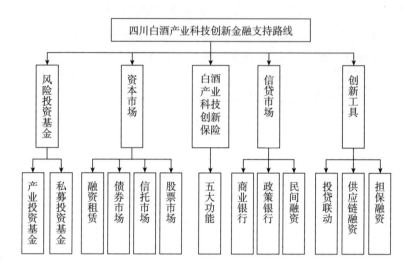

图 13.2　四川白酒产业科技创新金融支持路线

13.4.3.1　白酒产业科技创新信贷市场

贷款可以为白酒产业科技创新提供债务融资支持。在中国目前是以银行等金融机构为主导的金融体系，因此贷款已成为四川白酒产业科技创新最重要的融资方式之一。根据贷款供给方式的不同，贷款可分为商业银行贷款、政策性银行贷款和民间金融贷款。

一是商业银行贷款。首先，四川各商业银行可设立白酒产业园专项信贷项目，为白酒企业园区打造、技术研发、设备购买等提供专项信贷资金，在贷款利息、偿还期、贴现、存单转让等方面适当给予优惠。其次，商业银行应加大对四川中小白酒企业的贷款力度。最后，商业银行应积极创新白酒知识产权抵押贷款、白酒产业信贷债券发行等金融业务。

二是政策性银行贷款。政策性银行如农业发展银行，可通过把白酒列入其专项建设基金的支持范围，并持续提供利好政策，推进四川白酒产业科技创新。贷款方式如下：第一，协调贷款。白酒企业研发资金的专项贷款，由银行出面协调地方发展公司和金融机构协会来进行提供。第二，直接贷款。银行直接向有能力参与白酒技术研发的白酒企业发放低利率贷款。

三是民间金融贷款。支持各类金融机构在四川设立专门为白酒企业服务、民间金融组织配套服务、民间借贷规范服务的专业机构；建立民间借贷登记服务中心，为民间借贷双方提供综合信息服务，如信息收集和发布、借贷合约公证和登记、资产评估和登记，开展民间资本管理服务公司试点，募集民间资金，引导民间资本有序进入四川白酒企业融资活动。

13.4.3.2 白酒产业科技创新资本市场

资本市场可以为白酒产业科技创新提供直接融资。根据不同的风险性和流动性，资本市场主要分为股票、债券和信托等市场，它们共同构成白酒产业科技创新提供融资的广义资本市场。

一是在股票市场融资。结合目前四川实际情况，全面提升白酒企业的市场竞争力，培育更多白酒企业进行股份制改造，鼓励企业在"新三板"、天府（四川）股权交易中心及其他场外市场挂牌交易，建立新三板与创业板之间的对接通道，实现从区域性股权交易中心到主板、中小板、创业板、新三板的无缝对接，助力四川白酒企业壮大直接融资规模。

二是债务融资。加快发展直接债务融资工具，支持和帮助符合对应条件的白酒企业发行企业债、公司债（含中小企业私募债）、短期融资券、中期票据、定向债务融资工具、资产支持证券等多种方式融资。为四川白酒企业开展新的债务融资模式，支持地方银行机构发行"白酒科技创新专项债"，支持符合条件白酒企业通过发行永续债券降低负债率，适当提高支持白酒产业科技创新的发债主体资质的债务评级（傅国城，2011）。

三是在信托市场融资。通过灵活多变的制度优势和专业化的管理能力，通过信托融资平台，集聚大量的社会闲散金融资源，并引导其开发面向白酒企业的产品和服务，从而加大对白酒企业融资支持力度。

四是融资租赁。为支持发展融资租赁业，政府应出台多项政策，通过风险补偿、奖励和贴息等政策工具，加强政府和融资租赁等机构的合作，从而促进融资租赁机构对白酒企业的支持，使白酒企业融资难、融资贵的问题得到有效缓解，同时还可以刺激白酒企业的设备投资，促进白酒企业产业升级（叶剑，2009）。

13.4.3.3 白酒产业科技创新风险投资

风险投资是金融人才和金融资本的结合。在白酒产业科技创新风险投资基金中，四川可从产业投资基金和私募投资基金探索白酒产业科技创新金融支持路径，使风险投资兼具"融资"和"融智"功能，增加风险投资附加值，促进企业快速发展。

一是设立产业投资基金。四川省政府以及各产酒地区政府可设立白酒产业发展基金，该基金主要用于白酒酿造技术的改造升级。支持白酒企业技术创新，使其获得竞争优势和品牌效应，同时淘汰技术落后的白酒企业，通过产业投资基金选择性支持助力四川白酒产业结构转型升级。

二是成立私募投资基金。各地政府可采取相关措施推动白酒产业私募基金成立，促进私募投资基金企业及其基金管理企业发展，鼓励社会资本参与，丰富投资渠道，推进白酒产业科技创新。同时，出台相关法律法规，规范运营方式，丰富投资者参与渠道。

13.4.3.4 白酒产业科技创新保险支持

白酒产业科技保险可以对重大白酒科研项目、关键设备、专利技术、产品质量等提供保险支持。具体而言，白酒产业科技保险可在以下五个方面助力四川白酒企业科技创新发展。一是收集白酒企业科技保险风险数据，通过数据科学计算出保险费率。二是完善巨灾保险制度，建立多元化的巨灾风险分散机制，探索和开发可以有效规避巨灾保险证券化产品。三是发挥险资直投功能，积极引导大型保险资金参与白酒产业园区基础设施建设、产品研发、股权投资和白酒企业并购重组。四是充分发挥保险的辅助融资功能，积极推广白酒企业贷款履约责任保险，提高银行融资成功率，分散银行资金风险。五是支持从事再保险业务的社会组织和个人以及专业性保险中介机构依法开展业务，为保险业发展提供专业的技术配套服务。

13.4.3.5 白酒产业金融支持创新工具

一是投贷联动融资模式。"信贷投放"和"股权投资"是投贷联动的主要方式。为实现白酒企业信贷风险与收益的匹配，提高外部机构出资积极性，亟须通过相关制度安排，引入投贷联动模式，缓解四川白酒企业融资难问题。

第一，银行与外部风投机构（主要是 PE/VC）签署战略合作协议。首先，由银行给白酒企业提供贷款；其次，外部风投机构对白酒企业进行股权投资；最后，当白酒企业通过 IPO、股权转让，或被并购等方式实现股权溢价后，风投机构可将抛售股权所获得的收益分一部分给银行。具体运行情况如图 13.3 所示。

第二，银行成立自己的投资功能子公司，由银行对白酒企业提供贷款，子公司对白酒企业进行股权投资。具体运行情况如图 13.4 所示。

第三，银行与其他机构共同设立 SPV，优先份额由银行认购，劣后份额由其他机构认购，再由 SPV 对白酒企业进行股权投资。具体运行情况如图 13.5 所示。

二是供应链融资。在白酒供应链中，上游中小企业供应商和下游一级经

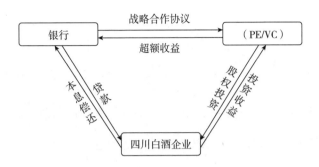

图 13.3　银行+PE/VC 模式投贷联动

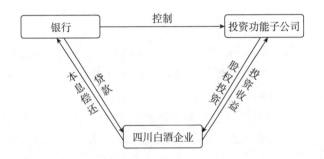

图 13.4　银行+银行投资子公司模式投贷联动

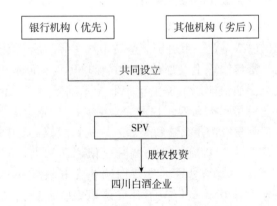

图 13.5　银行+SPV 模式投贷联动

销商都具有强大企业融资需求，目前，各商业银行已推出部分供应链融资产品，如订单质押融资产品、存货质押融资产品、应收账款类融资产品和保兑

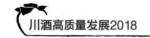

仓业务可以用于白酒产业融资。

13.4.3.6 第三方担保融资

第三方担保是白酒行业的特殊担保方。一方面，商业银行对入驻园区的白酒企业由园区提供融资担保，可以通过与各地方政府及酒业园区管委会进行沟通和谈判；另一方面，由于各地政府通过成立小额担保公司来支持地方支柱产业发展，所以可以利用小额担保公司的担保提高白酒企业融资。

13.4.4 调节四川白酒产业科技创新金融资源分配

13.4.4.1 增加银行金融服务供给

一是大力鼓励四川商业银行创新金融产品促进白酒产业有效发展。鼓励四川商业银行根据白酒产业中技术创新、酿造工艺升级、原料采购、设备更新等活动的特点有针对性地开发结构化融资产品，创新金融产品。各地政府出台信贷产品创新单项奖励，对获得好评的信贷产品，评审后给予单独奖励，以降低产品同质化问题。二是为白酒行业的人才提供个性化金融服务。积极为白酒企业员工，特别是中高端技术研发人员和管理人员提供个人住房贷款、信用卡授信、个人财富管理、个人金融顾问等"一揽子"个性化金融服务，帮助白酒企业稳定人才，进一步巩固银企合作关系。三是积极引导中小微白酒企业了解银行信贷产品。改变中小微白酒企业融资观念，由以前单一银行贷款，逐步延伸至信用证、保函、应收账款融资、供应链融资等多种信贷产品组合融资，拓宽白酒企业的融资渠道。

13.4.4.2 拓宽资本市场融资渠道

一是推动四川白酒企业上市融资。坚持市场主导、规范治理、统筹安排、有序推进的原则，密切跟踪上交所战略新兴板块建设、创业板市场改革、股票发行注册制改革，加快四川白酒上市企业挂牌辅导培育，组织交易所、中介机构与各类企业对接，推动四川白酒企业到沪深交易所主板、中小板、创业板、全国中小企业股份转让系统和成都（川藏）股权交易中心等市场上市，并进行融资、挂牌融资和再融资，拓宽融资渠道。加大白酒产业上市后备企业培育力度，丰富梯度培育库。支持白酒企业开展境外并购，金融机构和企业在全口径宏观审慎政策框架下开展跨境融资业务，允许金融机构和白酒企业在符合宏观审慎管理制度的前提下从境外融入资金，稳步推进企业外债登记制度管理改革。二是支持四川白酒企业发行各类债券。支持四川白酒企业在银行间债券市场发行短期融资券、中期票据、私募债、项目收益债、小微平台债等直接债务工具。探索白酒中小企业集群发债、项目发债等专项债、产业债发债方式。继续推进中小白酒企业集合债权基金等债权类金融创新。

13.4.4.3 强化保险机构服务能力

保险公司应为白酒产业科技创新开发丰富多样的保险产品。一是大力发展白酒科技保险和专利保险,组建白酒科技保险工作专家组,逐步完善科技保险的险种设置,探索将试行险种逐步扩展到白酒产业全领域。充分发挥信用保险和贷款担保功能,大力发展重大技术第一台(套)保险。保险公司应开展诉讼保全责任保险业务,为解决白酒产业中的借贷纠纷和股权转让纠纷等案件保驾护航。二是创新保险产品种类。积极发展企业年金、职业年金、职业责任保险,为四川白酒企业(单位)吸引人才、留住人才提供全方位保障。支持保险机构为白酒企业、白酒科研院所人员及其家庭成员开发多样化的养老险、健康险、意外险、家庭财产险、信用保证险等专属保险产品。三是加大保险资金在白酒产业中的运用。保险资金在符合法律法规、有效防范风险、满足资产配置需要的前提下,以债权、股权、股债结合、产业基金等形式向四川白酒产业提供低成本、长期限的资金支持。

13.4.4.4 扩大产业集群金融优势

扩大产业集群,大力发展白酒产业供应链金融。目前,四川各地区大多只有分散的小集群,暂未形成大协作。建议以川酒"六朵金花"大企业为核心,带动上游供应商、下游经销商形成产业链集群,通过核心白酒企业进行融资,再通过委贷或股权投资的形式,支持核心企业自己认定的优质、可持续合作、处于白酒产业末端的中小型白酒企业(杨洪波,2013)。积极响应由人民银行和工信部负责组织在全国推广的科技金融创新举措,从核心白酒企业获得的应收账款作为质押,为企业提供融资服务。四川优质白酒企业可开展供应链金融服务工作,与银行签订《供应链金融服务战略合作协议》,落实"小核心、大协作"的白酒产业集群发展模式,提升四川白酒产业科技创新能力和供应链整体的竞争力(马勇,2015)。

13.4.4.5 成立四川白酒产业发展基金和企业互助基金

白酒企业互助基金是帮助解决白酒企业短期资金需求以及"过桥"资金。该基金由参与基金设立的白酒企业共同出资,根据出资比例给予一定的基金使用额度,同时收取较银行贷款利息低的手续费再次投入基金运作,真正实现四川白酒企业特别是中小白酒企业科技创新、资源整合和可持续发展。此外,专门用于支持白酒企业产品升级和科技创新的四川白酒产业发展基金主要是由地方政府通过财政资金进行拨付。该基金引导白酒企业的产品创新,

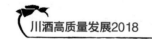

主要通过补贴贷款利息、拨款资助和投资入股等方式，以此来促进企业文化品牌建立，提高产品附加值。

13.5 优化四川白酒产业科技创新金融路线图的配套措施

为推动四川省白酒产业发展，提高其科技创新能力和水平，本文从满足多元化金融需求的角度出发，制定四川省白酒产业科技创新金融路线图。为确保该金融路线图能够真正发挥作用，促进白酒产业科技创新顺利推行，将从以下五个方面提出优化四川白酒产业科技创新金融路线图的配套措施。

13.5.1 健全金融政策支持体系

在四川白酒产业科技创新的整体发展中，四川省政府应加大财政出资和补贴力度，发挥积极引导作用。

13.5.1.1 财税支持政策多元化

首先，四川省政府可进行一定的财政资助。根据不同类型的白酒研究任务，采取借贷、租赁、调配和补偿等建设方式，进行资金支持。其次，加大税收优惠力度。主要采取税额式减免和税基式减免两种方式，减轻企业税收负担。前者强调了白酒科技创新技术研发后的税收优惠政策，即政府对白酒企业最终经营成果相关税费的减免，在实际操作中可采用减征、免征和优惠税率等方式。后者强调研发后税收的调整，可采取投资扣除、固定资产加速折旧、技术开发费用税前列支和提取科技发展准备金等措施调低税基。

13.5.1.2 政府出资设立四川白酒产业科技创新发展基金

按照每年酒业税收的一定比例注入资金，成立和壮大四川白酒产业科技创新发展基金，且该基金只能用于白酒产业的科技创新。对有突出贡献的白酒企业，可从基金中提出部分资金作为奖励，以扶持该酒企的科技创新工作。另外，政府可牵头成立风险补偿基金，并适当降低风险补偿基金准入门槛，以激发商业银行放贷积极性，满足四川白酒产业科技创新的资金需求。

13.5.2 改善投融资中介服务环境

四川省白酒产业科技创新离不开中介机构的服务，通过提高中介机构的服务力度，使白酒企业能够顺利融资，从而实现白酒产业的科技创新。

13.5.2.1 建立四川省白酒产业科技创新融资平台

可由四川省经信委、商务局、银行、酒业协会等机构牵头，搭建四川省白酒产业科技创新融资平台，组织项目推荐会、银企合作洽谈会等不同类型的活动，通过进行信息间的沟通和交流，为白酒企业科技创新融资牵线搭桥。同时，该平台可通过信贷监管与金融服务的有机结合，开展白酒类企业科技创新的信贷辅导，积极帮助企业改进内部管理，建立健全财务制度，尽量缩小银企信息不对称差异，促进白酒企业科技创新竞争力的增强和信用等级的提升。

13.5.2.2　成立抵押物估值机构

目前，诸如窖池等白酒产业的资产已纳入质押资产范畴，但由于融资机构无法准确了解这些抵押物的价值，导致企业的贷款率依旧很低。因此，可通过寻找到合适的评价机构来为白酒产业的抵押物进行估价，从而确定授信额度的基础。同时，评价机构可与四川省地方政府、酒类管理机构等进行商议，确定白酒产业资产抵押的管理方式、抵押手续的办理流程及抵押资产的评估方式，使白酒企业能够通过资产抵押来获得资金，提高自身科技创新能力。

13.5.3　建立健全投融资担保机制

目前，四川省关于白酒企业融资担保机制还不够完善，需要建立以政策性信用担保机构为主、民营和互助担保机构为辅的四川省政策信用担保体。

13.5.3.1　建立银政担保分担机制

目前，我国采用由融资担保公司承担全额代偿风险，政府补贴融资担保公司的传统模式，由于白酒产业科技创新存在较大风险，要改变必须引入政府、保险、银行来共同分担风险。具体而言，可通过建立"4321"银政担保风险分担机制，当一些白酒企业科技创新贷款担保发生代偿时，融资担保公司、保险公司、银行及四川省政府可以按照4∶3∶2∶1的比例承担风险责任，以此分散风险。

13.5.3.2　建立财政风险补偿机制

四川省财政可每年拨出一定数量资金，作为四川省白酒产业科技创新信用担保代偿补偿资金，对符合条件的各级政策性、商业性融资担保机构和保险公司的代偿损失进行一定补偿，降低各担保公司的代偿风险，并提高担保公司参与白酒产业科技信用担保的积极性。

13.5.4　构筑金融支持人才新高地

按照"总量增加，结构优化，存量盘活"的原则，落实四川白酒产业科技创新人才引进培养计划，加强科技人力资源开发，完善科技人才激励机制，不断壮大科技人才队伍，提高白酒产业的科技创新能力。

13.5.4.1　成立四川白酒产业科技创新人才发展专项资金

通过成立专项资金，吸引更多的省内外人才，甚至"科技领军""高端科技""领军后备"等优秀人才进入白酒行业进行科技创新工作，以此优化人才结构。同时，对于优秀的人才，可从该专项资金中拨款进行嘉奖，以提高人才的自我创新能力，并吸引更多优秀人才进入白酒产业的科技创新中来。

13.5.4.2　制订四川白酒产业科技创新人才引进计划

发挥四川省人才交流服务平台作用，从平台中引进对口优秀人才。同时，利用四川省各高校、各科研院所的优秀人才及科研队伍，联合开展对相关人才的培养；加强与省外有关院校、科研机构的合作，通过各方发力的模式着力培养白酒产业科技创新人才队伍，为白酒产业科技创新提供智力支撑（Allen，2002）。

[参考文献]

[1] 姜萤.科学技术对传统白酒产业科技创新发展的推动作用[J].酿酒科技，2010（5）：109-112.

[2] 陆岷峰，张玉洁.中国科技金融创新模式选择的争论评析与思考[J].山东科技大学学报（社会科学版），2011（5）：90-94.

[3] 王辉.区域经济发展与科技创新模式选择的实证分析研究[D].合肥：合肥工业大学硕士学位论文，2013.

[4] 段金龙.科技创新的公共金融支持研究[D].哈尔滨：哈尔滨工程大学博士学位论文，2016.

[5] 张述军.民生银行对宜宾白酒行业发展金融支持的研究[D].成都：电子科技大学硕士学位论文，2013.

[6] 黄元斌."中国白酒金三角"产业集群创新体系建设研究[J].酿酒科技，2013（11）：115-118.

[7] 胡安江，孙兴.贵州省白酒产业科技发展的思考[J].酿酒，2009（3）：20-22.

[8] Atanassov, Nanda, Seru. Finance and Innovation：The Case of Publicly Traded Firm [Z]. Working Paper, 2007.

[9] 杨玉雪.基于互联网的贵州绿色食品产业结构优化的研究——以白酒茅台为例[J].商，2015（17）：266.

［10］倪建发，王艳. 我国文化产业与科技、金融、互联网融合发展研究[J]. 浙江工贸职业技术学院学报，2017，17（4）：1-4.

［11］徐玉莲. 区域科技创新与科技金融协同发展模式与机制研究[D]. 哈尔滨：哈尔滨理工大学博士学位论文，2012.

［12］卢珊. 金融机构对科技创新的引导与支持研究[D]. 哈尔滨：哈尔滨理工大学硕士学位论文，2015.

［13］王琼瑶. 金融支持高技术产业创新的作用机理与效率分析[D]. 杭州：浙江财经大学硕士学位论文，2014.

［14］王志勇. 泸州市政府促进白酒产业技术创新发展的案例研究[D]. 成都：电子科技大学硕士学位论文，2014.

［15］胡安江，孙兴. 贵州省白酒产业科技发展的思考[J]. 酿酒，2009（3）：20-22.

［16］黄平，曾绍伦. 白酒产业转型发展研究综述[J]. 酿酒科技，2015（6）：113-117.

［17］曾祥凤. 我国白酒产业战略转型路径研究[J]. 四川理工学院学报（社会科学版），2017，32（1）：1-13.

［18］傅国城. 中国白酒产业创新发展中新动向的关注与思考[J]. 酿酒，2011，38（3）：3-7.

［19］叶剑. 从交易成本理论角度看白酒产业集群发展[J]. 泸州职业技术学院学报，2009（2）：12-15.

［20］杨洪波. 四川中国白酒产品交易中心战略发展研究[D]. 成都：西南财经大学硕士学位论文，2013.

［21］马勇. 以创新驱动白酒产业发展[J]. 酒世界，2015（1）：52-53.

［22］Allen N. berger. Small Business Credit Availability and Relationship Lending：The Importance of Bank Organizational Structure [J]. Economic Journal，2002.

专 题 研 究

14 川酒产业集群发展中的地方政府行为研究

杨　钊[1]　蔡文钦[1]　蒋山花[1]　凌泽华[2]　陈郡梅[1]

（1. 四川轻化工大学法学院，四川自贡　643000；
2. 四川轻化工大学管理学院，四川自贡　64300）

14.1　导言

14.1.1　研究背景

中国白酒制造业的历史十分悠久，并形成了底蕴深厚的酒文化。长期以来，白酒业作为我国重要的传统产业之一，在国民经济中有着重要的地位和作用，对增加政府财政收入、促进地方经济发展有着重大贡献。自中华人民共和国成立以来，作为传统产业之一的白酒业发展迅速，白酒产量较解放前有大幅提升。但是在总体增加的过程中，又呈现出明显的阶段性波动。1949年我国白酒产量仅有10.8万吨，到1978年产量增长到143.74万吨。改革开放初期，在粮食丰产、居民收入水平提高、白酒市场需求量扩大，再加之国家放松对酿酒使用粮食的限制等一系列背景下，白酒产量大规模提升。白酒产量从1980年的215万吨，以年均9%的速度迅速增长，到1996年达到了801.3万吨，是中华人民共和国成立初期的80倍左右。[①]然而自1996年以后，由于统计口径变化、国家宏观经济调控特别是2001年新增白酒从量税等限制性产业政策，加上啤酒、葡萄酒、果酒等饮料酒对白酒形成的竞争或替代，全国白酒总产量逐年下降，2004年白酒产量低至312万千升，比1996年下降

第一作者简介：杨钊（1982—　），男，四川苍溪人，四川轻化工大学法学院讲师，博士研究生，研究方向：地方政府与社会治理。

①　白酒行业：利润总额达到100.2亿［EB/OL］.（2007-04-05）［2017-09-18］. http://business. sohu. com/20070405/n249229738. shtml.

近62%。经过几年的减产调整之后，从2005年开始，白酒产量又开始逐年恢复，2005年为349万千升，2006年为404万千升，2007年为493万千升，2008年达到569万千升。[1] 从近几年白酒产量的情况来看，白酒产量基本保持着稳定增长的态势。2013~2016年我国白酒产量在1300万千升左右，但2017年中国白酒产量呈现下滑趋势，2017年白酒产量为1198.1万千升，比2016年少160.3万千升，累计下滑6.9%。而随后2018年1~11月全国白酒产量为814.7万千升，同比增长2%。[2] 可见，尽管在国内市场上随着啤酒、葡萄酒等其他酒类饮料消费量的扩大给酒类市场带来了日益激烈的竞争，作为中国传统产业的白酒业的发展力度依然很大，并且始终在酒类市场中保持着强大的竞争力。

作为中国白酒业中具有传统优势的四川省而言，白酒业的年销售收入、利润总额、税金总额长期稳居全国之首。四川是国内最强大的白酒生产制造集群。全国八大名酒四川占据六个席位，集中了五粮液、剑南春、泸州老窖、郎酒、全兴、沱牌等被誉为"六朵金花"的国内知名品牌，形成了以此为核心的庞大生产基地，并由此孕育了大量新兴品牌，如小角楼、江口醇等。作为白酒"重镇"的同时，四川也是中国白酒原酒供应基地，其原酒产量占据了国内白酒原酒产量的半壁江山，并由此带动了酒业上游相关行业的发展。2017年我国白酒行业总产量达到119.81亿升，2018上半年中国白酒产量为492.94万千升。从全国各省份白酒产量来看，2018年上半年全国有29个省市生产白酒。白酒产量排名前十的地区是四川省、山东省、河南省、江苏省、湖北省、北京市、吉林省、安徽省、贵州省和河北省。其中，四川省以产量188.26万千升位列榜首，山东省以42.05万千升位于第二，河南省以35.01万千升位于第三。[3]（见表14.1）

表14.1　2006~2017年度前十名白酒产量省份

年度	前十名省份
2006	山东、四川、河南、江苏、安徽、辽宁、湖北、内蒙古、吉林、贵州
2007	四川、山东、河南、辽宁、内蒙古、江苏、安徽、湖北、河北、吉林

---

[1] 资料来源：《中国轻工业年鉴》(1996-2009).

[2] 中商产业研究院.2018年全国白酒行业数据盘点及2019年市场展望 [EB/OL]. http://www.askci.com/news/chanye/20190108/0914081139827.shtml, 2019-01-08 [2019-01-22].

[3] 2018年上半年中国白酒产量前十省市对比 [EB/OL]. (2018-12-10) [2019-01-15]. http://www.chyxx.com/industry/201812/698323.html.

续表

年度	前十名省份
2008	四川、山东、河南、辽宁、湖北、江苏、安徽、内蒙古、河北、贵州
2009	四川、山东、河南、辽宁、湖北、吉林、内蒙古、江苏、安徽、河北
2010	四川、山东、河南、辽宁、江苏、安徽、吉林、湖北、内蒙古、河北
2011	四川、河南、山东、辽宁、江苏、内蒙古、吉林、安徽、河北、湖北
2012	四川、山东、河南、江苏、辽宁、湖北、内蒙古、吉林、安徽、黑龙江
2013	四川、山东、河南、江苏、湖北、内蒙古、吉林、辽宁、黑龙江、安徽
2014	四川、山东、河南、江苏、湖北、内蒙古、吉林、黑龙江、辽宁、安徽
2015	四川、山东、河南、江苏、湖北、内蒙古、吉林、黑龙江、安徽、辽宁
2016	四川、河南、山东、江苏、湖北、内蒙古、吉林、黑龙江、安徽、辽宁
2017	四川、河南、山东、江苏、湖北、内蒙古、吉林、黑龙江、安徽、辽宁

资料来源：国家统计局。

同时，对比四川省内的整个轻工业行业，我们也可以发现，白酒业已经成为四川省重要支柱产业和优势特色产业之一。多年以来，白酒业的年销售收入、年工业产值、年工业增加值、年利税额、年利润额、资产规模、从业人员数等统计指标均在四川省轻工业行业中占有非常重要的地位。在2017年，四川省规模以上工业企业中轻工业企业资产总计9062.97亿元，主营业务收入13525.70亿元，利润总额976.41亿元。其中，包括白酒业在内的酒、饮料和精制茶制造业的主营业务收入达到2910.43亿元。而农副产品加工业、食品制造业、烟草制品业则分别完成2649.98亿元、1084.67亿元、201.54亿元。在利润总额方面，包括白酒业在内的酒、饮料和精制茶制造业达到324.22亿元，位居轻工业行业之首。[1]

我们需要看到的是，酒、饮料和精制茶制造业能够有如此突出的表现与白酒业的发展和提升有密切关系。2017年，四川省的工业经济增长较快，规模以上工业41个行业大类中有34个行业增加值增长。其中，酒、饮料和精制茶制造业比上年增长13.7%，白酒产量达到372.4万千升，比上年增长9.0%。[2]（见表14.2）

---

① 资料来源：《四川统计年鉴》（2018）。
② 资料来源：《2017年四川省国民经济和社会发展统计公报》。

表 14.2 2017 年规模以上工业企业主要产品产量及其增长速度

产品名称	单位	绝对数	比上年增长（%）
原煤	万吨	4659.9	-16.5
汽油	万吨	280.3	9.3
天然气	亿立方米	356.4	20.0
发电量	亿千瓦小时	3340.0	7.3
铁矿石原矿	万吨	14440.4	-2.6
生铁	万吨	1899.7	9.6
粗钢	万吨	2026.3	10.2
成品钢材	万吨	2491.2	2.0
十种有色金属	万吨	67.8	24.4
农用氮磷钾化学肥料（折纯）	万吨	414.9	-0.2
饲料	万吨	1582.4	5.8
精制食用植物油	万吨	206.8	-17.6
白酒（折65度，商品量）	万千升	372.4	9.0
啤酒	万千升	240.7	-1.6
卷烟	亿支	734.1	9.9
纱	万吨	103.6	4.5
布	亿米	16.4	-7.9
化学纤维	万吨	126.5	6.8
彩色电视机	万台	1051.3	-5.4
家用电冰箱	万台	83.2	-2.8
房间空气调节器	万台	316.1	55.4
水泥	万吨	13810.0	-4.0
平板玻璃	万重量箱	5568.5	3.7
中成药	万吨	49.5	0.4
汽车	万辆	150.8	15.0
电力电缆	万千米	337.4	23.5

产品名称	单位	绝对数	比上年增长（%）
电子计算机整机	万台	6981.7	17.6
移动通信手持机（手机）	万台	3178.0	−29.2

资料来源：2017 年四川省国民经济和社会发展统计公报。

可以说，从全国范围来看，四川省的白酒产业基础扎实、发展势头良好，整体发展水平稳居全国行业第一，从而奠定了四川省作为白酒大省的地位。但同时我们也必须正视，目前四川白酒业发展水平还不平衡，整体赢利能力还不强，实力薄弱的中小型白酒企业过多，生产、营销等领域同质化现象比较突出，品牌发展后继乏力，区域内市场竞争无序化问题严重。因此，四川省委省政府提出打造"中国白酒金三角"战略，从而加快四川名酒名镇建设，推进新型工业化和新型城镇化的快速发展。在此背景下，如何提高白酒行业集中度，实现白酒产业集群发展，提升白酒产业的市场价值与区域经济贡献率，将成为四川地方政府及相关企业关注的重点。

14.1.2　研究思路

虽然川酒的发展势头强劲，但是也应该保有危机意识，认真地探索更好更快提升川酒产业整体竞争力的策略。

产业集群是产业集聚的载体，反映的是企业在商务联系基础上所存在的地理组合现象。在产业集群内部，大量企业集聚一起，使区域内企业通过分工与协作来实现规模经济和范围经济，有利于企业群体以较低的成本从政府及其他公共组织获得公共物品或服务，加上集群生产规模的扩张带来单位固定成本的降低，从而节约更多的生产和运输成本。同时，通过政府功能的有效发挥可以为管辖范围内所有市场主体创造公平的竞争和创新环境，提供一种促成和调整集群中的企业与公共组织之间所结成的各种联系的运行机制，进而提高产业集聚中企业间合作的效率。可以说政府行为与产业集群发展之间存在着互惠互利的合作关系。企业组织、地方政府部门、科研机构、金融信贷机构、社会中介组织等之间的关系特征将直接影响产业集群的发展情况。

本文通过对有关产业集群发展和政府行为的基本理论进行总结和综述，在分析老工业城市产业转型与发展所面临困境的基础上探讨地方政府功能发挥的不当之处以及政府管理的因应之策，继而重点探讨地方政府行为与白酒产业集群发展的关系，并结合企业家政府理论等公共管理学理论来合理定位白酒产业集群不同发展阶段中的地方政府功能，为川酒产业集群的发展提供借鉴参考。

14.2　主要概念及理论基础

14.2.1　产业集群的概念及优势

14.2.1.1　产业集群的定义分析

对产业集群的认识起源于100多年前英国经济学家马歇尔，他最早提出了产业区的概念，并从外部经济性的角度研究企业的外部竞争环境。他认为，企业的生产经营活动不仅为市场所引导，而且受同一市场上其他企业活动的影响，积极的外部经济，如专业化分工与协作、地方劳动力市场的形成、基础设施改善等，直接促成企业在一定空间相对集中，最终引起企业群落的出现。

作为古典区位理论的杰出代表和工业区位理论的创始人，韦伯把区位因素引入产业集群定义。他认为，集聚因素可分为两个阶段：第一阶段是通过企业自身的扩大而产生集聚优势，这是初级阶段；第二阶段是各个企业通过相互联系的组织而形成地方工业化，这是最重要的高级集聚阶段。在韦伯看来，产业集群就是在某一地域相互联系的企业的集聚体。其要素有三个方面：技术设备的发展使生产过程专业化，而专业化的生产部门更要求工业的集聚；劳动力的高度分工要求完善的、灵活的劳动力组织，劳动力组织有利于集聚的发生；集聚可以产生广泛的市场化，批量购买和销售，降低了生产成本，提高了效率。

迈克尔·波特将聚集的分析作为国家竞争优势分析的基础，并且把产业集群看作竞争优势的源泉。波特强调微观的经济基础和企业的作用，认为竞争力来源于有利于竞争的国家和区域环境。波特认为，实现区位繁荣的关键是建立一个能够使国家有效率地使用和提升要素投入的商业环境和支撑机构。产业集群和集聚经济是形成竞争力的关键，产业集群不仅可以减少交易成本，而且可以形成信息和专业机构服务。因此，波特将产业集群定义为"在一个特定区域内一群相互联系的公司和各种组织在地理上的集中"，在特定领域中，一群在地理上集中，且有相互关联性的企业、专业化供应商、服务供应商、相关产业的厂商，以及相关的机构所构成的群体就是产业集群。

新制度经济学家威廉姆森在其著作《市场和等级组织》中，从生产组织形式的角度提出产业集群是基于专业化分工和协作的众多企业集合起来的组织。他认为，这种组织结构是介于纯市场组织和科层组织之间的中间性组织，它比市场稳定，比层级组织灵活，这种中间组织是克服市场失灵和科层组织失灵、节约交易成本的一种有效组织形式。

罗森菲尔德强调社会关系网络及企业间的合作对产业集群的活力起决定性作用，他认为产业集群是相似的、相关联的或互补的众多中小企业在一定地理范围内的聚集：有着通畅的销售渠道、积极的交流及对话，共享社会关系网络、劳动力市场和服务，共享市场机会及分担风险。

在我国改革开放之初，随着东南沿海地区中小企业的发展，出现了大批特色城镇，并成为地方经济的支柱，由此初步形成了各具特色的产业集群。此后，随着相关理论的引入，我国学者开始关注国内产业集群问题。由于研究角度的差异，国内学者们对产业集群有着不同的理解，甚至有学者用其他名称来定义产业集群。曾忠禄认为产业集群是指同一产业的企业以及该产业的相关产业和支持产业的企业在地理位置上集中。[①] 王缉慈认为，产业集群是一组在地理上靠近的相互联系的公司和关联的机构，由于具有共性和互补性而联系在一起。[②] 张辉侧重于从经济组织形式的角度对产业集群进行研究，他认为产业集群主要是指集中于一定区域内特定产业的众多具有分工合作关系的不同规模等级的企业和与其发展有关的各种机构、组织等行为主体通过纵横交错的网络关系紧密联系在一起的空间集聚体，代表着介于市场和等级制之间的一种新的空间经济组织形式。[③]

可以说，产业集群是产业发展演化过程中形成的一种地缘现象，是在某一特定领域中（通常以一个主导产业为核心），大量产业联系密切的企业及相关支撑机构在空间上集聚，并形成强劲、持续竞争优势的现象。

14.2.1.2 产业集群的优势

从国际国内产业集群的发展实践中可以看出，产业集群主要有以下三个基本特点：一是地域化集聚。企业集群最显著的特征之一，是相当数量的中小企业在一定区域内集中布局，由龙头企业带动，配套企业跟进，构成自发性企业群落，通过衍生、扩张，拓展为更大范围、更大影响的区域布局，从而集聚生产要素和释放规模效应。企业数量的集聚，一方面带来了产品的集聚，产生规模效应；另一方面还带来了信息的集聚、人才的集聚，大大加快了企业技术创新的步伐。二是专业化分工。由于集群内同类生产企业竞争激烈，促使企业向专业化方向发展，相当一批企业从彼此竞争的关系转变为上

---

① 曾忠禄.产业集群与区域经济发展[J].南开经济研究, 1997 (1).
② 王缉慈.关于外向型区域发展本地企业集群的一点思考[J].世界地理研究, 2001 (3).
③ 张辉.产业集群竞争力的内在经济机理[J].中国软科学, 2003 (1).

下游配套伙伴关系，不仅降低了成本，而且促进了创新能力的不断提高。正因为有了高度的专业化分工，大量劳动力可以就业，在一定程度上可以缓解就业压力。三是社会化协作。随着产业集群的发展，生产服务社会化程度不断提高，推动服务性工种逐步从企业内部转移到企业外部，一批专门从事服务的企业就会出现。同时，产业集群发展所集聚的人流、物流、资金流和信息流，还会带动运输、仓储、餐饮、娱乐、中介服务、金融保险等服务行业的发展。正是产业集群的这些基本特点，给企业在生产成本、区域营销和市场竞争各个领域都带来了较大优势。

首先，产业集群有助于提高产业集群组织内企业的生产率。作为资源的汇聚体，产业集群组织能使区内企业获得专业化的、经验丰富的雇员和供应商的支持，得到专业化的信息、技术的支持，以及享受政府或者私营部门联合提供的公共产品（如基础设施、培训计划、测试中心等）所带来的好处。产业集群组织的高生产率还在于其互补性业务的高质量和高效率，因为集群的成员是相互依赖的，一个成员的良好表现会增加另一个成员成功的概率。共存压力会提高竞争度，骄傲和良好表现的愿望驱使超越对手，这些可为产业集群组织内工作的人们提供更大的激励和驱动力。由于处于相似的环境，比如相同的劳动力、本地市场、资金供应情况及其他类似的活动，使绩效的衡量、比较更容易进行。所有这些使得产业集群组织具有获取和组合资源上的优势，从而大大提高产业集群组织内企业的生产率。

其次，产业集群有助于降低信息获取成本。产业集群组织内企业间以及企业与机构间具有多重信息交流和沟通渠道，除了正式渠道外，还有许多中间机制充当着信息桥梁的角色。另外，由于空间上的接近，大大降低了企业的信息获取成本。第一，企业获得的信息质量等级大大提高；第二，企业避免了距离导致的潜在利益损失；第三，企业提高了信息的搜索效率。所有这些都使得产业集群组织内企业可以获取的信息远较一个相对独立于其他产业组织的企业更为充分和完善，集群内企业获取各种生产经营信息的整体成本也大大降低。

再次，产业集群有助于降低交易成本，增进合作。创新和领先的压力以及追求外部资源支持的动力，促进产业集群组织内企业间的合作。合作规模的增大，导致合作成本减少。平等的市场地位相当程度上保证了交易双方互惠互利经济目的的实现，开放的信息交流环境可以有效减少交易前后的签约、监督和再谈判等因道德风险和机会主义可能带来的交易成本，这些因素减少了产业集群组织内企业间以及企业与机构之间合作中的协调和摩擦成本，大大增进了合作的可能性以及交易的发生量，从而使得合作更容易进行。

最后，产业集群有助于缩短创新周期，加快创新传播速度。在一定区域的产业集群内，由于激发企业胜出同行的强烈欲望的竞赛效应的存在，企业间的相互比较持续进行，促使企业不断改进管理，加速技术创新。这种高强度的持续比较的存在，加上创新资源的容易获取和追求领先的价值追求，使得创新在区域产业集群中不断产生，并迅速被集群内其他企业模仿，创新的价值得到快速实现和检验，这样创新周期不断缩短，创新循环不断加快。

14.2.2　产业集群发展中政府公共政策的功能

14.2.2.1　产业集群存在的局限性

产业集群虽然兼顾了企业与市场的双重优势，对某些交易的组织比纯粹的市场和企业更具效率，但就像市场不是万能的一样，产业集群也不是万能的。

首先，产业集群在公共产品提供方面同样是低效率的。产业集群需要一种硬约束制度安排来规范企业行为，但它是一种具有非排他性和非竞争性的公共产品，每个企业从这种制度中获益并不会造成其他企业效用的损失，同时制度创新者也不能有效阻止"免费搭车"行为。因此，遵循利润最大化原则的创新者在进行成本收益分析后，必然丧失创新的动力，导致产业集聚所需的硬约束制度供应不足。此外，产业集聚需要有良好的外部环境和公共服务，比如公共基础设施建设、区内文化氛围的培育和提高、公平竞争的市场环境的创造，以及其他公共服务（信息咨询、技术服务等），都是市场本身所不能提供的。

其次，产业集群由于权威机制的作用能够比市场更有效率地减少产生负外部性的产品的产出水平，但权威机制的作用只能使部分负外部性得到一定程度的缓解，大多数的外在性，特别是有关环境的外在性问题，仍然会产生外部不经济。这就需要有一个强有力的引导力量来防范外部不经济的产生，使产业集聚健康发展。

最后，产业集聚极有可能带来区域经济发展的不平衡。比如我国沿海地区经济发达，具有较好的商业区位优势，投资主体的投资区位选择和劳动力的流动都趋向于东南沿海，因而产业集聚容易在这些地方衍生发展，从而进一步增强这些地区的优势，使得建立在高度专业化分工基础上的产业配套条件更为完善，进一步加大中西部产业集聚的难度。虽然产业集群的辐射功能能够带动区域外经济的发展，但随着地域的扩展，辐射力也会逐渐弱化，因而会加剧东西部经济发展的失衡。

14.2.2.2 产业集群发展中政府政策的作用

可以说，克服产业集群存在的局限性，促进产业集群之间竞争优势的形成，以及产业集群内部合作策略的形成，都离不开政府在其中的作用。因此，政府实施集群政策的必要性，反映在政府在产业集群之间以及产业集群内部，起到促进经济增长的作用。

政府在产业集群中实施政策的动因可以归纳为产业集群之间与产业集群内部的动因。内外动因促成了政府政策在产业集群中有效发挥作用，从而促进整个产业集群网络的健康发展。政府实施集群政策，从产业集群之间以及产业集群内部两个角度，对产业集群的发展或者衰退产生重要的影响。

第一，关于产业集群之间的区域竞争力。政府对产业集群现象的关注和实施产业集群政策的动因首先源自于集群产生的经济绩效，其中包括更高的经济增长率、产业生产率的提高、利润的增加、新创企业数量的增多和就业机会的增加等。简而言之，就是集群有助于提升整个产业的竞争力、区域经济的竞争力甚至一个国家的竞争力，促进区域或国家的经济增长，因此也就不难理解在市场竞争日趋激烈的环境下，以推动本地区可持续性的经济增长为己任的地方政府对于产业集群这种同其目标相契合的现象的关注了。

同时，在一系列可供选择的区域经济开发政策中，政府对于产业集群政策的偏好也与其自身组织行政管理服务的特点有关。这是因为，首先原有的政策大都按照政府部门自身所具有的功能来加以分类，如融资部门、人员培训部门、技术支持部门等，而不区分行业。这样的对于行业来说的"通用"组织形式为处于不同产业的企业收集获取自身所需要的支持制造了很大的困难。而针对不同产业集群特点组织的集群政策能较好地解决这一问题。其次，集群导向的政策也可以使政府在面临日益激烈的竞争和多变的市场需求条件下提高自身的效率，增强其自身的快速反应能力和调节能力，满足企业创新和发展的需要。

第二，关于产业集群内部的福利目标。从福利经济学角度看，政府干预经济的目标是使本国福利最大化。由于产业集群会产生正的外部性：分为有形外部性和无形外部性两种，因此集群和"租"有关。对于一个封闭经济来说，集群产生的租必将为国内生产要素或消费者所得，从而政府给予集群的补贴最终也会留在国内。但对于一个开放经济体来说，集群产生的租有可能流向国外，这种可能性越高，则政府给予集群补贴的可能性越小。所以将集群产生的"租"尽量留在国内从而促进本国福利的最大化就构成了政府干预集群的又一动因。

同时，政府政策也为了达到产业集群内部的公平目标。除了经济效率之外，政府还肩负着促进公平的职责。从经济发展来看，这一公平目标就体现为政府维持各地区之间的平衡发展，促进落后地区的经济发展，提高低收入阶层的生活水平，对于一国或地区经济的健康可持续发展和维护社会稳定具有重大的意义。而一些以中小型企业为主的产业集群，尤其是一些劳动密集型的、利用低要素成本优势的传统型产业集群为带动落后地区经济起飞和就业率的提高制造了更多的机会，与政府的公平目标相吻合。

因此，政府倾向于实施集群政策，从产业集群之间以及产业集群内部两个角度，促进经济的增长。

14.2.3　企业家政府理论的内涵

20世纪90年代，伴随着西方传统政府官僚体制危机的加深，发达国家政府掀起了新一轮的行政改革热潮。其间，奥斯本和盖布勒提出了"企业家政府"这一概念并进而将其发展成为一种理论，指出应该用企业家精神来改革或重新塑造政府。企业家政府理论的宗旨就是试图把企业管理的精髓移植到政府中来，通过改变官僚政府内部的管理机制和内部驱动力，来达到重新塑造政府形象的目的。

首先，企业家政府理论说明了政府的本质及其存在的必要性。指出政府"是我们用来作出公共决策的一种机制"，是我们解决共同问题的方式，对于一切文明社会来说，政府都是必不可少的，因为客观存在的社会公共问题需要政府来解决。其次，企业家政府理论指出传统政府官僚体制存在的危机导致政府未能有效地运作。任何一种类型的政府体制都是特定社会环境的产物，面对已经变化了的社会环境，传统的官僚制政府组织形式已经无法适应时代的要求，产生治理危机也就在所难免。然而，问题的根本不在于在政府工作的人，而在于他们工作所在的体制。最后，企业家政府理论指出要从根本上提高政府工作效率，就必须改革政府的不良机制。面对迅速变化的信息社会及知识经济的挑战，奥斯本提出"为了使我们的政府重新变得有效，我们一定要重塑政府"，亦即用企业家精神来改革或重新塑造政府。

因此，奥斯本提出了改革传统政府官僚体制应当遵循的十项原则：

一是掌舵而不是划桨：即政府应该集中精力做好决策工作，而把具体的服务性工作承包给私营企业和非营利性机构去做。这样，政府可以居高临下，用政策吸引竞争者，保持最大的灵活性来应付变化着的环境，出色地扮演好自己的角色。

二是重妥善授权而非事必躬亲：即政府的行政专家们在公共管理中不应事必躬亲，而要善于授权，应注重发挥被服务对象——公众的主动性，鼓励

公众参与管理。

三是注重引入竞争机制：即政府应通过各种形式引入竞争机制，增强成本意识，提供优质服务，改善行政管理。

四是注重目标使命而非繁文缛节：即政府应摆脱繁文缛节的束缚，只是简单地界定基本目标和任务，再根据这一目标和任务制定必要的规章和预算，然后就放手让雇员去履行各自的责任。如果事情出错，也只是解雇肇事者。即要建立"任务驱动的政府"。

五是重产出而非投入：即政府应注重效果，评估政府各部门的表现及对其进行资助应以其政策效果为依据，而不是依据项目的多少。

六是具备"顾客意识"：这里的"顾客"是指政府公共组织的服务对象——公民，政府应重视顾客，应受顾客驱使，其工作的宗旨是满足顾客的需要，而不是官僚政治的需要。

七是有收益而不收费：即政府不应仅仅靠预算度日，而应具备一种"投资"观点，学会用各种形式集资、赚钱，为回报而投资，变管理者为企业家，变花钱政府为赚钱政府。

八是重预防而不是治疗：即政府应该着眼于以预防为主，而不是通过事后服务来挽回损失；应该是有预见力的政府，并集中精力做好两件根本的事情——使用少量钱预防，而不花大量钱治疗；在作出决定时，尽可能考虑到未来。

九是重参与协作的分权模式而非层级节制的集权模式：即政府应仿效企业领导者的做法，将集权式的管理权下放，将政府的层级节制模式变为参与协作模式，实行参与式管理。

十是重市场机制调节而非仅靠行政指令控制：即在公共管理活动中要善于建立市场机制，并充分发挥市场机制的调节作用，注重市场机制和行政机制的有效结合，以市场为依托，提高行政管理的效能。

14.3 老工业城市产业转型的困境及地方政府功能发挥的不当之处

14.3.1 老工业城市产业转型的困境

老工业城市主要是在中华人民共和国成立以前以及成立初期形成的，相比较其他类型城市来讲具有较长的工业化过程，形成了相对集中、较为齐全的工业门类，但是传统工业所占的比重过大、集中程度过高等问题也束缚了老工业城市的后续发展。根据王青云（2007）的测定，在四川省内，成都、泸州、自贡、乐山、攀枝花等城市属于老工业城市的范畴。① 在这些老工业城市转型过程中，工业企业发展的困境、转型机遇的发现与把握、政府职能的转换效果等将会对城市经济建设和发展前景产生直接影响。

14.3.1.1 产业结构转型缓慢，接续替代产业发展滞后，多元化产业格局没有确立

在高度集中的计划经济体制下，老工业城市依靠中央政策扶持和地区资源优势构建起自身的产业结构体系，往往以原材料加工制造和输出、自然资源开发和利用等作为产业发展的主要形式。老工业城市多以重工业为主，与轻工业和第三产业相比，它明显体现出技术构成较高、所需资本投入量大、对富余劳动力的吸纳力和消化力不强等特征。这在很大程度上限制了老工业城市产业结构多样化的可能性。

同时，从计划经济体制向市场经济体制的转型必然伴随着国企改制和产业结构调整。在传统产业发展面临困境的情况下，接续替代产业的发展如果无法弥补传统产业衰退造成的负面影响将会形成经济总量下降、经济发展环境恶化等问题，进而导致经济萎缩。

14.3.1.2 老工业城市转型中存在多种社会不稳定因素

工业（尤其是重工业）在老工业城市的产业结构中居于主导位置，往往以国有大中型企业的形式存在，不可避免会出现就业结构单一的问题。主导产业的调整困难，接续替代产业的发展迟滞，严重影响老工业基地的经济发展。许多产业工人的知识与技能无法适应产业升级的需要，国有企业劳动力资源的供需平衡被打破，引发结构性失业问题。同时，老工业基地城镇失业率高、下岗失业人员再就业难、国企职工的养老和医疗等社会保险问题等已经成为老工业基地转型过程中的突出问题。大量的国企下岗失业人员年龄偏大、技能单一、就业观念陈旧，有效地实现再就业的难度比较大。此外，由于经济增长乏力，老工业基地城市化进程明显缓慢，众多城市居民和进城务工人员处于贫困状态，也成为影响老工业城市转型的不稳定因素。

14.3.1.3 地方政府与企业、市场、社会的关系没有理顺，职能转变不到位

长期的计划经济体制使得市场经济观念滞后、体制发育不足。政府对国有企业的行政干预仍旧大量存在，对企业的生产和经营自主权还缺少足够的尊重。同时，由于体制缺陷和利益驱动，老工业城市政府仍然大量采用行政强制、行政干预等手段管理经济，从而制约了市场应当发挥的规律性作用。此外，政府仍然承担着许多原本理应由社会组织行使的职能，原本可以用经

---

① 王青云. 我国的老工业基地城市界定研究[J]. 宏观经济研究，2007（5）.

济手段、法律手段解决的问题仍倾向于通过行政手段来加以解决。可以说，长期计划经济的影响阻碍着老工业城市政府转变行政管理理念，对政府的权力、职能、责任及义务的理解还没有科学化。

14.3.1.4 老工业城市政府行政改革步伐缓慢，政策制定与执行效能较低

由于老工业城市转型过程中不可避免地会出现整体经济社会发展的滞后性，地方政府的职能转变及行政改革的步伐也较新兴工业城市等落后，政府行政管理机关的运行机制和管理方式无法适应市场竞争背景下企业发展的要求。一方面，为了拉动投资、增加就业、刺激 GDP，地方政府在土地供给、生产厂房建设等方面给民资、外资以优惠，从而通过降低企业经营管理成本的方式来吸引投资主体。另一方面，老工业城市政府又需要大力扶持本地国有企业的转型和发展。在外部资本与本土资本的竞争中，多年发展所积累的影响力使得国有企业在获取政府所掌控的信息渠道方面有着外部资本难以比拟的优势，从而容易出现国资、民资、外资等不同类型的资本在一个并不公平的市场环境中展开竞争的问题。

同时，老工业城市政府在针对产业发展、招商引资方面所制定的政策缺乏调整与优化，一些政策本身与上级或者国家出台的政策存在不一致的地方，可操作性较低，从而降低了政策本身的比较优势。再加上政府部门之间协调性低，个别机关在相关政策执行过程中存在着选择性执行的问题，对自身有利的政策内容就积极地执行，对自身有着不利影响的政策内容就不予执行，或者互相推诿，直接影响政策执行的有效性。

14.3.2 老工业城市政府功能发挥的不当之处

在老工业城市转型过程中，无论是产业结构调整、提供完善的社会保障，还是推动老工业城市所处地区的整体振兴，都离不开地方政府功能的有效发挥。然而需要注意的是，老工业城市政府在所承担的角色和功能上，还存在着"越位"、"缺位"和"错位"等典型问题。

14.3.2.1 政府功能的"越位"问题

所谓"越位"问题，即由于政府管了不该由其负责管理的事务所造成的。从市场的角度看，老工业城市政府主导着资源的配置权，控制着市场能够发挥基础性作用的领域，习惯采用强制性行政命令等干预手段来替代市场主体的自主交易行为，既当"裁判员"又当"运动员"的问题普遍存在。从企业的角度看，老工业城市政府对国有企业实施了大量的行政干预，甚至直接参与企业微观管理活动，而理应对企业发展所提供的宏观指导和政策服务则明

显不足，导致其管理自主权和经营决策权无法充分发挥。从社会的角度看，老工业城市政府依旧充当着社会公共事务管理的核心甚至是唯一主体，行使着理应由其他城市管理主体行使的职能。政府管理手段仍然以行政手段为主，经济手段、法律手段等常常被置于次要地位。

14.3.2.2　政府功能的"缺位"问题

所谓"缺位"问题，是由于政府没有管理应该由其负责管理的事务所造成的。社会主义市场经济体制的构建和完善让"看不见的手"与"看得见的手"这两种主要的资源配置方式被人们熟识。而在老工业城市转型过程中，"政府"这只"看得见的手"却发挥得并不尽如人意。因为很多时候，老工业城市政府"对应该管的事情没管好，甚至不去管，对应该办的事情没办好，甚至没去办，行政上不作为"①。

不可否认，老工业城市依然存在着因循守旧、不思进取的公众群体意识和社会心理现象。传统计划经济体制下老工业城市因其庞大的国有经济产业体系的建设与发展占据着城市、区域、工业门类发展的制高点，加上国有企业为其职工提供了较为完善的福利保障措施，无论政府、企业还是社会公众都易于形成强烈的自我肯定意识和浓重的"守业文化"②。当改革开放向纵深推进时，老工业城市的工业门类面临调整、产业需要转型，经济不可避免地出现衰退。而适应了计划经济体制的国有企业往往难以正视眼前的困境，容易忽略对市场规律的认识和把握，忽视竞争对手所造成的种种压力，从而失去改革的方向和创新的动力；适应了国企经营机制的职工在下岗失业之后，难以继续享有由国企"办社会"所提供的福利待遇，加之其就业观念难以适时地调整，容易导致劳动力资源的闲置与城市贫困人口的增加。可以说，老工业城市政府缺乏对转型期公众群体意识和社会心理现象的系统认知与准确把握，将无法有效发挥"引路人"的功能。

14.3.2.3　政府功能的"错位"问题

所谓"错位"问题，是由于政府采取不当的方式管理具体事务所造成的。传统计划经济体制下"政府……把企业乃至其他社会实体的活动包起来，管到底，力求通过这个损益最小、效果最好的计划把零乱无序的经济和社会活动纳入秩序的范围之内"③。因此，老工业城市政府长期承担着"全能主义"式管理职能，企业与社会公众的自主性和积极性难以发挥。同时，经济增长

---

① 王阳．转型时期地方政府定位[M]．北京：人民出版社，2005．
② 董丽晶，张平宇．老工业城市产业转型及其就业变化研究[J]．地理科学，2008（2）．
③ 马敬仁．转型期的中国政府、企业与社会管理[J]．中国行政管理，1996（1）．

速度和发展水平在转型期的巨大落差使得老工业城市政府尤为关注经济指标的快速增长，容易出现重视短期目标的问题，导致经济领域的虚假繁荣。此外，结构性失业问题势必随着老工业城市转型的深入而进一步凸显，如果依然采取"重建设轻生活"的发展方式，没有将推动再就业和改善社会保障视作一项事关老工业城市转型成功与否的重大战略目标，则有可能导致发展经济与改善民生的关系失去平衡。

14.3.3 老工业城市政府促进产业转型与更新发展的对策思路

14.3.3.1 以科学发展观为指导思想，以可持续发展理论为实践指南，坚持以人为本的转型发展道路

在党的十七大上，胡锦涛总书记在《高举中国特色社会主义伟大旗帜 为夺取全面建设小康社会新胜利而奋斗》的报告中提出，科学发展观第一要义是发展，核心是以人为本，基本要求是全面协调可持续，根本方法是统筹兼顾，指明了我们进一步推动中国经济改革与发展的思路和战略，明确了科学发展观是指导经济社会发展的根本指导思想。因此，老工业城市政府在推动当地产业转型与更新发展时应当坚持以科学发展观为指导思想，抓住经济建设这个中心，把握传统产业的转型规律，转变经济发展方式，不断提高经济建设的质量和效益；要将老工业城市不同阶层群体的生存权和发展权放在极其重要的地位，将实现好、维护好、发展好最广大人民的根本利益作为转型与更新的重心。

同时，地方政府在促进老工业城市转型与更新发展中需要以可持续发展理论作为实践指南。可持续发展理论强调发展应当既满足当代人的需求，又不对后代人满足其自身需求的能力构成危害。埃金斯和马科斯尼夫更指出，可持续发展的概念不仅包括物质需要和社会经济需要，也包括资源配置方面的社会公平概念和道德伦理概念。因此，老工业城市在产业转型中应当走循环经济的道路，加大对工业废弃物的综合利用，提高工业原料的利用率，提高资源的利用程度，不断增加资源利用的附加值。同时，注重培育自主创新能力，不断引进和培养科技创新人才，使老工业城市的转型与更新以技术创新为依托。此外，在经济建设的同时地方政府还要从宏观上推动经济发展质量的提高，重视生态环境保护，解决经济社会协调发展的各个薄弱环节。

14.3.3.2 调整产业结构，发展接续替代产业，建立和完善多元化经济发展格局

首先，需要推动老工业基地的传统产业进行现代化改造，将现代信息技术引入企业发展过程中，加快企业的管理创新、制度创新。其次，推进技术改造，实现传统产业内部技术结构的调整，使传统产业对高新技术的吸收机

制和高新技术向传统产业的扩散机制同时运作，从而走工业集约式的经济发展道路。同时，老工业城市政府需要促进民营经济的发展和增强，建立适应市场经济要求的、有利于生产力发展的经济体制和运行机制。

在产业结构调整中需要发展接续替代产业。而老工业城市可以选择的接续替代产业应当依托现有资源、条件，结合所在地区的实际情况，来确立合理的发展目标，并且在选择、培育接续替代产业的基础上，建立和完善多元化经济发展格局，改变过去重复建设、产业结构趋同、产业发展同质化的倾向，在技术创新的基础上研发新型产品，推动新型产业的发展。

14.3.3.3　积极转变政府职能，推动老工业城市有效转型

老工业城市政府必须按照生产力发展的客观要求，通过宏观指导与政策服务来推动国有企业改革与非公有制经济发展。要科学地把握政企关系，厘清产权关系，推动国有经济逐渐从竞争性领域退出，并大力培育民营和外资经济发展的平台，促进老工业城市产业结构合理调整。

党的十八届三中全会通过的《中共中央关于全面深化改革若干重大问题的决定》指出，完善主要由市场决定价格的机制，凡是能由市场形成价格的都交给市场，政府不进行不当干预。因此，老工业城市政府要尊重市场经济规律，不断强化宏观调控职能，让市场真正发挥资源配置的决定性作用，凡是市场能够有效发挥作用的领域都要避免政府的直接干预，从而培育出发展市场经济的制度环境，避免政府凌驾于市场之上引发市场竞争的不公平问题。

除了强调市场导向，老工业城市政府还应注重将竞争机制导入公共服务之中，在确立竞争意识的前提下，最大限度地降低公共管理成本、提高公共服务的效益。同时，进一步放松对市场的限制，允许包括企业、非营利性组织在内的社会组织在公共服务场域参与竞争，继而提高老工业城市的整体福利水平。

14.4　地方政府对白酒业的扶持行为与白酒产业发展面临的挑战

14.4.1　白酒业发展中的地方政府扶持行为

据统计，2018 年上半年全国有 29 个省份生产白酒。其中，四川省以产量 188.26 万千升位列榜首。① 不可否认，随着宏观经济增速趋缓、严控"三公

---

① 2018 年上半年中国白酒产量前十省市对比 ［EB/OL］. (2018-12-10) ［2019-01-15］. http://www.chyxx.com/industry/201812/698323.html.

消费""塑化剂风波"等事件引发白酒行业经营环境发生了深刻变化。但是以白酒为核心产业的食品饮料产业群仍然在市场竞争中向前发展,并持续为四川的轻工业发展做出重要贡献。其中,四川地方政府的扶持对以白酒为核心的食品饮料产业的发展有着积极作用。

中华人民共和国成立后,四川的工业基础比较薄弱。四川是传统的农业大省,食品、纺织等轻工业相对发达,故向来四川省对食品饮料工业极为重视,可以说每届政府都把"食品饮料产业"作为工作重点。在四川省政府看来,以川酒为核心的食品饮料工业是沟通一二三次产业、统筹城乡经济发展、促进农产品增值转化、解决"三农"问题的重要产业。同时,无论在计划经济时代还是改革开放以后,四川省政府都积极申办并多次成功承办全国糖酒会,也为以川酒为核心的食品饮料工业提供了良好的交易平台。在2016年发布的《四川省国民经济和社会发展第十三个五年规划纲要》中明确提到关注传统优势产业重点领域,要以提高先进生产设备和工艺技术水平为基础,以全流程信息化改造为手段,强化行业标准建设,提升优化加工工艺,大力发展精深加工,形成大宗生产、特色加工、品牌引领的现代食品饮料生产制造体系,促进白酒饮料、肉制品、粮油制品、茶叶加工、特色果蔬加工等特色优势产业发展壮大,进一步提高国内外市场占有率。

可以说,四川地方政府对于白酒业的发展都有很强的发展意识,并且从财政补贴、贷款融资、技术改造、政策倾斜等方面对四川白酒业的发展提供了有力的支持。

四川省白酒产业的发展研究、规划做得很详细。长期以来,对于重点白酒企业的扩张,四川一直强调"放水养鱼"。早在1991年,四川就出台了全国首个酒类地方性法规——《四川省酒类管理条例》。该《条例》的实施,为四川白酒行业发展提供了良好的外部环境,市场秩序井然,行业发展进入良性循环。四川的经济专家在分析四川产业结构调整时,也总是把食品饮料业放在优势产业的第一位,为政府决策提供决策意见。①

2008年全球金融风暴发生以来,面对不太景气的国际国内经济环境,在房地产、建材、能源等行业纷纷出现显著下滑的背景下,从四川省委省政府到泸州、宜宾等地级市政府都意识到,白酒产业受宏观经济的影响相对较弱,为此更加重视白酒业的发展。许多地方政府纷纷在土地、资金、政策法规等多方面为白酒业的发展壮大提供支持。例如,泸州市财政每年安排不低于

---

① 孙延元、杨志琴.探秘川酒"大国崛起"[EB/OL].(2007-12-24)[2017-11-22]. https://www.globrand.com/2007/79680.shtml.

5000 万元酒业发展专项资金，集中用于支持窖池建设，以及酒类企业市场拓展、品牌培育、人才培训、发酵设备改造和固态白酒酿造溯源体系建设，扶持发展相关配套产业、名酒价格指数和白酒产业园区运营管理。同时，泸州市对规模以下首次纳入规模以上统计的酒类企业给予 6 万元一次性奖励；对新建投产并当年纳入规模以上统计的酒类企业给予 10 万元一次性奖励，奖励资金由市财政和属地财政各承担 50%。

由此可见，作为以白酒业为核心的食品饮料行业为四川轻工业发展做出了重大贡献，而各地政府的大力扶持又推动了白酒业等行业的快速发展，这样的倾斜和扶持无疑是居于核心地位的川酒能够不断取得全国瞩目成绩的强有力保障。

14.4.2　白酒产业发展面临的挑战

虽然四川白酒业的发展规模和速度在全国领先，而且知名品牌和企业数量众多，基本上覆盖了我国白酒领域的高、中、低各级市场。但是，我们也必须正视当前川酒行业面临的一些挑战。

14.4.2.1　区域内企业间竞争异常激烈，产业集中度有待提高

川酒品牌和企业数量众多，既表现出白酒行业的发展态势，又折射出市场竞争的激烈程度。在白酒高端市场上，五粮液、国窖 1573、红花郎、水井坊等品牌之间存在着激烈的竞争；在中端市场上，有五粮春、剑南春、泸州老窖特曲和郎酒等品牌展开激烈的竞争；在中低端市场上，丰谷酒、沱牌曲酒、全兴大曲、小角楼等品牌之间的竞争也非常激烈。[①]

可见，异常激烈的市场竞争关系加上不高的产业集中度将对川酒行业的发展产生负面影响。具体表现在：企业彼此需要花费大量资金进行酒类品牌的塑造和市场推广，难以充分发挥川酒在全国的整体竞争优势；不同发展水平、不同管理质量的企业共同存在，五粮液、泸州老窖等全国知名品牌与众多小微型酒类企业并存，致使川酒整体形象和产品质量的提高会受到一定程度的影响；各地为了扶持本地白酒企业的发展，很容易产生"地方保护主义"，对整个川酒市场的协调发展产生不利影响；众多中小型白酒企业难以投入足量资金来进行技术改造、产品研发和市场推广，相关专业人才的数量有限等。

---

① 泸州市人民政府关于印发泸州市千亿白酒产业三年行动计划（2018-2020 年）的通知 ［EB/OL］. 2018-07-03 ［2018-09-22］. http：//www.luzhou.gov.cn/zw/zcfg/szfwj/lsff/content_ 498478.

14.4.2.2 省内外物流发展水平有待提高

物流业是融合运输、仓储、货运代理和信息等行业的复合型服务产业，涉及领域广，对促进生产、拉动消费的作用大。作为地处西部的省份之一，近年来四川省物流业发展迅速，物流水平有了很大提高。但是，相对于川酒在全国的龙头地位，四川目前的物流水平尤其是广大农村地区的物流水平远不能满足川酒辐射全国市场的需要。这其中既有自然环境和自然条件的制约，因为四川盆地四面环山，北有秦巴山系，东有川东平行岭谷，南有云贵高原，西有川西高原，直接影响了盆地内外的交通运输效率，也有物流通道、物流公共服务平台等基础设施建设不完善的影响。同时，四川还缺乏一批服务水平高、竞争能力强的大型现代物流企业来为川酒发展提供服务。

14.4.2.3 白酒生产企业和产地的可持续发展能力不能有效增强

由于缺乏地方政府对白酒生产企业以及白酒行业发展的合理规划与有效引导，四川省内部分原酒产地并没有形成产业化集群的整体效应，企业可持续发展能力受到冲击。同时，由于白酒生产企业众多，政府指导和监管不力，容易引起市场管理过程中的混乱现象，从而出现一些小中型企业生产仿冒名牌产品、以次充好等问题。这些追求短期经济利益的行为正如竭泽而渔般侵蚀了白酒原酒产地的整体形象，也损害了川酒行业系统发展的基础。另外，包括成都邛崃等在内的四川原酒产地的生产企业如果未能实现技术更新、品牌建构以及市场推广，将长期处于白酒产业链的低端领域，成为其他酒类企业的生产车间，而无助于川酒综合实力的增强。

14.5 白酒产业集群发展中地方政府的功能

如前所述，《四川省"十三五"规划》中将以白酒为核心的食品饮料行业作为特色优势产业来推动，四川众多地方政府也对白酒业的发展给予积极扶持。诚然，在包括老工业城市在内的大中小城市经济建设和发展过程中，地方政府的功能发挥还存在着不当之处。同时，白酒行业自身的发展也面临着产业集中度不高、市场竞争异常激烈、物流服务水平较低以及企业可持续发展能力不强等挑战。因此，面对市场和政府的双重挑战或困境，白酒行业的发展需要系统规划、全面分析。我们认为，提高白酒行业的产业集中度，推动白酒产业集群发展是川酒行业整体发展的必然之路，而地方政府应当合理有效地发挥管理和服务功能，为白酒产业集群的发展提供必要的支持。

14.5.1 打造"服务政府",形成"顾客意识",为白酒产业集群形成的初期阶段提供必要的公共物品

公共物品是产业集群经济增长中"供给基础"的主要部分,能够带来广泛的正外部效应,对于产业集群经济持续增长具有重大影响,也会直接与产业的物质技术基础、投资的集聚程度以及投资环境有关,它们的运营状况将影响整个产业集群的投资和收入状况,最终影响产业集群经济增长的速度和持续时间。在产业集群发展的初期,政府直接干预不一定带来积极的结果,大多数情况下,产业集群都是企业内部分工与社会分工联合作用下产生的自发结果,是一种自发秩序的扩展。因此,按照企业家政府理论的观点来看,"社会大众对政府权威的认同和服从并非政府权威单向作用的结果,更非依靠强力的威胁就能达成,而是政府权威与社会大众的双向互动所致,离不开民众自觉的认知活动"①,政府需要"把公共服务对象重新界定为'顾客',让顾客们来选择公共服务",从而"建立一个真正方便公众的公众驱使型政府,而不是仅仅方便机构运作的机构驱使型政府"②。这样,将社会公众视作"顾客"的基础上做到"以民为本",从传统的官本位、政府本位走向民本位、社会本位,把关注的焦点直接对准"顾客"的需求,重视对政府管理行为的后果实施有效控制,以力争做到每项公共产品或服务的提供都能真正符合"顾客"的需求,地方政府在白酒产业集群发展初期阶段才能真正发挥支持和服务功能。

第一,加强白酒产业发展硬环境建设。由于区域的交通、通信等公共设施建设影响创新资源的流动,创新资源集聚的地区往往是交通便利、通信设备先进、物流服务发达、公共服务完备的地区,因此在当地白酒产业集群发展的初期,地方政府应当大力投资基础设施建设,便利的交通、运输、通信、物流、信息系统等生产服务设施建设对于产业网络获取升级的能力有显著的影响。

第二,改善城市和乡村生活环境。为了推动白酒产业集群发展,需要吸引和留住各类优秀的专业技术人才。而城乡生活环境和便利程度则是区位条件中的一个重要因素。地方政府在白酒产业集群发展的初期需要在酒类企业分布区域综合考虑生产、生活、居住、消费等多种功能的协调问题,从而不断优化此类区域的生活环境,真正吸引人才并留住人才。

---

① 丁煌. 政策执行阻滞机制及其防治对策[M].北京:人民出版社,2002:130.
② 张铭,陆道平. 西方行政管理思想史[M].天津:南开大学出版社,2008:303.

第三，建构适宜白酒企业创新发展的制度环境。技术创新是一个完整的系统，系统各部分的联系是有机的，对系统中任何一个子系统的忽视，都会引起系统功能的缺陷，即使系统中某一个子系统的功能很强，如果没有其相关系统的支持、协调、配合，系统整体功能也不能得到发挥。制度创新为技术创新提供了制度基础，只有科学的制度"土壤"存在，才能产生有效的企业技术创新激励机制。因此，要促进白酒产业集群的健康发展，地方政府应当建构合理的制度体系，尤其应当加强自身管理体制的创新，在机构设置、项目审批和市场管理等方面深化行政改革，明确服务意识，增强服务能力，不断优化白酒产业集群发展的制度环境。例如，在泸州市古蔺县，地方政府就确定了"超前、主动、快速、准确"的政务服务方针，对企业发展实施权力集中授放、行政审批前移，实现项目建设审批手续"一站式"办理，集中全县人力、财力、物力，整合优势资源，鼓励酒类人才资源开发，完善配套基础设施，优先保障土地、水、电、油等供应，着力帮助企业解决生产经营中的各种问题，全力为郎酒等龙头企业的发展提供最佳要素保障，创造最优服务环境。

14.5.2 打造"有事业心的政府"，形成"投资意识"，为白酒产业集群发展的成长阶段发挥积极推动功能

在产业集群发展的成长阶段，区域市场化进程还比较慢，开放程度也不高，企业综合实力还较弱，内生于产业集群的各类中介组织也未演化出来，市场机制的作用还没有得到充分有效的发挥，地方政府应当积极地推动产业集群发展。企业家政府理论指出，政府应当是"有事业心的政府，是有收益而不浪费的政府，它不应仅仅靠预算度日，它应学会用种种形式集资、赚钱，它主张以花钱来省钱，为回报而投资"，企业家政府的一个重要特征就是具有一种"投资"观点，要变管理者为企业家，变花钱政府为赚钱政府。[①] 因此，作为地方政府而言，既拥有法律法规授予的行政职权，又实际掌握较多可支配的要素资源，同时政府机关各机构、各部门之间也具有非常有效的网络渠道，应当在完善市场经济秩序、培育具体市场、创造产业集群成长所需环境等方面具有突出的优势。

第一，建设和提升白酒产业园区，促进白酒产业集群发展。工业园区是培育特色产业集群的有效载体。地方政府应当在有利于白酒产业集聚发展的背景下，营造白酒产业集群发展的良好环境，采取切实有效的政策措施，对

---

① 丁煌．政策执行阻滞机制及其防治对策[M]．北京：人民出版社，2002：382．

白酒产业园区建设给予扶持，积极鼓励和引导与白酒生产有关的配套企业向地区龙头企业所在园区集聚。例如，郎酒所在地古蔺县就依托古蔺县经济开发区，沿赤水河畔延伸至古蔺河谷，规划建设"一带两核多点"的"中国特色酱香酒谷"，从而培育以郎酒为龙头，仙潭和红军杯为两翼，金美、奢王府、巷子深等中小酒企为支撑的"一体两翼，多点支撑"的酒业发展格局。

第二，地方政府需要积极引导集群发展中大中型白酒生产企业组织结构的调整和优化，设立专业化机构为白酒企业提供技术创新、人才开发、资金融通、市场推广等方面的支持，尤其是推进集群中各类型企业与科研院所等社会机构的协作力度，从而深化分工，形成白酒产业集群发展的新格局。

第三，地方政府在白酒产业集群成长阶段初期，应当采取税费减免或给予补贴的方式引导生产企业集聚，推动白酒行业投资规模扩大。在产业集群成长阶段的中期，政府则需要规划引导不同规模的企业朝着更加适合的专业化分工方向发展，重点扶持行业龙头企业不断做大做强，并持续性地发挥大型企业的集聚经济效应，同时从资金、技术、人才资源等角度对集群中的中小型企业进行扶持，推动其调整发展方向，在深层次专业分工的基础上为集群内的龙头企业提供更加创新的配套服务，继而带动整个产业集群乃至区域经济的发展。例如，为了推动郎酒集团做大做强，古蔺县政府实行地方税收返还，将郎酒税收地方留存的35%返还郎酒集团用于名酒名镇建设；鼓励郎酒实行技术创新，对获得国家、省级等认可的科研、技改项目以及科研团队实施奖励，全力支持郎酒更好更快发展。

14.5.3 打造"有预见的政府"，形成"掌舵意识"，为白酒产业集群发展的成熟阶段发挥有效保障功能

产业集群形成以后，人口规模大规模集聚，产业集群规模普遍扩大。人口的聚集必然带动投资的集中，以及各种要素的空间聚集。当产业集群发展到成熟阶段，拥有知名品牌的大型企业居于主导地位，发挥积极影响，集群中的中小型企业则通过更加成熟的专业化分工或者创新型市场细分来发展。同时，产业集群的发展客观上会带来一定地域范围内的知名度，从而引发其他邻近地区或相似地区及企业组织的学习与效仿，集群原有的综合竞争优势也会逐渐呈现削弱态势。考虑到产业集群发展的成熟阶段将面临的挑战和困境，地方政府应当作出积极的回应，而不是消极被动地"修补"。企业家政府理论认为，政府应该有预见能力，其中心工作应该是"掌舵"而不是"划桨"。具有企业家精神的政府应该着眼于以预防为主，而不是通过事后服务来挽回损失，应该集中精力做好两件根本性的事情，使用少量钱预防而不是花

大量钱治疗，作出决定时要尽一切可能考虑到未来。① 因此，产业集群应当依托创新能力的提高来继续推进产品结构、产业结构的转型与升级，不断增强自身的综合竞争力。而地方政府则必须有预见地为产业集群的创新发展营造良好的外部环境。

第一，构建公平的市场竞争环境。企业家政府理论强调"政府工作运行主要依赖市场机制"，应当"运用一系列促进市场运行的措施来规范市场，调动各社会组织与个人的积极性"②。产业集群内部的创新是一种协作创新，既强调合作也重视竞争。集群内的市场竞争是否公平，创新资源能否通过市场机制实现自由流动和合理配置，对创新活动而言非常关键。因此，面对白酒产业集群成熟阶段的需要，地方政府应当重视并增强市场在资源配置过程中的决定性作用，政府则以协调者和裁判员的身份为集群内企业间的竞争提供公平的市场环境。

第二，增强产业集群内的信任水平，预防与消除产业集群负的外部效应。地方政府应当出台奖励型或惩罚型政策来规范、约束市场交易中存在的欺诈行为，控制集群内个别企业的市场投机行为，加大对假冒伪劣白酒产品生产行为的检查和打击力度，净化白酒产业集群的生产环境，从而在维护白酒产品质量和企业声誉的同时确保已经发展成熟的区域品牌效应和集群优势不会受到负外部性的影响，进而推进白酒产业集群的可持续发展。例如，面对2013年白酒"塑化剂"和"添加剂"事件所暴露出的部分白酒企业生产质量安全意识方面的隐患，古蔺县政府探索以法制为基础建立"白酒行业诚信数据库"，升级白酒检测标准和手段，加强对中小白酒企业，特别是原酒生产企业产品质量安全的检测力度，加大不合格产品后处理力度，确保古蔺酱酒品质和品牌竞争力。

[参考文献]

［1］2013年1~10月中国白酒产量分省市统计产业信息网。

［2］丁煌．政策执行阻滞机制及其防治对策［M］.北京：人民出版社，2002.

［3］董丽晶，张平宇．老工业城市产业转型及其就业变化研究［J］.地理科学，2008（2）.

［4］马敬仁．转型期的中国政府、企业与社会管理［J］.中国行政管理，

① 丁煌．政策执行阻滞机制及其防治对策［M］.北京：人民出版社，2002：384.
② 张铭，陆道平．西方行政管理思想史［M］.天津：南开大学出版社，2008：305.

1996（1）.

［5］孙延元，杨志琴．探秘川酒"大国崛起"［EB/OL］.中国营销传播网，2007-12-25.

［6］王缉慈．关于外向型区域发展本地企业集群的一点思考［J］.世界地理研究，2001（3）.

［7］王青云．我国的老工业基地城市界定研究［J］.宏观经济研究，2007（5）.

［8］王阳．转型时期地方政府定位［M］.北京：人民出版社，2005.

［9］曾忠禄．产业集群与区域经济发展［J］.南开经济研究，1997（1）.

［10］张辉．产业集群竞争力的内在经济机理［J］.中国软科学，2003（1）.

［11］张铭，陆道平．西方行政管理思想史［M］.天津：南开大学出版社，2008.

［12］资料来源：《2010 年四川国民经济和社会发展统计公报》。

［13］资料来源：《四川统计年鉴》（2011）。

［14］资料来源：《中国轻工业年鉴》（1996-2009）。

［15］资料来源：华经信息网，http：//www.chinaeir.com.cn/。

［16］资料来源：中国轻工业网，http：//www.clii.com.cn/。

15 基于消费者饮酒行为及影响因素的白酒企业发展策略研究

叶运莉 王甄楠 彭洋 刘娅 徐萍 全华 谢莉

（西南医科大学公共卫生学院，四川泸州 646000）

摘要：无论是在人际交往还是国家财政收入方面，白酒都起了至关重要的作用。酒已经成为了我国餐桌文化不可或缺的重要元素，成为人们沟通交流的重要桥梁。适量的酒精摄入对人们的健康有积极作用，而不良的饮酒行为不仅会对人们的身体造成极大伤害，还会引发相关社会问题。在经历了"黄金十年"的快速增长期后，由于国家各项政策的出台和多起负面事件的影响，白酒市场受到了不小的冲击，进入了低速增长期，形势不容乐观。本文将在调查问卷的基础上，了解川渝地区居民饮酒认知、态度及相关现状并分析其影响因素，为相关部门进行健康教育和行为干预提供科学依据；确定白酒消费的目标人群及其消费喜好，为企业制定全面、有效的营销策略提供依据，进而提高企业产品开发和品牌建立的成功率，促进白酒企业的健康发展。

关键词：白酒；消费情况；买酒；饮酒；营销策略；影响因素

15.1 问题的提出

中国是一个有着悠久历史文化的国家，西汉以来，白酒就已经走进了人们的生活（来安贵等，2018）。经过 2000 余年的进步与发展，白酒作为世界七大蒸馏酒之一，已经成为了一种中国符号，是一种文化的象征。如今，无论是在人际交往还是国家财政收入方面，白酒都已经成为了重要组

第一作者简介：叶运莉（1972— ），女，汉族，四川资中人，西南医科大学公共卫生学院教授，研究方向：慢性病流行病学。

成部分。

酒已经成为了我国餐桌文化不可或缺的重要元素，酒文化已经融入了人们生活的各个方面，成为人们沟通交流的重要桥梁。大量研究数据（李梦华等，2016）发现，适量饮酒能提高机体免疫力，对心脑血管等系统发挥保护性作用。但是，长期摄入过量的酒精会对人体造成多种危害，包括心脑血管病、酒精依赖、酒精性肝硬化、情绪障碍等疾病以及因交通事故、暴力等引起的伤害（WHO，2014；Shield et al.，2012）。有国外研究显示，在与长期饮酒相关的 200 多种疾病中，心脑血管病日益引起重视，主要包括高血压、心律失常、缺血性心脏病、缺血性和出血性卒中等（WHO，2014；Roerecke & Rehm，2012；Patra et al.，2010）。国内大量研究（何朝等，2017；范依宁等，2017；储新娟等，2017；李莹等，2017；吕文艳等，2017；李杰、顾月，2017；赵明月，2017）也显示，不当饮酒是心脑血管系统疾病（包括高血压、高血脂、高血糖、脑卒中、冠心病、心肌梗死等）的独立危险因素。此外，过量饮酒已经被证实几乎是所有类型癌症发生的独立危险因素（Polly et al.，2015；王一强等，2016）。杨展等（2017）的相关研究提示饮酒是农村老年人患抑郁症的影响因素之一。陈霆等（2017）研究发现孕期饮酒是新生儿先天畸形的危险因素之一，其 OR = 10.20，在所有危险因素中，仅次于孕早期病毒感染（OR = 10.39）。可见，饮酒行为与居民健康有关。目前国内很多地区都对当地居民饮酒行为现状进行过调查，结果显示各个地区饮酒率及其影响因素均有较大差异，可能与各地经济水平、文化习俗有关。

国家统计局数据[①]显示，2012 年以来，在国家财政总收入中，税收收入的贡献率一直维持在 80% 以上。而研究表明，在税收方面，白酒是仅次于烟草行业的贡献大户（王天，2000）。可见，酒类对于国家的经济影响是巨大的。2003 年到 2012 年是中国白酒业的"黄金十年"，在这期间，获得了许多骄人成绩，是整个白酒行业的快速增长阶段：2013 年的白酒产量是 2004 年的近 4 倍，销售额是 2004 年的 8 倍多，利润是 2004 年的 13 倍多（张晓梅，2016）。但是，由于 2012 年 11 月以来的"八项规定"、严控"三公"消费、"限酒令"、"酒驾入刑"和"塑化剂事件"等，白酒市场受到了不小的冲击，进入了低速增长期（王蕾，2017）。国家统计局数据[②]显示，六年来，居民的全年人均食品烟酒消费支出（从 2013 年的 4127 元/年增加到了 2017 年的

---

① http：//data.stats.gov.cn/easyquery.htm？cn=C01.

② http：//data.stats.gov.cn/easyquery.htm？cn=C01.

5374 元/年）虽然是呈逐年增长的趋势，但其增长率（从 2013 年的 8.9%降
至 2017 年的 4.3%）和所占有的人均消费总支出的比重（从 2013 年的 31.2%
降至 2017 年的 29.3%）却在逐年减少。可见，目前的形势对白酒业的发展是
非常不利的。因此，明确白酒消费者的实际需求，并以此来指导制定白酒市
场整体的营销策略是促进白酒业可持续发展所必须也是最关键的一步。

目前，尚缺少对川渝地区居民饮酒行为现状的调查研究；并且，虽然国
内关于白酒营销策略的研究较多，但大多仅是对企业的内部因素进行了分析，
并未考虑到消费者个人层面对白酒消费的影响，且大多局限在理论研究阶段，
并无明确的数据支持；或仅是针对某个白酒企业提出措施，且样本量较少，
并未从整个白酒行业的角度分析问题。

因此，本文首先在调查问卷的基础上，了解川渝地区居民饮酒认知、态
度及相关现状并分析其影响因素，为相关部门进行健康教育和行为干预提供
科学依据；然后确定白酒消费的目标人群，为白酒产品找准定位提供依据；
最后以 4P 营销组合（Product, Price, Place, and Promotion）为理论基础，对
买酒者和饮酒者两类人群进行分析，了解其白酒消费情况，明确消费者的实
际需求，希望能为企业制定全面、有效的营销策略提供依据，进而提高企业
产品开发和品牌建立的成功率，促进白酒企业的健康发展。

15.2 研究方案

15.2.1 研究内容

本文的研究内容主要包括以下几个方面：
（1）居民的一般情况；
（2）居民对白酒的认知、态度等；
（3）白酒消费群体的买酒情况和喜欢的产品类型；
（4）白酒消费群体的饮酒情况和喜欢的产品类型；
（5）饮酒者的行为生活习惯及健康状况；
（6）目前国内白酒市场营销策略和方法及存在的问题（查文献）。

15.2.2 研究对象

川渝地区 18~70 周岁的常住居民，无论户口在何地，在该地区居住满 6
个月者定义为当地常住居民，离开原居住地满 6 个月则不参与调查。

15.2.3　研究方法和过程

本文利用方便抽样的方法，以线上和线下调查两种方式，对川渝地区18~70周岁的常住居民利用自行设计的问卷"消费者饮酒行为及影响因素调查问卷"进行问卷调查。问卷主要内容包括：社会人口学特征，对白酒的认知、态度和消费等情况（技术路线详见图15.1）。

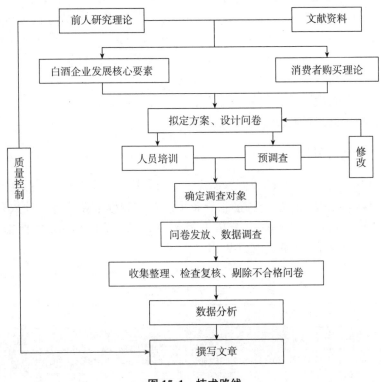

图 15.1　技术路线

15.2.4　相关指标定义

（1）饮酒认知得分：将属于饮酒认知相关题目的选项进行赋值（共有 4个题目，均为多选题），每个选项判断正确赋值 1 分，错误赋值 0 分，不知道对应整道题目得 0 分。最后计算出总分并换算为百分制。

（2）饮酒的定义：平均饮酒频率大于 1 次/周，且持续超过一年者。

（3）日均酒精摄入量及分级（中国疾病预防控制中心，2012）：每日酒精摄入量（g）= 饮酒频率（次/月）×每次平均饮酒量（两）×酒精浓度×50/

30。高度白酒、低度白酒、啤酒、葡萄酒、黄酒的酒精浓度分别是 0.52、0.38、0.04、0.10、0.18。日均酒精摄入量分级：适量饮酒：男性≤25g，女性≤15g；过量饮酒：男性>25g 且 <41g，女性>15g 且 <21g；危险饮酒：男性≥41g 且 <61g，女性≥21g 且 <41g；有害饮酒：男性≥61g，女性≥41g。

（4）不良饮酒：包括过量饮酒、危险饮酒和有害饮酒。

（5）白酒消费者：由于饮酒者是白酒市场的潜在买酒者，所以为使研究更全面，本文把近一年内买过和饮过白酒的两类人群均作为白酒消费者。

（6）4P 营销组合（McCarthy，1960）：即 Product（产品）、Price（价格）、Place（地点）和 Promotion（促销），产品包括产品本身、产品的包装、品牌和服务等，是市场营销过程的核心；价格实际是指价格组合，包括基础价格、折扣价格等；地点即产品进入目标市场分销的集合，包括场所、渠道、运输设施、储藏设施等；促销是企业以广告和推销等方式，达到短期内使产品销量大幅上升的目的。

15.2.5　统计学处理

利用 Epidata 3.02 软件建立数据库，录入数据。结果利用 SPSS 22.0 软件包进行统计学分析。计量资料正态分布采用均数和标准差描述，计数资料采用率和构成比描述，影响因素分析采用 $\chi^2/\chi^2_{趋势}$ 和多因素 Logistic 回归分析，检验水准 $\alpha = 0.05$。变量赋值如表 15.1 所示。

表 15.1　回归分析中的变量说明

变量	赋值			
是否为白酒消费者	0＝否	1＝是		
年龄（岁）	1＝18~30	2＝31~40	3＝41~50	4＝51~70
性别	1＝男	2＝女		
文化程度	1＝初中及以下	2＝中专/高中	3＝大专	4＝本科及以上
婚姻状况	1＝未婚	2＝已婚/再婚	3＝离异/丧偶	
家庭人均月收入（元）	1＝1000 以下	2＝1000~2999	3＝3000~4999	4＝5000~9999	5＝10000 及以上
职业	1＝专业技术人员	2＝商业服务人员	3＝工农业工作者	4＝其他	5＝学生
级别	1＝领导干部	2＝一般在职人员	3＝其他	
常住地类别	1＝农村	2＝乡镇	3＝城市	
亲人饮酒情况	0＝无经常大量饮酒	1＝有经常大量饮酒		

续表

变量	赋值			
饮酒认知	0=不及格	1=及格		
饮酒态度	0=不赞同	1=赞同	2=无所谓	
是否饮酒	0=否	1=是		
是否为不良饮酒	1=否	2=是		
获得知识途径数	1=1种	2=2种及以上		

15.2.6　质量控制

（1）研究设计阶段：查阅文献，与课题组成员讨论并确定研究内容，根据涉及内容制定初稿，再咨询专家意见并修改问卷，保证问卷的科学性和完整性。正式调查前进行预调查，然后根据预调查情况进一步修改问卷，将核心问题选入正式调查问卷的题目。

（2）调查员培训阶段：筛选认真负责的同学作为调查员，对调查员进行问卷调查培训，以保证收集的数据真实、可靠、完善。

（3）资料收集整理阶段：问卷填写完毕后，调查员检查核对无误后收回。

（4）资料整理阶段：加强调查表质量管理，安排数据管理员对资料进行复查，看有无漏填或缺页。弥补部分缺失值，剔除不合格不能补充完善的问卷（连续3个，不连续5个问题，核心关键项目1个问题没有填写的问卷）。采用 Epidata 3.02 软件录入数据并抽样检查，及时发现异常值进行复核，纠正错误，以减少信息损失。

（5）数据统计分析阶段：采用多因素分析以控制混杂偏倚。

15.2.7　伦理学考虑

在组织实施过程中，始终坚持自愿的原则，尊重参与者的自主权，在参与者知情同意的情况下才执行调查，并注意保护参与者的隐私。

15.3　研究结果

15.3.1　居民一般情况

本次调查共收集1270份问卷，有效问卷1260份（有效率99%）。在1260

位研究对象中，男性（49.9%）少于女性（50.1%）；平均年龄 M（P_{25}，P_{75}）为 38（27，47）岁；常住地为"城市"的最多（53.2%），其次为"农村"（29.3%）；文化程度在"大专"及以上占 68.7%；"已婚/再婚"（51.4%）比"未婚"（46.0%）的多；家庭人均月收入方面，"3000~4999"的最多（32.4%），其次为"1000~2999"（30.4%），"<1000"（12.6%）与"≥10000"（7.4%）较少（见表15.2）。

表 15.2　调查对象的一般情况

变量	分组	例数	构成比（%）
性别	男	627	49.9
	女	629	50.1
年龄（岁）	18~30	635	50.4
	31~40	227	18.0
	41~50	302	24.0
	51~70	96	7.6
文化程度	初中及以下	276	22.0
	中专/高中	117	9.3
	大专	231	18.4
	本科及以上	632	50.3
职业	专业技术人员	340	27.0
	商业服务人员	117	9.3
	工农业工作者	278	22.1
	学生	331	26.3
	其他	193	15.3
婚姻状况	未婚	557	46.0
	已婚/再婚	623	51.4
	离异/丧偶	32	2.6
家庭人均月收入（元）	<1000	158	12.6
	1000~2999	380	30.4
	3000~4999	406	32.4
	5000~9999	215	17.2
	≥10000	93	7.4

变量	分组	例数	构成比（%）
常住地类别	农村	365	29.3
	乡镇	218	17.5
	城市	664	53.2
合计		1260	100

注：部分数据有缺失，下同。

15.3.2　居民饮酒相关知信行

15.3.2.1　居民饮酒认知情况及影响因素分析

（1）居民饮酒认知情况。在 1260 位研究对象中，有 72.3% 表示均不同意"酒量练大了喝酒不伤身""酒没能量，不会影响体重""喝高品质的酒不会伤身"等不正确的饮酒观点。关于饮酒的作用，选择率较高的是"御寒"（58.6%）、"消除疲劳"（55.9%）、"增进友谊"（54.8%），但认为饮酒"有害无益"也有一定比例（9.6%）。关于有害饮酒行为，"空腹饮酒"（92.5%）、"常醉酒"（90.6%）、"饮急酒"（87.1%）、"长时间过量饮酒"（81.3%）的选择率较高。在与饮酒相关的疾病中，"肥胖"的选择率最高（87.1%），其次是"胃溃疡/胃出血"（79.9%）；但表示"上述疾病与饮酒都没关系"（1.7%）和"不知道"（4.6%）的也有一定比例（见表 15.3）。

表 15.3　居民对饮酒的认知情况

项目	选项	例数	选择率（%）
哪些饮酒观点是正确的？	喝高品质的酒不会伤身	149	11.8
	无论何种饮酒方式身体都会适应，慢慢无影响	78	6.2
	醉酒睡一觉就恢复了，不会造成长期影响	71	5.6
	酒没能量，不会影响体重	57	4.5
	酒量练大了喝酒不伤身	57	4.5
	以上观点均不同意	911	72.3
	不知道	68	5.4

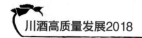

续表

项目	选项	例数	选择率（%）
适量饮酒有哪些作用?	有害无益	121	9.6
	御寒	738	58.6
	消除疲劳	704	55.9
	增进友谊	690	54.8
	养生保健	606	48.1
	使身心愉悦	401	31.8
	其他	79	6.3
哪些饮酒行为是有害的?	空腹饮酒	1166	92.5
	常醉酒	1142	90.6
	饮急酒	1097	87.1
	长时间过量饮酒	1024	81.3
	饮酒辅食为咸鱼、熏肠、腊肉等	701	55.6
	以上均不会有伤害	20	1.6
饮酒行为与下列哪些疾病有关?	肥胖	1097	87.1
	胃溃疡/胃出血	1007	79.9
	肝硬化	900	71.4
	肠胃炎	846	67.1
	肝癌	808	64.1
	肝炎	774	61.4
	脂肪肝	733	58.2
	高血压病	737	58.3
	冠心病	636	50.5
	脑卒中	563	44.7
	胰腺炎	526	41.7
	上述病与饮酒都没关系	22	1.7
	不知道	58	4.6
总计		1256	100.0

（2）居民饮酒认知得分情况及其影响因素分析。

①总分情况。数据分析结果显示，在1260位研究对象中，居民饮酒认知得分平均分为63.751±8.07，及格率为64.0%，最低分为13.33分，最高分为100分。

②影响居民饮酒认知得分的单因素分析。影响因素用 χ^2 检验先进行单因素分析，结果发现，在1260位研究对象中，性别、年龄、婚姻状况、文化程度、职业、常住地类别、获取知识途径数、亲人饮酒情况均与认知得分相关，差异均有统计学意义。在及格率方面女性（70.9%）明显高于男性（56.9%），通过多途径获取相关知识（71.7%）高于单一途径获取知识（55.9%），有亲人大量饮酒的（57.5%）低于无（66.3%）；未婚的（72.4%）高于已婚/再婚（57.0%）；随着年龄的减小、文化程度的升高，及格率有升高的趋势；居住地经济越发达，及格率越高（见表15.4）。

表 15.4　居民饮酒认知得分情况及其影响因素分析

变量	分组	调查人数	及格人数	及格率（%）	$\chi^2/\chi^2_{趋势}$	P 值
性别	男	627	357	56.9	26.57	<0.001
	女	629	446	70.9		
年龄	18~30 岁	635	460	72.4	44.54	<0.001
	31~40 岁	227	140	61.4		
	41~50 岁	302	158	52.3		
	51~70 岁	96	48	50.0		
文化程度	初中及以下	276	118	42.8	97.05	<0.001
	中专/高中	117	60	51.3		
	大专	231	149	64.5		
	本科及以上	632	476	75.3		
职业	专业技术人员	340	271	79.7	111.33	<0.001
	学生	331	239	72.2		
	其他	193	119	61.7		
	商业服务人员	117	58	49.6		
	工农业工作者	278	119	72.8		
婚姻状况	未婚	557	403	72.4	30.28	<0.001
	已婚/再婚	623	355	57.0		
	离异/丧偶	32	21	65.6		

续表

变量	分组	调查人数	及格人数	及格率（%）	$\chi^2/\chi^2_{趋势}$	P 值
家庭人均月收入	<1000	158	104	65.8	9.58	0.048
	1000~2999	380	238	62.6		
	3000~4999	406	246	60.6		
	5000~9999	215	155	72.1		
	≥10000	93	55	59.1		
常住地类别	农村	365	200	54.8	19.63	<0.001
	乡镇	218	144	66.1		
	城市	664	458	69.0		
获得知识途径数	单一途径	594	332	55.9	33.85	<0.001
	多途径	660	473	71.7		
有无亲人经常大量饮酒	无	926	614	66.3	8.29	0.004
	有	334	192	57.5		
对饮酒态度	赞同	357	205	57.4	15.88	<0.001
	无所谓	520	327	62.9		
	不赞同	382	273	71.5		
合计		1260	806	64.0		

③影响居民饮酒认知得分的多因素分析。采用非条件 Logistic 回归进行多因素分析，以认知得分情况为因变量，将单因素分析中有统计学意义的变量纳入模型，结果显示，在 1260 位研究对象中，性别、亲人饮酒情况、职业、获取知识途径数量、文化程度是饮酒认知得分的影响因素。与男性相比，女性的 OR 为 1.439（1.119~1.852）；与无亲人经常大量饮酒的相比，有亲人经常大量饮酒的 OR 为 0.748（0.568~0.985）；与专业技术人员相比，学生、其他职业、商业服务人员、工农业工作者及格率均低于专业技术人员，OR 分别为 0.564（0.390~0.816）、0.535（0.352~0.813）、0.393（0.240~0.644）、0.365（0.235~0.568）；与通过单一途径获取知识的人群相比，通过多途径获取饮酒相关知识的 OR 为 1.646（1.280~2.117）；及格率随文化程度的增高而增高，OR 为 1.292（1.127~1.481）（见表 15.5）。

表 15.5　居民饮酒认知得分影响因素的多元 Logistic 回归分析

变量	参照组	B	S. E.	Wals	Sig.	Exp（B）	EXP（B）的95%C. I.
性别	男	0.364	0.129	8.025	0.005	1.439	1.119~1.852
有无亲人经常大量饮酒	无	-0.291	0.140	4.287	0.038	0.748	0.568~0.985
职业	专业技术人员			24.074	<0.001	1.000	
商业服务人员		-0.934	0.251	13.790	<0.001	0.393	0.240~0.644
工农业工作者		-1.008	0.225	20.001	<0.001	0.365	0.235~0.568
其他		-0.625	0.213	8.582	0.003	0.535	0.352~0.813
学生		-0.573	0.189	9.219	0.002	0.564	0.390~0.816
获取知识途径	单一	0.498	0.128	15.070	<0.001	1.646	1.280~2.117
文化程度		0.256	0.070	13.555	<0.001	1.292	1.127~1.481
常量		0.081	0.297	0.074	0.786	1.084	

15.3.2.2　居民饮酒态度情况及影响因素分析

（1）居民饮酒态度情况。调查结果显示，在1260位研究对象中，对饮酒持"无所谓"的最多（41.4%），其次是"不赞同"（30.3%）和"赞同"（28.3%）。被问及喝白酒是否体现中国传统文化时，表示"赞同"的最多（47.7%），其次是"不赞同"（27.7%）和"不知道"（24.6%）。认为饮酒在交际中"重要"的最多（60.6%），认为"不重要"的较少（6.1%）。对亲人饮酒表示"不支持"的较多（59.4%），表示"支持"的较少（15.6%）（见表15.6）。

表 15.6　居民的饮酒态度 [n（%）]

变量	选项	例数	构成比（%）
您对饮酒的态度是	赞同	355	28.3
	无所谓	520	41.4
	不赞同	380	30.3
喝白酒是否体现中国传统文化	赞同	599	47.7
	不知道	309	24.6
	不赞同	348	27.7
您认为饮酒在交际中重要吗	重要	761	60.6
	关系不大	418	33.3
	不重要	76	6.1

续表

变量	选项	例数	构成比（%）
您是否支持您的亲人饮酒	支持	196	15.6
	无所谓	313	24.9
	不支持	746	59.4

（2）居民饮酒态度的影响因素分析。

①影响居民饮酒态度的单因素分析。采用 χ^2 检验进行居民对饮酒态度的影响因素的单因素分析，结果发现，在 1260 位研究对象中，性别、年龄、文化程度、职业、婚姻状况、亲人饮酒情况和饮酒认知得分是否及格均与认知得分相关，差异均有统计学意义。不赞成的比例，女性（43.5%）明显高于男性（17.1%）；职业为"专业技术人员"的最高（37.5%）；未婚的（33.3%）高于已婚/再婚的（28.7%）；有亲人经常大量饮酒（33.8%）高于无的（29.1%）；饮酒认知得分及格的（33.9%）高于不及格的（24.0%）；随着年龄减小、文化程度的升高，不赞成的比例有升高的趋势（见表 15.7）。

表 15.7　影响居民饮酒认知态度的单因素分析 ［n（%）］

变量	分组	赞成	无所谓	不赞成	$\chi^2/\chi^2_{趋势}$	P 值
性别	男	259（41.3）	261（41.6）	107（17.1）	147.37	<0.001
	女	96（15.3）	259（41.2）	273（43.5）		
年龄（岁）	18~30	144（22.7）	281（44.3）	209（33.0）	22.49	<0.001
	31~40	60（26.4）	96（42.3）	71（31.3）		
	41~50	113（37.4）	109（36.1）	80（26.5）		
	51~70	40（41.7）	34（35.4）	22（22.9）		
文化程度	初中及以下	103（37.3）	105（38.0）	68（24.6）	21.77	<0.001
	中专/高中	43（36.8）	42（35.9）	32（27.4）		
	大专	68（29.6）	94（40.9）	68（29.6）		
	本科及以上	141（22.3）	278（44.0）	213（33.7）		
职业	工农业工作者	117（42.1）	100（36.0）	61（21.9）	49.46	<0.001
	商业服务人员	35（29.9）	54（46.2）	27（23.9）		
	其他	52（26.9）	84（43.5）	57（29.5）		
	专业技术人员	87（25.7）	125（36.9）	127（37.5）		
	学生	66（19.9）	156（47.1）	109（32.9）		

续表

变量	分组	赞成	无所谓	不赞成	$\chi^2/\chi^2_{趋势}$	P 值
婚姻状况	未婚	118 (21.2)	253 (45.5)	185 (33.3)	23.29	<0.001
	已婚/再婚	203 (32.6)	241 (38.7)	179 (28.7)		
	离异/丧偶	14 (43.8)	11 (34.4)	7 (21.9)		
家庭人均月收入（元）	<1000	37 (23.4)	69 (43.7)	52 (32.9)	14.98	0.059
	1000~2999	98 (25.8)	150 (39.5)	132 (34.7)		
	3000~4999	122 (30.1)	165 (40.7)	118 (29.1)		
	5000~9999	70 (32.6)	99 (46.0)	46 (21.4)		
	≥10000	27 (29.0)	35 (37.6)	31 (33.3)		
常住地类别	农村	108 (29.6)	144 (39.5)	113 (31.0)	2.56	0.689
	乡镇	63 (28.9)	84 (38.5)	71 (32.6)		
	城市	183 (27.6)	286 (43.1)	194 (29.3)		
获得知识途径数	单一途径	185 (31.1)	242 (40.7)	167 (28.1)	5.40	0.067
	多途径	169 (25.6)	276 (41.9)	214 (32.5)		
有无亲人经常大量饮酒	无	240 (25.9)	416 (45.0)	269 (29.1)	20.34	<0.001
	有	117 (35.0)	104 (34.1)	113 (33.8)		
饮酒得分是否及格	不及格	152 (33.5)	193 (42.5)	109 (24.0)	16.21	<0.001
	及格	205 (25.5)	327 (40.6)	273 (33.9)		
合计		357 (28.3)	521 (41.3)	382 (30.3)		

②影响居民饮酒态度的多因素分析。用多分类结局的 Logistic 回归模型对饮酒态度影响因素进行分析，以饮酒态度为因变量，将单因素分析中有统计学意义的变量纳入模型。分析结果显示，在 1260 位研究对象中，赞同饮酒与不赞同饮酒相比，与学生相比，商业服务人员、工农业工作者更倾向于对饮酒持赞同态度，OR 分别为 1.888（1.048~3.403）、2.820（1.807~4.402）；与认知得分及格的人群相比，认知得分不及格的更倾向于对饮酒持赞同态度，OR 为 1.477（1.070~2.039）。无所谓态度与不赞同饮酒相比，与有亲人经常大量饮酒的人群相比，无亲人经常大量饮酒的更倾向于对饮酒持无所谓态度，OR 为 1.757（1.287~2.399）；与认知得分及格的人群相比，认知得分不及格的更易于对饮酒持无所谓态度，OR 为 1.400（1.038~1.887）（见表 15.8）。

表 15.8　居民饮酒态度影响因素的多元 Logistic 回归分析

①赞同②无所谓③不赞同		参照组	B	S. E.	Wals	Sig.	Exp（B）	EXP（B）的 95%C. I.
赞同	截距		−0.563	0.205	7.541	0.006		
	职业	学生	0b				1.000	
	专业技术人员		0.146	0.210	0.482	0.488	1.157	0.767~1.746
	商业服务人员		0.636	0.301	4.472	0.034	1.888	1.048~3.403
	工农业工作者		1.037	0.227	20.833	<0.001	2.820	1.807~4.402
	其他		0.366	0.248	2.168	0.141	1.442	0.886~2.347
	认知得分	及格	0.390	0.165	5.612	0.018	1.477	1.070~2.039
无所谓	截距		−0.181	0.185	0.957	0.328		
	亲人经常大量饮酒	有	0.564	0.159	12.577	<0.001	1.757	1.287~2.399
	认知得分	及格	0.336	0.153	4.855	0.028	1.400	1.038~1.887

15.3.2.3　居民饮酒行为情况及影响因素分析

（1）居民饮酒相关行为情况。分析结果显示，在 1260 位研究对象中，川渝地区居民饮酒率为 29.7%。饮酒者平均每天酒精摄入量为 24.23g。饮酒者中，适量饮酒者的（73.1%）比不良饮酒（26.9%）的多，过度饮酒、危险饮酒、有害饮酒分别占 10.5%、6.4%、10.0%。最常喝的酒种依次为低度白酒（46.8%）、啤酒（41.8%）、高度白酒（38.2%）、葡萄酒（25.9%）、家酿酒（17.8%）、药酒（10.2%）；饮酒原因中亲朋聚会（75.9%）、工作应酬（54.8%）、婚寿宴请（50.4%）的选择率较高。饮酒意愿中，主动与被动各占一半的选择率最多（38.3%），完全被动的最少（5.6%）。饮酒风格中随意、不拼酒的选择率最高（68.1%），主动劝酒拼酒的最少（4.8%）。饮酒方式中小口浅尝的选择率最高（72.2%）（见表 15.9）。

表 15.9　饮酒者的饮酒相关行为情况

变量	分组	例数	百分比（%）
酒精摄入量分组	适量饮酒	264	73.1
	过度饮酒	38	10.5
	危险饮酒	23	6.4
	有害饮酒	36	10.0

续表

变量	分组	例数	百分比（%）
最常喝什么酒（多选）	低度白酒	174	46.8
	啤酒	155	41.8
	高度白酒	142	38.2
	葡萄酒	96	25.9
	家酿酒	66	17.8
	药酒	38	10.2
您喝酒的原因（多选）	亲朋聚会	283	75.9
	工作应酬	205	54.8
	婚寿宴请	188	50.4
	释放压力	99	26.5
	调节心情	81	21.7
	习惯饮酒	70	18.7
	保养身体	66	17.6
	有点酒瘾	49	13.1
大岁数喝酒的意愿	各占一半	143	38.3
	多数被动	84	22.5
	多数主动	66	17.7
	主动喝酒	59	15.8
	完全被动	21	5.6
您的饮酒风格	随意、不拼酒	254	68.1
	每次严格限量	70	18.8
	接受拼酒	31	8.3
	主动劝酒拼酒	18	4.8
您的饮酒方式	小口浅尝	271	72.2
	细细品味	50	13.4
	一口一杯	46	12.3
	连干数杯甚至更多	6	1.6

（2）居民饮酒率影响因素分析。

①影响居民饮酒率的单因素分析。利用 x^2 检验做影响居民饮酒率的单因素分析，结果显示，在 1260 位研究对象中，性别、年龄、文化程度、职业、

婚姻状况、家庭人均月收入、饮酒认知情况、饮酒态度、家人饮酒状况均与饮酒率相关，且差异具有显著性（P<0.05）。饮酒率，男性（50.1%）高于女性（9.4%）；已婚/再婚的（42.2%）高于未婚的（14.2%）；饮酒认知得分及格的饮酒率（23.8%）明显低于饮酒得分不及格的（40.1%）；随着家庭人均月收入的增加，饮酒率有增加的趋势；随着学历的增高，饮酒率有降低的趋势（见表15.10）。

表 15.10　居民饮酒率单因素分析

变量	分组	调查人数	饮酒人数/饮酒率（%）	$\chi^2/\chi^2_{趋势}$	P 值
性别	男	627	314 (50.1)	249.1	<0.001
	女	629	59 (9.4)		
年龄（岁）	18~30	635	101 (15.9)	119.9	<0.001
	31~40	227	82 (36.1)		
	41~50	302	142 (47.0)		
	51~70	96	49 (29.7)		
文化程度	初中及以下	276	138 (50.0)	94.7	<0.001
	中专/高中	117	43 (36.8)		
	大专	231	74 (32.0)		
	本科及以上	632	99 (18.7)		
职业	专业技术人员	340	87 (25.6)	157.4	<0.001
	商业服务人员	117	58 (49.6)		
	工农业工作者	278	138 (49.6)		
	学生	331	25 (7.6)		
	其他	193	66 (34.2)		
婚姻状况	未婚	557	79 (14.2)	112.3	<0.001
	已婚/再婚	623	263 (42.2)		
	离异/丧偶	32	9 (28.1)		
家庭人均月收入（元）	<1000	158	27 (17.1)	28.1	<0.001
	1000~2999	380	99 (26.1)		
	3000~4999	406	130 (32.0)		
	5000~9999	215	75 (34.9)		
	≥10000	93	43 (46.2)		

变量	分组	调查人数	饮酒人数/ 饮酒率（%）	$\chi^2/\chi^2_{趋势}$	P 值
常住地类别	农村	365	115（31.5）	0.953	0.621
	乡镇	218	64（29.4）		
	城市	664	190（28.6）		
饮酒认知得分	及格	806	192（23.8）	36.8	<0.001
	不及格	454	182（40.1）		
您对饮酒的态度	赞同	357	201（56.3）	187.4	<0.001
	无所谓	521	129（24.8）		
	不赞同	382	44（11.5）		
有无亲人经常 大量饮酒	有	334	120（35.7）	8.5	<0.001
	无	926	254（27.4）		
合计		1260	374（29.7）		

②影响居民饮酒率的多因素分析。用非条件 Logistic 回归模型对饮酒率影响因素进行分析，以是否饮酒为因变量，将职业、饮酒态度、饮酒认知、婚姻情况均以哑变量纳入模型，分析结果显示，在饮酒率方面，在 1260 位研究对象中，与男性相比，女性 OR 为 0.158（0.112~0.224）；与未婚人群相比，已婚/再婚的 OR 为 1.803（1.197~2.714）；与专业技术人员相比，商业服务人员和学生的 OR 分别为 2.037（1.188~3.493）和 0.290（0.160~0.525）；与认知得分不及格的人群相比，认知得分及格的 OR 为 0.722（0.522~0.999）；与对饮酒持赞同态度的人群相比，对饮酒持无所谓和不赞同态度的 OR 分别为 0.334（0.235~0.474）和 0.182（0.117~0.283）（见表 15.11）。

表 15.11　饮酒率影响因素的多因素 Logistic 回归分析

变量	参照组	B	S. E.	Wals	Sig.	Exp（B）	EXP（B）的95%C. I.
性别	男性	-1.843	0.177	108.722	<0.001	0.158	0.112~0.224
婚姻状况	未婚			9.046	0.011	1.000	
已婚/再婚		0.589	0.209	7.965	0.005	1.803	1.197~2.714
离异/丧偶		-0.046	0.488	0.009	0.925	0.955	0.367~2.487
职业	专业技术人员			32.185	<0.001	1.000	
商业服务人员		0.712	0.275	6.694	0.010	2.037	1.188~3.493

续表

变量	参照组	B	S. E.	Wals	Sig.	Exp（B）	EXP（B）的95%C. I.
工农业工作者		0.341	0.222	2.374	0.123	1.407	0.911~2.172
其他		0.069	0.244	0.079	0.778	1.071	0.664~1.727
学生		-1.239	0.304	16.639	<0.001	0.290	0.160~0.525
认知得分	不及格	-0.326	0.166	3.875	0.049	0.722	0.522~0.999
饮酒态度	赞同			66.760	<0.001	1.000	
无所谓		-1.097	0.178	37.794	<0.001	0.334	0.235~0.474
不赞同		-1.705	0.226	56.831	<0.001	0.182	0.117~0.283
常量		0.584	0.269	4.693	0.030	1.792	

（3）饮酒者不良饮酒率的影响因素分析。

①影响不良饮酒率的单因素分析。单因素分析显示，在1260位研究对象中，在不良饮酒率方面，除了家庭人均月收入外，性别、年龄、文化程度、职业、婚姻状况、居住地类别、饮酒认知情况的人群均有显著差异（P<0.05）。男性（28.8%）不良饮酒率显著高于女性（14.3%）。随着文化程度的升高，不良饮酒率有明显下降的趋势。已婚/再婚的（32.3%）不良饮酒率高于未婚的（13.7%）。饮酒认知得分不及格的（31.8%）不良饮酒率明显高于及格的（22.2%）（见表15.12）。

表15.12 饮酒者中不良饮酒行为影响因素的单因素分析

变量	分组	饮酒人数	不良饮酒人数比例（%）	$\chi^2/\chi^2_{趋势}$	P值
性别	男	314	90（28.8）	4.57	<0.001
	女	59	7（14.3）		
年龄（岁）	18~30	101	10（10.6）	27.04	<0.001
	31~40	82	15（18.5）		
	41~50	142	52（37.7）		
	51~70	49	20（41.6）		
文化程度	初中及以下	138	57（41.6）	36.38	<0.001
	中专/高中	43	15（38.5）		
	大专	74	13（18.6）		
	本科及以上	99	11（9.6）		

变量	分组	饮酒人数	不良饮酒人数比例（%）	$\chi^2 / \chi^2_{趋势}$	P 值
职业	专业技术人员	87	13 (15.5)	19.87	<0.001
	商业服务人员	58	18 (31.6)		
	工农业工作者	138	50 (37.3)		
	学生	25	1 (4.3)		
	其他	66	15 (23.8)		
婚姻状况	未婚	79	10 (13.7)	9.90	<0.001
	已婚/再婚	263	83 (32.3)		
	离异/丧偶	9	2 (22.2)		
家庭人均月收入（元）	<1000	27	9 (33.3)	6.39	0.172
	1000~2999	99	34 (35.4)		
	3000~4999	130	29 (23.2)		
	5000~9999	75	15 (21.1)		
	≥10000	43	10 (23.8)		
常住地类别	农村	115	40 (34.8)	8.08	<0.001
	乡镇	64	20 (31.7)		
	城市	190	36 (20.1)		
饮酒认知	及格	192	41 (22.2)	4.28	0.039
	不及格	182	56 (31.8)		
饮酒态度	赞同	201	71 (36.2)	21.2	<0.001
	无所谓	129	23 (18.7)		
	不赞同	44	3 (7.1)		
家人是否饮酒	是	120	41 (35.0)	5.88	0.015
	否	254	56 (23.0)		
合计		374	97 (26.9)		

②影响不良饮酒率的多因素分析。用非条件 Logistic 回归模型对饮酒率进行影响因素分析，以是否为不良饮酒行为为因变量，将单因素分析中有统计学意义的变量纳入模型。分析结果显示，在 1260 位研究对象中，不良饮酒率随年龄的增高而增高，OR 为 1.492（1.109~2.006）；随文化程度的升高而降

低，OR 为 0.623（0.492~0.788）；与对饮酒持赞同态度的人群相比，对饮酒持无所谓和不赞同态度的 OR 分别为 0.451（0.254 ~ 0.800）和 0.154（0.044~0.535）（见表 15.13）。

表 15.13　不良饮酒率影响因素的多因素 Logistic 回归分析

变量	参照组	B	S. E.	Wals	Sig.	Exp（B）	EXP（B）的95%C. I.
年龄		0.400	0.151	6.998	0.008	1.492	1.109~2.006
文化程度		−0.473	0.120	15.549	<0.001	0.623	0.492~0.788
饮酒态度	赞同			14.119	0.001	1.000	
无所谓		−0.797	0.293	7.404	0.007	0.451	0.254~0.800
不赞同		−1.872	0.636	8.660	0.003	0.154	0.044~0.535
常量		−0.598	0.575	1.082	0.298	0.550	

15.3.3　居民白酒消费及影响因素分析

（1）居民白酒消费基本情况。为保证关键性条目数据的精确度，以下研究在 1260 份的样本量基础上再做出了筛减，最后确定样本量为 1149 份。在 1149 位研究对象中，有白酒消费者 725 人，白酒消费率为 63.1%，包括：近一年内买过白酒的 496 人（43.2%），喝过白酒的 615 人（53.5%），既买过也喝过白酒的 386 人（33.6%）。

（2）居民白酒消费的影响因素分析。

①单因素分析。对不同人群的白酒消费率进行分组比较，结果显示，在 1149 位研究对象中，不同年龄、性别、文化程度、婚姻状况、家庭人均月收入、职业、级别、亲人饮酒情况、饮酒知识回答情况和对饮酒的态度人群的白酒消费率不同，差异有统计学意义。白酒消费率随着年龄的增加而逐渐增加，从"18~30 岁"的 48.3%增加到了"51~70 岁"的 81.0%；男性（83.2%）高于女性（43.7%）；文化程度为"本科及以上"的比例最低（52.2%）；已婚/再婚人群（78.1%）高于未婚者（46.6%）；随着家庭人均月收入的增加而升高，从"<1000 元"的 52.0%增加到了"≥10000 元"的 81.1%；在职业方面，工农业工作者（84.3%）最高，学生（35.7%）最低；有亲人经常大量饮酒的（70.9%）高于无的（60.3%）；饮酒认知不及格的（71.5%）高于及格的（58.3%）；赞同饮酒的（86.3%）高于无所谓的（64.2%），高于不赞同的（41.3%）（见表 15.14）。

表 15.14　影响白酒消费的单因素分析 ［n（%）］

变量	分组	调查人数	消费人数	消费率（%）	$\chi^2/\chi^2_{趋势}$	P 值
年龄（岁）	18~30	586	283	48.3	92.262	<0.001
	31~40	204	158	77.5		
	41~50	275	216	78.5		
	51~70	84	68	81.0		
性别	男	565	470	83.2	192.639	<0.001
	女	584	255	43.7		
文化程度	初中及以下	247	197	79.8	68.108	<0.001
	中专/高中	105	73	69.5		
	大专	201	144	71.6		
	本科及以上	596	311	52.2		
婚姻状况	未婚	534	249	46.6	118.542	<0.001
	已婚/再婚	584	456	78.1		
	离异/丧偶	31	20	64.5		
家庭人均月收入（元）	<1000	150	78	52.0	29.263	<0.001
	1000~2999	346	197	56.9		
	3000~4999	368	242	65.8		
	5000~9999	195	135	69.2		
	≥10000	90	73	81.1		
职业	专业技术人员	307	200	65.1	165.469	<0.001
	商业服务人员	113	90	79.6		
	工农业工作者	235	198	84.3		
	其他	175	123	70.3		
	学生	319	114	35.7		
级别	领导干部	53	42	79.2	25.288	<0.001
	一般在职人员	477	332	69.6		
	其他	619	351	56.7		
常住地	农村	340	216	63.5	2.002	0.368
	乡镇	204	120	58.8		
	城市	605	389	64.3		
亲人有无大量饮酒	有	302	214	70.9	10.602	0.001
	无	847	511	60.3		

续表

变量	分组	调查人数	消费人数	消费率（%）	$\chi^2/\chi^2_{趋势}$	P 值
饮酒认知	及格	731	426	58.3	20.066	<0.001
	不及格	418	299	71.5		
对饮酒的态度	赞同	313	270	86.3	145.162	<0.001
	无所谓	478	307	64.2		
	不赞同	358	148	41.3		

②多因素分析。以"是否为白酒消费者"为因变量，将单因素分析中差异有统计学意义的变量作为自变量，进行多因素 Logistic 回归分析，结果显示：在1149位研究对象中，性别、婚姻状况、职业、亲人饮酒情况和对饮酒的态度是白酒消费行为的影响因素。与女性相比，男性的 OR 值为 5.054（3.680～6.940）。与未婚者相比，已婚/再婚的 OR 值为 1.689（1.131～2.521）。与学生相比，专业技术人员的 OR 值为 3.791（2.448～5.871），商业服务人员的 OR 值为 4.675（2.418～9.039），工农业工作者的 OR 值为 5.528（3.076～9.936），其他人员的 OR 值为 3.674（2.180～6.192）。与无亲人经常大量饮酒的相比，有亲人大量饮酒的 OR 值为 1.672（1.176～2.378）。与不赞成饮酒的相比，赞成的 OR 值为 6.612（4.207～10.392），无所谓的 OR 值为 2.683（1.922～3.745）（见表 15.15）。

表 15.15　影响白酒消费的多因素 Logistic 回归分析

变量	参照组	B	S. E.	Wals	Sig.	Exp（B）	EXP（B）的95%C. I.
性别	女	1.620	0.162	100.214	<0.001	5.054	3.680～6.940
婚姻状况	未婚			8.290	0.016		
已婚/再婚		0.524	0.204	6.567	0.010	1.689	1.131～2.521
离异/丧偶		-0.256	0.464	0.305	0.581	0.774	0.312～1.922
职业	学生			46.308	<0.001		
专业技术人员		1.333	0.223	35.653	<0.001	3.791	2.448～5.871
商业服务人员		1.542	0.336	21.031	<0.001	4.675	2.418～9.039
工农业工作者		1.710	0.299	32.671	<0.001	5.528	3.076～9.936
其他		1.301	0.266	23.871	<0.001	3.674	2.180～6.192
亲人饮酒情况	无	0.514	0.180	8.177	0.004	1.672	1.176～2.378

变量	参照组	B	S. E.	Wals	Sig.	Exp（B）	EXP（B）的95%C. I.
对饮酒的态度	不赞同			73.549	<0.001		
赞同		1.889	0.231	67.051	<0.001	6.612	4.207~10.392
无所谓		0.987	0.170	33.620	<0.001	2.683	1.922~3.745
常量		-2.326	0.202	132.361	<0.001	0.098	

15.3.4　白酒消费情况

15.3.4.1　买酒者的一般情况和买酒情况

（1）买酒者的一般情况。496位买酒者中，年龄为"41~50岁"的最多（34.9%）；男性（65.3%）多于女性（34.7%）；文化程度在"大专"及以上超过一半（55.6%）；婚姻状况方面，"已婚/再婚"（73.8%）比"未婚"（23.4%）的多；家庭人均月收入方面，"3000~4999元"的最多（33.1%），其次为"1000~2999元"（26.4%），"<1000元"（9.3%）与"≥10000元"（11.3%）较少；职业为"工农业工作者"的最多（31.9%），其次是"专业技术人员"（26.8%），"学生"最少（9.7%）；级别为"领导干部"的较少（6.7%）；常住地为"城市"的最多（51.8%），其次为"农村"（30.8%）（见表15.16）。

表 15.16　买酒者的一般情况

变量	分组	人数	构成比（%）
年龄（岁）	18~30	145	29.2
	31~40	121	24.4
	41~50	173	34.9
	51~70	57	11.5
性别	男	324	65.3
	女	172	34.7
文化程度	初中及以下	166	33.5
	中专/高中	54	10.9
	大专	90	18.1
	本科及以上	186	37.5

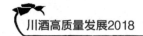
续表

变量	分组	人数	构成比（%）
婚姻状况	未婚	116	23.4
	已婚/再婚	366	73.8
	离异/丧偶	14	2.8
家庭人均月收入（元）	<1000	46	9.3
	1000~2999	131	26.4
	3000~4999	164	33.1
	5000~9999	99	20.0
	≥10000	56	11.3
职业	专业技术人员	133	26.8
	商业服务人员	70	14.1
	工农业工作者	158	31.9
	其他	87	17.5
	学生	48	9.7
级别	领导干部	33	6.7
	一般在职人员	225	45.4
	其他	238	48.0
常住地	农村	153	30.8
	乡镇	86	17.3
	城市	257	51.8

（2）买酒目的。近一年买过白酒的 496 人中，在买酒目的上，选择"招待客人"的比例最高（69.8%），其次为"自己喝"（48.0%）和"送礼"（44.2%）（见表 15.17）。

表 15.17　白酒购买者对买酒目的的回答情况

变量	分组	人数	相对比（%）
买酒目的（多选）	自己喝	238	48.0
	给亲人买	180	36.3
	招待客人	346	69.8
	送礼	219	44.2
	其他	18	3.6

（3）对各营销方式的态度和行为（产品、价格、地点）。在 496 位买酒者中，在买酒品牌方面，选择"无所谓"的构成比最高（35.7），选择"泸州老窖"（21.2%）、"五粮液"（10.7%）和"茅台"（4.4%）的比例依次降低。对于商品的包装，选择"注重"和"非常注重"（47.6%）的比"不注重"和"完全不注重"（22.6%）的多。在价格方面，选择"50 元以下"的比例最高（36.3%），选择"500 元及以上"的最低（9.5%），可以看出随着价格的增加，购买比例降低。在买酒地点方面，选择"酒类专卖店"的相对比最高（57.5%），其次为"连锁超市"（48.0%），选择"网购"（6.7%）、"别人推销"（3.4%）和"电话订购"（2.2%）的较少（见表 15.18）。

表 15.18　白酒购买者对各营销方式的的态度及行为

变量		分组	人数	构成比/相对比（%）
产品	品牌	无所谓	177	35.7
		泸州老窖	105	21.2
		五粮液	53	10.7
		茅台	22	4.4
		其他	137	27.6
	商品包装	非常注重	39	7.9
		注重	197	39.7
		无所谓	148	29.8
		不注重	102	20.6
		完全不注重	10	2.0
价格	常买白酒的价格（元）	50 以下	180	36.3
		50~149	146	29.4
		150~499	122	24.6
		500 及以上	47	9.5
地点	买酒地点（多选）	酒类专卖店	285	57.5
		连锁超市	238	48.0
		零售店	168	33.9
		网购	33	6.7
		别人推销	17	3.4
		电话订购	11	2.2

（4）对促销手段的态度及购买情况。在496位买酒者中，对于各种促销手段的态度，消费者回答"一般"的最多，都在40%～50%；在"免费品尝"、"买一送一"、"打折"和"送赠品"方面，认为好（选择"很好"或"比较好"）的比例均多于不好的（选择"不好"或"很不好"）；而在"广告"和"购物抽奖"方面，认为不好的比例相对较高。其中，在"打折"方面，消费者认为好（36.9%）与不好（21.3%）的比例差距最大。对于各促销手段的购买情况，有过购买经历的比例都不高，其中通过"打折"购买的比例相对最高（42.7%），其次是"买一送一"（35.7%）、"送赠品"（27.8%）、"免费品尝"（26.6%）、"广告"（24.4%），通过"购物抽奖"的最少（20.6%）（见表15.19）。

表15.19　白酒购买者对各种促销手段的态度及行为的回答情况

促销手段	态度					是否购买	
	很好	比较好	一般	不好	很不好	是	否
免费品尝	81（16.3）	82（16.5）	218（44.0）	85（17.1）	29（5.8）	132（26.6）	364（73.4）
广告	31（6.3）	85（17.1）	233（47.0）	114（23.0）	32（6.5）	121（24.4）	374（75.4）
买一送一	61（12.3）	96（19.4）	198（39.9）	110（22.2）	31（6.3）	177（35.7）	319（64.3）
打折	69（13.9）	114（23.0）	207（41.7）	86（17.3）	20（4.0）	212（42.7）	284（57.3）
送赠品	59（11.9）	83（16.7）	230（46.4）	97（19.6）	27（5.4）	138（27.8）	358（72.2）
购物抽奖	56（11.3）	60（12.1）	230（46.4）	115（23.2）	35（7.1）	102（20.6）	393（79.2）

注：括号外数字为人数，括号内数字为相对百分比。

15.3.4.2　饮酒者的一般情况和饮酒情况

（1）饮酒者的一般情况。615位喝酒者中，年龄为"18～30岁"的最多（39.0%），"51～70岁"的最少（9.1%）；男性（72.5%）多于女性（27.5%）；文化程度在"大专"及以上的较多（64.7%）；婚姻状况方面，"已婚/再婚"（61.6%）比"未婚"（35.9%）的多；家庭人均月收入在"3000～4999元"的最多（34.0%），"<1000元"（9.4%）和"≥10000元"（10.6%）的较少；职业为"专业技术人员"（28.6%）和"工农业工作者"（26.2%）相对较多，"商业服务人员"（12.7%）、"学生"（16.3%）和"其他"（16.3%）较少；级别为"领导干部"的较少（6.5%）；常住地为"城市"的最多（55.6%），其次为"农村"（27.6%）（见表15.20）。

表 15.20　饮酒者的一般情况

变量	分组	人数	构成比（%）
年龄（岁）	18~30	240	39.0
	31~40	134	21.8
	41~50	185	30.1
	51~70	56	9.1
性别	男	446	72.5
	女	169	27.5
文化程度	初中及以下	154	25.0
	中专/高中	63	10.2
	大专	126	20.5
	本科及以上	272	44.2
婚姻状况	未婚	221	35.9
	已婚/再婚	379	61.6
	离异/丧偶	15	2.4
家庭人均月收入（元）	<1000	58	9.4
	1000~2999	164	26.7
	3000~4999	209	34.0
	5000~9999	119	19.3
	≥10000	65	10.6
职业	专业技术人员	176	28.6
	商业服务人员	78	12.7
	工农业工作者	161	26.2
	其他	100	16.3
	学生	100	16.3
级别	领导干部	40	6.5
	一般在职人员	287	46.7
	其他	288	46.8
常住地	农村	170	27.6
	乡镇	103	16.7
	城市	342	55.6

（2）饮酒频率和原因。近一年内喝过白酒的 615 人中，在喝酒频率上，"偶尔喝"的比例占绝大部分（82.3%），其次为"经常喝"（13.7%）和"天天喝"（4.1%）。在喝酒原因上，选择"亲朋聚会"的相对比最高（76.3%），其次为"工作应酬"（50.7%）和"婚寿宴请"（42.6%）（见表 15.21）。

表 15.21　饮酒者饮酒频率和原因的回答情况

变量	分组	人数	构成比/相对比（%）
喝酒频率	偶尔喝	506	82.3
	经常喝	84	13.7
	天天喝	25	4.1
喝酒原因（多选）	亲朋聚会	469	76.3
	婚寿宴请	262	42.6
	工作应酬	312	50.7
	保养身体	74	12.0
	调节身体	107	17.4
	释放压力	130	21.1
	习惯喝酒	67	10.9
	有点酒瘾	52	8.5

（3）对各营销方式的态度和行为（产品、价格）。在 615 位喝酒者中，在白酒香型方面，选择"无所谓"的比例最多（33.5%），而选择"浓香型"（31.2%）、"酱香型"（11.4%）和"兼香型"（3.4%）的比例依次降低。在品牌方面，选择"无所谓"的构成比最高（42.6%），选择"泸州老窖"（15.8%）、"五粮液"（12.2%）和"茅台"（6.7%）的依次降低。在所喝酒的类型方面，选择"低度白酒"的相对比（42.9%）比"高度白酒"（32.4%）的高。在价格方面，总体来说，随着价格的增加，选择的比例有降低的趋势，选择"50 元以下"的比例最高（32.8%），选择"500 元及以上"的最低（9.6%）（见表 15.22）。

表 15.22 饮酒者对各营销方式的态度及行为

变量		分组	人数	构成比/相对比（%）
产品	香型	都不喜欢	98	15.9
		无所谓	206	33.5
		浓香型	192	31.2
		酱香型	70	11.4
		兼香型	21	3.4
		其他	24	3.9
	品牌	都不喜欢	74	12.0
		无所谓	262	42.6
		泸州老窖	97	15.8
		五粮液	75	12.2
		茅台	41	6.7
		其他	63	10.2
	饮酒类型（多选）	高度白酒	199	32.4
		低度白酒	264	42.9
		葡萄酒	199	32.4
		啤酒	270	43.9
		家酿酒	96	15.6
		药酒	43	7.0
价格	常喝白酒的价格（元/斤）	50 以下	202	32.8
		50~149	181	29.4
		150~499	166	27.0
		500 及以上	59	9.6

15.4 讨论

15.4.1 川渝地区居民饮酒相关知信行

15.4.1.1 认知、态度及相关行为现状

（1）居民对饮酒相关知识的认知程度较高。调查结果显示，在 1260 位研究对象中，大部分居民（72.3%）表示均能辨别出不正确的饮酒观点。在与饮酒相关的疾病中，消化道疾病的选择率普遍高于心脑血管疾病，可能是因

为在酗酒、醉酒、空腹饮酒等不良饮酒行为发生后，消化道疾病发作快且发生率高，心脑血管疾病则是一个长期慢性的进程，不易引起居民注意。因此，在进行相关健康教育活动时，应着重针对居民不知道、不熟悉的健康知识。将居民饮酒认知情况量化后显示，居民认知平均得分为63.751±8.07，及格率为64.0%，最低分为13.33分，最高分为100分。提示该地区居民对饮酒认知整体水平较低，且两极分化较大。

（2）对饮酒行为持肯定态度的居民较多。在1260位研究对象中，对饮酒持赞同态度的占28.3%；有60.6%认为饮酒在交际中重要，仅有6.1%认为不重要，这可能与中国的酒桌文化有关。众所周知，中国人喜欢在酒桌上谈事情，无论是生意、家常，还是日常的朋友聚会。饮酒在人际交往中占据着重要的地位。

（3）川渝地区居民饮酒率在全国各大省份中处于中间位置，不良饮酒率低于部分省份。在1260位研究对象中，居民饮酒率为29.7%，高于同类研究中（徐忠良等，2016；徐继英等，2014；郭生琼等，2016；张高辉等，2017；徐伟等，2017；陈轶英等，2013；蔡秋茂等，2014；白玛康卓等，2016）的天津市（26.8%）、上海市（26.1%），低于贵州省（32.1%）、山东省（35.9%）、安徽省（36.6%）、江西省（65.76%）、广东省（30.2%）、西藏拉萨地区（48.9%）。饮酒者平均每天酒精摄入量为24.23g，低于同类研究中的上海市（34.3g）、山东省（26.7g）、贵州省（25.2g），高于西藏拉萨地区（4.55g）。在饮酒者中，适量饮酒率、过量饮酒率、危险饮酒率、有害饮酒率分别为73.1%、10.5%、6.4%、10.0%。总不良饮酒（过量饮酒、危险饮酒、有害饮酒）占26.9%。其中，过量饮酒率、危险饮酒率及有害饮酒率均低于同类研究中的贵州省、山东省和安徽省。可见，各个地区居民饮酒行为存在差异，这可能与各地风俗文化、经济发展状况有关。但各地区对居民饮酒行为研究的时间不同，各地区经济水平、社会环境在不断发生改变，居民饮酒行为也可能会随之发生变化，横向比较会存在一定偏差。

15.4.1.2 不同特征人群饮酒认知、态度及相关行为差异

（1）性别与饮酒认知和饮酒率有关。在1260位研究对象中，女性认知得分及格率高于男性，OR为1.439（1.119~1.852），饮酒率低于男性，OR为0.158（0.112~0.224）。这可能是因为女性在生活中更注重养生保健，更加了解饮酒与健康的关系，该结果提示我们，在相关健康教育活动中，男性应作为重点对象。

（2）年龄与不良饮酒率有关。在1260位研究对象中，不良饮酒率随年龄的增高而增高，OR为1.492（1.109~2.006）。可能是因为，一般情况下，年

龄越大，饮酒年限越高；随着年龄的增长，交际应酬等需要饮酒的场合增多，饮酒者酒量会随之增加，且酒精具有一定程度的成瘾性，随着年龄的增加，饮酒者易养成危险饮酒、有害饮酒、酗酒等不良饮酒行为。这提示我们，健康的饮酒观念与饮酒行为应从年轻时养成，从年轻时提高对饮酒的认知，建立正确的饮酒观念，减少不良饮酒行为的发生。

（3）职业与饮酒认知、态度和饮酒率均有关。在 1260 位研究对象中，学生、商业服务人员、工农业工作者和其他职业的认知得分及格率均低于专业技术人员，OR 分别为 0.564（0.390~0.816）、0.393（0.240~0.644）、0.365（0.235~0.568）、0.535（0.352~0.813）；商业服务人员、工农业工作者比学生更倾向于对饮酒持赞同态度，OR 分别为 1.888（1.048~3.403）、2.820（1.807~4.402）；商业服务人员饮酒率高于专业技术人员，学生饮酒率低于专业技术人员，OR 分别为 2.037（1.188~3.493）、0.290（0.160~0.525）。可见，商业服务人员和工农业工作者应作为重点关注人群。这一结果可能与商业服务人员和工农业工作者的文化程度和工作性质有关。商业服务人员（包括商人、个体户）需要经常与客户谈判，饮酒的概率较其他职业高，而工农业工作者（工人、农民）通常文化程度较低，饮酒相关认知较低，且工作多为体力活，常有饮酒解乏的习惯，所以会更倾向于对饮酒持赞同态度。

（4）文化程度与饮酒认知和不良饮酒率有关。在 1260 位研究对象中，饮酒认知得分及格率随文化程度的增高而增高，OR 为 1.292（1.127~1.481），而不良饮酒率随文化程度的升高而降低，OR 为 0.623（0.492~0.788）。可见，文化程度为饮酒行为的保护因素。这可能与文化程度较高的人群接触的相关健康知识更多、保健意识更强有关，所以低文化程度人群应作为健康教育的重点对象。

（5）亲人饮酒情况和获取饮酒知识途径数与饮酒认知有关。在 1260 位研究对象中，有亲人经常大量饮酒的人群饮酒知识及格率低于没有亲人经常大量饮酒的人群，OR 为 0.748（0.568~0.985），由于本文为现况调查，不能确定是亲人的饮酒行为影响了被调查者的饮酒认知还是被调查的饮酒认知影响了亲人的饮酒行为，但可以确定的是家庭环境对人们健康行为的养成起重要作用，家庭成员之间的相互影响常会导致家庭成员之间健康行为的相似程度远远大于非家庭成员。所以，在进行健康教育的环节中，可同时对目标人群家人进行相关健康教育和干预，并通过家人进行共同教育的方式提升教育效果。通过多途径获取饮酒相关知识的人群及格率高于单一途径获取知识的人群，OR 为 1.646（1.280~2.117）；可见多样的传播方式与途径可以达到更好的健康知识宣传效果，相关部门在相关健康宣传的活动中可以丰富宣传方式和途径，从而更有效地达到健康教育的目的。

15.4.1.3 饮酒认知、态度及相关行为关系讨论

统计分析结果显示，在1260位研究对象中，认知得分不及格的人群比认知得分及格的人群更倾向于对饮酒持赞同态度，OR为1.477（1.070～2.039）；对饮酒持无所谓和不赞同态度的人群饮酒率低于对饮酒持赞同态度的人群，OR分别为0.334（0.235～0.474）、0.182（0.117～0.283），对饮酒持无所谓和不赞同态度的人群不良饮酒率低于对饮酒持赞同态度的人群，OR分别为0.451（0.254～0.800）、0.154（0.044～0.535）。可见，认知可以影响态度，态度可以影响行为，这是典型的知信行模式。知信行模式被广泛用于慢性病自我管理干预、临床疾病的预防和预后康复等多个领域。很多学者通过研究证实（张丽军，2015；安雪梅、杨再国，2015；彭娟等，2014）基于知信行理论的干预或健康宣教效果显著，有助于明显改善人们的健康相关行为。相关部门应运用知信行模式开展相关健康教育活动，提高居民饮酒认知，从而改变其饮酒态度，最终改变其饮酒行为。

15.4.2 白酒消费的影响因素分析

（1）白酒消费与性别有关。在1149位研究对象中，男性的白酒消费率是女性的5.054（3.680～6.940）倍，提示男性是白酒消费的主要人群。这可能是由于目前我国的商务应酬等社交活动仍然是以男性为主，因此这一类人群买酒和饮酒的概率都更大，提示大部分的白酒消费都有其特定的时间、地点，即主要还是在一些比较正式的场合，以达到助兴、交际等目的，这可能与我国的"餐桌文化"息息相关。所以，白酒生产商应该综合考虑白酒消费在时间和场合方面的特点，生产出在品质、知名度及自身特色等方面都有一定优势的白酒，以满足人们的消费需求。当然，虽然男性是白酒市场的主要消费人群，但目前白酒市场上符合男性需求的白酒品类及产量已经达到饱和，所以绝不可忽略女性群体。由于产品的积极创新能促进产品的长远发展（Van Heerde et al.，2003），所以如果白酒企业能够开发出符合女性消费者需求的白酒，或许能够在竞争如此激烈的白酒市场另辟蹊径。因此，今后有必要对女性喝酒的兴趣和爱好开展进一步的研究。

（2）白酒消费与婚姻状况有关。在1149位研究对象中，已婚/再婚人群的消费率是未婚的1.689（1.131～2.521）倍。这可能是已婚人群有更大的经济负担，如需要面对赡养父母、抚养子女、房贷车贷等，导致生活压力较大。这些生活压力可能会导致他们通过喝酒来调节心情或者释放压力；也可能促

使他们在工作上更投入、更拼命，为获得提升或者促成生意，以酒为媒介进行交际应酬的情况就会发生得更频繁。

（3）白酒消费与职业有关。在1149位研究对象中，专业技术人员、商业服务人员、工农业工作者和其他人员的白酒消费率依次为学生的3.791（2.448~5.871）倍、4.675（2.418~9.039）倍、5.528（3.076~9.936）倍和3.674（2.180~6.192）倍。这可能是因为学生与这些人群相比，每月生活费相对较少，无经济实力承担白酒这样的高消费活动；并且，学生的社会交往圈子相对更狭窄、更简单，无须通过喝酒来促进交往；也可能是作为年青一代，更倾向于选择啤酒或者葡萄酒，这提示白酒企业今后应该以除学生外的其他在职人群为营销重点人群。

（4）白酒消费与亲人饮酒情况有关。在1149位研究对象中，有亲人经常大量饮酒的人群的白酒消费率是无亲人经常大量饮酒的1.672（1.176~2.378）倍。原因可能是：有亲人经常大量饮酒的家庭，对白酒的需求量高于一般家庭，买酒行为的发生情况相对较多；亲人的饮酒行为可以对家庭其他成员进行持续、长期、有效的刺激，增加了他们接触白酒的概率，进而促进其饮酒行为的发生。

（5）白酒消费与对饮酒的态度有关。在1149位研究对象中，对饮酒态度为赞同和无所谓的人群的白酒消费率分别是不赞同饮酒的6.612（4.207~10.392）倍和2.683（1.922~3.745）倍。说明对饮酒的正向态度促进了白酒消费，这与心理学领域的研究结果一致，即态度是一种心理倾向，可以在一定程度上影响行为的发生（张红涛、王二平，2007）。因此，要想从根本上促进白酒消费情况的发生，就得改变人们对饮酒的负性态度。如何转变广大居民的消费观念，将是提高白酒消费率的重要影响因素。这与其他营销方法相比，更加可持续、受众面积更广，是白酒市场的一种健康的发展方式。当然，短期内成效可能并不显著，所以白酒企业必须要端正心态、持之以恒，在适量饮用白酒有益于健康方面进行深入研究，搞清楚什么是适量饮酒，然后加强宣传，让消费者了解合理饮酒的优点，从内心深处接受白酒，指导消费者合理饮酒，进而提高白酒消费率。

15.4.3　4P 营销理论层面上的白酒消费情况分析

社交饮酒成为主流。结果显示，在喝酒频率上，"偶尔喝"的占绝大多数（82.3%）。对于买酒目的，选择"招待客人"的相对比最高（69.8%），其次为"自己喝"（48.0%）和"送礼"（44.2%）。在喝酒原因上，"亲朋聚会"的相对比最高（76.3%），其次为"工作应酬"（50.7%）和"婚寿宴请"

（42.6%）。综合买酒目的和喝酒原因，可以看出：与其他快消品（刘新华等，2013；杨孟涵，2013）不同，大部分的白酒消费都有其特定的时间、特定的地点，即主要还是在一些比较正式的场合，以达到助兴、交际等目的，这可能与我国的"餐桌文化"息息相关。所以，白酒生产商应该综合考虑白酒消费在时间和场合方面的特点，生产出在品质、知名度及自身特色等方面都有一定优势的白酒，以满足人们的消费需求。

15.4.3.1 产品

（1）低度白酒市场大。在所喝酒的类型方面，选择"低度白酒"的相对比（42.9%）高于"高度白酒"（32.4%）。这与中国酒业协会副理事长兼秘书长宋书玉先生在"2017中国低度白酒发展高峰论坛"上的演讲提到的"目前我国42度以下的白酒产量接近整个总产量的50%"[①]的情况相吻合。当今社会，由于我国的酒桌文化，社交性饮酒已经成为主流，"能喝酒、喝得多"已经成为合作是否谈成的重要影响因素。在这种情况下，在生意场上，喝酒已经变得越来越频繁，喝酒的量也越来越多，由于低度酒有"不易醉、醒得快、对身体伤害相对没那么大"等方面的优势，因此选择低度酒的比例比高度酒更高。调查发现，选择"啤酒"（43.9%）的相对比高于"低度白酒"和"高度白酒"，就连选择"葡萄酒"（32.4%）的相对比也已经与"高度白酒"持平，这给本来就已经"内忧"的白酒市场增加了"外患"。当然，消费者选择"啤酒"和"葡萄酒"很有可能还是因为这两类酒有"不易喝醉、相对更健康"的优势。所以，低度白酒与高度白酒相比，不仅在其本身的性质上更能满足消费者"健康饮酒"和"理性饮酒"的需求，而且在与啤酒和葡萄酒等其他类型的酒竞争时也相对更有优势。今后白酒市场应该把握"一带一路""构建人类命运共同体"的契机，以"低度白酒"为纽带，在巩固国内阵地与啤酒、葡萄酒等其他类型的酒竞争时，更要把眼界放宽放远，积极开拓国外市场，寻找更大的发展空间，将我国白酒高度的文化自信、品质自信传送出去，让全世界了解中国白酒，喜欢中国白酒。

（2）浓香型白酒更受消费者青睐。在白酒香型方面，除了选择"无所谓"的最多（33.5%）外，选择"浓香型"的最多（31.2%），提示浓香型白酒仍然占据最主要的地位。这可能是因为与其他香型的白酒相比，浓香型白酒本身的香味有一种复合、醇厚感。并且，在众多白酒消费者看来，浓香型白酒承载了其地域文化，具有历史的厚重感。所以，在酒文化方面，浓香型白酒可能更符合饮酒者的心境与情怀，更能产生情感的共鸣。这就是所谓

---

① http://cjzx.suse.edu.cn/view-498.aspx.

的浓香型白酒的科学性、健康性与艺术性（信春晖等，2018）。

（3）不注重品牌的消费者所占比例较大，泸州老窖、五粮液、茅台在消费者中的选择率依次降低。在酒的品牌方面，无论是买酒者还是饮酒者，选择"无所谓"的构成比都是最高的，为40%左右，说明有相当大部分的人群并不注重品牌，不是某一品牌的忠实消费者，这一部分人群可能将会是各大白酒企业的主要争取对象。除此之外，两类人群选择"泸州老窖"（21.2%，15.8%）、"五粮液"（10.7%，12.2%）和"茅台"（4.4%，6.7%）的比例都是依次降低，但买酒者更倾向于购买"泸州老窖"这样的中高端白酒，而饮酒者中选择"茅台"和"五粮液"的比例高于买酒者。可以看出，在注重白酒品牌的消费人群中，买酒者更看重性价比，而饮酒者在能选择的情况下，更注重品质。

（4）消费者越来越注重品牌包装。对于商品的包装，选择"不注重"（20.6%）和"完全不注重"（2.0%）的较少，这说明约有80%的消费者还是更倾向于选择包装符合自己审美的白酒。此外，由于好的产品包装对产品的销售有促进作用（Marchini and Diotallevi，2011），并且，随着科学的进步与多种文化的冲击，人们对于包装容器的材质和外部印刷都有比较高的要求，即包装要共同满足健康、美学、时代潮流等多方面的要求。几千年来，将陶瓷用于白酒的包装一直是我国的传统，但陶瓷釉层的 Pb、Cd 等重金属可以在一定条件下溶出迁移至白酒溶液中（Lehman，2002），不仅影响了白酒酒质（刘沛龙等，1998；李丽等，2010），更会对人体健康造成伤害（Papaniko lau et al.，2005；Godt el al.，2006）。包装印刷图案上，以前大多主要是以表现该款白酒的文化内涵为主，且采用大红、大黄等正统色彩为主流，但现在的年轻人可能在传统文化的体会上稍逊一筹，所以，他们可能会更偏爱包装简单、有创意的产品。这提示白酒企业可以根据不同消费者的喜好对产品进行合理的包装。

15.4.3.2　价格

消费者选择酒类的价格大多数在 50 元及以下。在价格方面，总体来说，无论是从买酒者还是饮酒者方面来看，都有随着价格的增加、消费比例降低的趋势，选择"50 元以下"的比例最高，约为 35%；选择"500 元及以上"的最低，低于 10%。这提示高端白酒其实并不占优势。考虑到目前我国大多数居民的经济水平都还是处于偏低的情况，建议白酒企业还是要重点考虑消费者的消费能力，以生产出符合大众需求的平民化产品为主。

15.4.3.3　地点

酒类专卖店和连锁超市是白酒销售的主要地点。在买酒地点方面，选择

"酒类专卖店"的相对比最高（57.5%），其次为"连锁超市"（48.0%），"网购"（6.7%）、"别人推销"（3.4%）和"电话订购"（2.2%）的依次减少，这与范玉立（2017）在哈尔滨的调查结果一致。原因可能有：在酒类专卖店和连锁超市里，白酒品种较齐全，可以满足大多数消费者的购买需求；在这两种地方，消费者可以直接进行选购，能够更直观地感受各种白酒的差异，进而选择出最符合自己需求的白酒产品；另外，连锁超市本身也有其自己的品牌价值，消费者更倾向于认为这里所售卖的白酒质量相对更有保障，进而对其有更大的信任感。通过网购获得白酒的相对比较低，这与目前线上购物的总体情况是不一致的，这可能是由于目前市场上的白酒假酒较多，且不容易分辨，导致消费者对网购的信任度差。网购能提供更多的选择空间（包括更低价格、更多的品牌等），并且更方便省时，但是质量却不易得到保障，所以消费者为买到正品，放弃网购这一方式也是无可厚非的。这提示白酒企业今后可以采取官网直营的方式，将正品从企业直接输送到消费者手中，这样不仅克服了网购带给消费者的不信任感，也减少了白酒企业中间分销的成本，并且，这也为白酒生产企业提供了一个平台，使其能够与消费者直接沟通、交流，进而获得最有价值的反馈信息，然后采取最符合消费者需求的营销策略以促进其消费。

15.4.3.4 促销

"免费品尝""买一送一""打折""送赠品"等促销手段可以在一定程度上促进消费。总体来说，消费者对于各促销手段的态度都不是很积极，并且有过购买经历的消费者比例少，提示消费者对各种营销手段其实并不敏感。在"免费品尝"、"买一送一"、"打折"和"送赠品"方面，消费者的接受度更高。其中，在"打折"方面，消费者认为好（36.9%）与不好（21.3%）的比例差距最大，并且通过该种手段购买的比例最高（42.7%）。这提示对于消费者相对来说更喜欢打折时购买。但是，白酒企业在进行"打折"和"买一送一"的促销时，不可盲目跟风，一定要把握好"度"，虽然这两种促销方式可以带来暂时的销量上升，但也会造成消费者低估白酒价值情况的发生，反倒不利于产品品牌的建设（Tellis and Philip，2006），更注重品牌、品质的消费者可能倾向于放弃购买该类白酒。值得注意的是，在"广告"和"购物抽奖"方面，接受度和有过购买经历的比例都较低。首先，虽然广告能够增强品牌的知名度（Dekinpe and Dominique，1995），但目前的白酒市场广告投入过多，无论是电视媒体还是商场，大量的广告宣传造成了消费者视觉上的疲劳，以至于对广告所对应的产品产生抵触情绪，进而影响其消费欲望。另外，从各促销手段的分类来看，在"免费品尝""买一送一""打折"三个方面，消费者在获得商品时可以不支付或少支付费用，属于"价格促销"；但是通过"广告"的形式却并不能达到此类目的；而在"购物抽奖"与"送赠品"两种方式下，都是要先支付一定的金额购买白酒产品，只是在获得附属产品时，"购物抽奖"的成功率并不是100%，而"送赠品"却是100%可以获得的，所以消费者对"购物抽奖"产生更多的消极态度和更少的购买经历。建议白酒市场可以借鉴雁窝岛集团酿酒有限公司（范玉立，2017）的做法：在专卖店及网点发放限期优惠券，这种方式不仅可以刺激消费者的购买欲望，而且不会让消费者因为价格实惠而对产品进行错误的定位，进而对品牌建设产生消极影响。

15.4.4 研究的局限性问题

本调查存在志愿者偏倚。本次调查采用网络调查和线下方便抽样的方式确定调查对象，调查对象均为自愿填写调查问卷者，自愿者与非自愿者由于配合度不同，对白酒相关问题上的关注程度存在不同，可能产生志愿者偏倚。因此，样本可能并不完全具有代表性，可能会影响研究结果的外推。本文采用面访或自填问卷的调查方法，一些文化程度较低的人群，可能对部分问题的理解存在着一定的困难，会造成对问题回答的偏倚。对于家庭人均月收入和身体健康状况指标等问题，可能由于涉及隐私，被调查者可能更倾向于回答出大众人群所普遍接受的答案。另外还可能存在回忆偏倚。

15.5 结论和建议

15.5.1 本文的主要发现

（1）川渝地区居民认知及格率低，对饮酒持赞同态度的比例、饮酒率、不良饮酒率较高。饮酒相关知识得分及格率与性别、职业、文化程度、有无亲人经常大量饮酒、获取相关知识途径有关。居民饮酒态度与职业、饮酒认知得分和有无亲人经常大量饮酒有关。饮酒率与性别、职业、婚姻状况、饮酒认知得分和饮酒态度有关。不良饮酒率与年龄、文化程度和饮酒态度有关。居民饮酒认知需进一步提高，饮酒行为需进一步控制。有关部门应根据影响因素分析结果有针对性地进行健康教育和行为干预，从而提升居民健康水平。应重点关注男性、工农业工作者、较低文化程度等人群，通过知信行模式、家人或同伴共同教育等方式进行健康教育活动，进一步控制居民饮酒行为，提高居民健康水平。

（2）虽然川渝地区居民的白酒消费比例较高，白酒市场的发展空间相对较大，但是目前形势并不乐观。男性、已婚、有亲人大量饮酒、对饮酒的态度为"赞成"或"无所谓"、除学生以外的其他在职人群是白酒消费的主要人群。今后，白酒企业可以在本文的基础上，对白酒主要消费人群进行深入分析，确定其对白酒香型、度数、包装、价格、购买渠道和促销方式等方面的喜好，从而找准大众化白酒产品的定位。另外，白酒企业也要注重创新，加大对女性白酒产品的开发。今后还应加大对适量健康饮酒的研究，找到证据，积极宣传适度饮酒益处的相关信息，使居民尤其是消费率较低的人群由内而外地接受白酒，促进整个白酒行业的健康发展。

（3）白酒企业必须深入分析白酒消费者的喜好，确定白酒市场目标人群的实际需求，才能促进整个白酒行业的健康发展。白酒企业首先要注重对白酒产品的定位，以生产符合大众经济条件的中高端产品为主，注重对低度白酒的研发，并且在包装上也要注意健康与艺术相结合。然后注意对销售终端的筛选和官方直营渠道的建立，以产品为依托，建立与消费者的直接对话机制。最后选择合适的促销方式，在提高销量、打响知名度的同时也注重品牌的建立。

15.5.2 本文的创新之处

（1）首次对川渝地区居民饮酒行为现状进行了调查研究。

（2）完善了国内目前白酒营销策略方面研究所存在的不足。在调查问卷的基础上，综合考虑消费者个人层面和企业内部因素对白酒消费所带来的影响，确定了白酒消费市场的目标人群，明确了白酒消费人群的喜好。不仅对今后开展同类研究有借鉴意义，也对下一步制定白酒市场整体营销策略有指导意义。

15.5.3 今后的研究方向

（1）探讨标准的合理饮酒健康教育模式。

（2）加大适量饮酒与健康的相关研究力度，找到实证，让适量饮酒的保健作用深入人心。

（3）在不同地区开展更大规模的白酒消费相关调查，明确白酒消费的目标人群及其对白酒产品的喜好，以此来指导白酒企业生产出符合消费者需求的白酒产品，进而促进白酒业的健康发展。

[参考文献]

［1］ 来安贵，赵德义，曹建全，周利祥，王海平. 海昏侯墓出土蒸馏器与中国白酒的起源［J］. 酿酒，2018，45（1）：11-15.

［2］ 李梦华，刘颖，李艳泽等. 适量饮酒与身体健康关系的研究进展

［J］.国际免疫学杂志，2016，39（4）：417-420.

［3］ World Health Organization. Global Status Report on Alcohol and Health 2014［M］. Geneva：World Health Organization，2014.

［4］ Shield K. D.，Kehoe T.，Taylor B.，et al.. Alcohol - attributable Burden of Disease and Injury in Canada，2004［J］. Int J Public Health，2012，57（2）：391-401.

［5］ Roerecke M.，Rehm J.. The Cardio-protective Association of Average Alcohol Consumption and Ischemic Heart Disease：A Systematic Review and Meta-analysis［J］. Addiction，2012，107（7）：1246-1260.

［6］ Patra J.，Taylor B.，Irving H.，et al.. Alcohol Consumption and the Risk of Morbidity and Mortality for Different Stroke Types-systematic Review and Meta-analysis［J］. BMC Public Health，2010（10）：258.

［7］何朝，孙昕霓，张艳艳等.北京市顺义区高血压及其危险因素流行病学调查［J］.中国健康教育，2017（1）：59-63.

［8］范依宁，王祥，王莎莎等."健康中国"战略下山东省老年人健康现状［J］.中国老年学杂志，2017（18）：4644-4646.

［9］储新娟，涂志兰，金芃芃等.缺血性脑卒中患者血管性认知功能障碍的现状及影响因素分析［J］.中国临床医生杂志，2017（12）：43-44.

［10］李莹，洪淇，朱爱萍等.江阴市2015年成人高血压患病现状及其危险因素研究［J］.实用预防医学，2017（12）：1477-1480.

［11］吕文艳，曹静，毕丽丽.某市健康体检成人血脂水平流行病学调查及危险因素分析［J］.解放军预防医学杂志，2017（10）：1239-1241，1245.

［12］梁伟，张小卫，王琼英等.甘肃省中老年居民高血压现状的流行病学调查［J］.中国老年学杂志，2017（16）：4103-4105.

［13］李杰，顾月.成人高血压和高血压前期影响因素研究［J］.预防医学，2017（12）：1207-1212.

［14］赵明月.山东省城乡中老年人常见慢性病现状及其危险因素研究［D］.济南：山东大学硕士学位论文，2017.

［15］ Polly D. W.，Cher D. J.，Wine K. D.，et al.. Randomized Controlled Trial of Minimally Invasive Sacroiliac Joint Fusion Using Triangular Titanium Implants vs Nonsurgical Management for Sacroiliac Joint Dysfunction：12 - Month Outcomes［J］. Neurosurgery，2015，77（5）：674-690.

［16］王一强，姜德民，张玉香等.现代医学对非酒精性脂肪肝发病机制及治疗的研究进展［J］.卫生职业教育，2016，34（12）：144-145.

［17］杨展，陈饶，胡晓等．中国城乡老年人抑郁症状及其影响因素差异的分析［J］.中华流行病学杂志，2017（8）：1088-1093.

［18］陈霆，李华峰，李静芝等．新生儿先天畸形检出率及危险因素分析［J］.中华实用儿科临床杂志，2017（14）：1076-1079.

［19］王天．白酒成为仅次于烟草的贡献大户［J］.中国食品工业，2000（8）：8-10.

［20］张晓梅．下一个"黄金十年"还有吗？［N］.中国企业报，2016-02-23（006）．

［21］王蕾．结构性调整对酒企发展影响研究［J］.经贸实践，2017（17）：132.

［22］中国疾病预防控制中心，中国疾病预防控制中心慢性非传染性疾病预防控制中心．中国慢性病及其危险因素监测报告2010［M］.北京：军事医学科学出版社，2012.

［23］E. J. McCarthy. Basic Marketing：A Managenal Approach［M］.Homewood（Iuinois）：R. D. Irwin，1960.

［24］徐忠良，王德征，宋桂德等．天津市18岁及以上常住居民饮酒现状分析［J］.中国慢性病预防与控制，2016（7）：514-516.

［25］徐继英，仲伟鉴，姚海宏等．2010年上海市15岁及以上居民饮酒行为研究［J］.中国健康教育，2014（5）：432-437.

［26］郭生琼，刘涛，孙良先等．贵州省成人居民饮酒现状调查［J］.现代预防医学，2016（4）：658-662，673.

［27］张高辉，鹿子龙，郭晓雷等．2013年山东省18岁及以上居民饮酒现状调查分析［J］.中华预防医学杂志，2017（5）：450-452.

［28］徐伟，陈叶纪，谢建嵘等．2013~2014年安徽省成人居民饮酒行为现状分析［J］.中国健康教育，2017（2）：115-119.

［29］陈轶英，朱丽萍，李艾等．江西省成年居民饮酒行为抽样调查［J］.江西医药，2013（9）：755-759.

［30］蔡秋茂，许燕君，许晓君等．广东省18岁以上居民饮酒行为调查［J］.现代预防医学，2014（10）：1818-1821.

［31］白玛康卓，春花，央拉等．西藏拉萨地区世居成年藏族居民饮酒行为调查［J］.中国公共卫生，2016（5）：609-612.

［32］张丽军．知信行理论在儿科患者家属健康教育中的应用效果［J］.国际护理学杂志，2015（5）：655-657.

［33］安雪梅，杨再国．"知信行理论"对高血压患者自我效能及其服药

依从性的影响[J]. 成都医学院学报，2015（4）：464-466.

　　[34] 彭娟，王吉平，沈英. 知信行理论对 2 型糖尿病患者行为干预的效果[J]. 上海护理，2014（2）：8-10.

　　[35] Van Heerde, Harald J., Sachin Gupta, Dick R., Wittink J.. Is 75% of the Sales Promotion Bump Due to Brand Switching? [M]. Marketing, 2003.

　　[36] 张红涛，王二平. 态度与行为关系研究现状及发展趋势[J]. 心理科学进展，2007（1）：163-168.

　　[37] 刘新华，向俊龙，范莉莉. 快消品产品属性对消费者购后行为影响的实证研究[J]. 软科学，2013，27（3）：140-144.

　　[38] 杨孟涵. 白酒推广将重回快消品轨道[N]. 华夏酒报，2013-10-29（C52）.

　　[39] 信春晖，赵纪文，张锋国，夏晓波，董丹华. 浓香白酒酿造的科学性、健康性、艺术性[J]. 酿酒，2018，45（2）：30-34.

　　[40] Marchini A., Diotallevi F.. The Value Perceptions of Wine Packaging: An Empirical Conjoint Analysis [J]. University of Perugia and University of Perugia Working Paper, 2011.

　　[41] Lehman R. L.. Lead Glazes for Ceramic Foodware [R]. NC USA: The International Lead Management Center, 2002.

　　[42] 刘沛龙，唐万裕，练顺才，陈洪坤，陈琳，钟莉. 白酒中金属元素的测定及其与酒质的关系（下）[J]. 酿酒科技，1998（1）：12-20.

　　[43] 李丽，周健，杜文鹏. 浆水中金属离子对白酒品质影响的研究[J]. 中国酿造，2010（2）：74-77.

　　[44] Papanikolaou N. C., Hatzidaki E. G., Belivanis S., et al.. Lead Toxicity Update: A Brief Review [J]. Medical Science Monitor, 2005, 11（10）：329-336.

　　[45] Godt J., Scheidig F., Grosse-Siestrup C., et al.. The Toxicity of Cadmium and Resulting Hazards for human Health [J]. Journal of Occupational Medicine and Toxicology, 2006, 22（1）：1-6.

　　[46] 范玉立. 基于营销策略的消费者雁窝岛白酒购买意愿影响因素研究[D]. 哈尔滨：东北农业大学硕士学位论文，2017.

　　[47] Tellis Gerard J., Philip Hans Franses. Optimal Data Interval for Estimating Advertising Response [J]. Marketing Science, 2006（25）：217-229.

　　[48] Dekimpe Marnik G., Dominique Hanssens. The Persistence of Marketing Effects on Sales [J]. Marketing Science, 1995（14）：1-21.

附录

消费者饮酒行为及影响因素调查问卷

问卷编号：□□□□□

消费者饮酒行为及影响因素调查问卷

您好！我们是西南医科大学的学生，本次调查是为了了解18~70岁的白酒消费者（即饮酒者或买酒者）对白酒的认知及健康状况，分析饮酒及健康的相关性，为消费者合理消费和健康饮酒，促进我国酒文化发展提供依据。调查不会花费您很多时间，您的参与对调查将有很大的帮助，我们承诺不会泄露您的任何相关信息。感谢您的支持与配合！请您仔细阅读以下问题，填空题在横线上/空白处填写您的答案，选择题在您认为符合自己情况的选项内打"√"。

N1. 年龄：_____岁。

N2. 近一年白酒消费情况：N2.1 喝白酒：①是 ②否。 N2.2 买白酒：①是 ②否

（注：只有18~70岁的白酒消费者则继续，否则结束调查）

N3. 性别：①男 ②女

N4. 民族：①汉族 ②其他_____

N5. 文化程度：

①文盲 ②小学 ③初中 ④中专/高中 ⑤大专 ⑥本科 ⑦硕士及以上

N6. 婚姻状况：①未婚 ②已婚 ③离异 ④丧偶 ⑤再婚

N7. 家庭人均月收入（元）

①<1000 ②1000~2999 ③3000~4999 ④5000~9999 ⑤≥10000

N8. 职业：①公务员 ②教师 ③医务人员 ④商人 ⑤个体户 ⑥工人 ⑦农民 ⑧退休 ⑨无业 ⑩学生 ⑪其他_____

N9. 级别：①领导干部 ②一般在职人员 ③其他

N10. 常住地：_____省_____市/_____直辖市_____县

N11. 住地类别：①农村 ②乡镇 ③城市

A. 消费者对白酒的认知和态度：

A1. 您对喝白酒的态度是？

①非常赞同 ②比较赞同 ③无所谓 ④不赞同 ⑤很不赞同

A2. 你觉得喝白酒可以体现中国传统文化的价值内涵吗？

①非常赞同　②比较赞同　③不知道　④不赞同　⑤很不赞同

A3. 您认同以下哪些饮酒观点？（可多选）

①酒量练大了喝酒不伤身　②酒没能量，不会影响体重　③喝高品质的酒不会伤身　④醉酒睡一觉就恢复了不会造成长期影响　⑤无论何种饮酒方式身体会适应，慢慢无影响　⑥以上观点均不同意

A4. 你觉得适当喝白酒有哪些作用？（可多选）

①有害无益　②消除疲劳　③减少忧愁　④增进友谊　⑤使思维活跃⑥使身心愉悦　⑦养生保健　⑧御寒　⑨其他_____

A5. 您认为在以下饮酒行为中哪些是有害的？（可多选）

①空腹饮酒　②饮急酒　③长时间持续饮酒　④长时间过量饮酒、常喝醉⑤饮酒辅食为咸鱼、熏肠、腊肉等　⑥以上均不会有伤害

A6. 您觉得饮酒可能与以下那些疾病有关？（可多选）

①肠胃炎　②胃溃疡/胃出血　③胰腺炎　④肝炎　⑤脂肪肝⑥肝硬化　⑦肝癌　⑧高血压病　⑨冠心病（心肌梗塞/心绞痛）⑩脑卒中　⑪肥胖　⑫这些病和饮酒都没关系　⑬不知道

A7. 您认为白酒在交际中重要吗？

①非常重要　②重要　③关系不大　④不重要　⑤完全不重要

A8. 您是否支持您的亲人（父母、兄弟姐妹、子女、配偶）喝白酒？

①非常支持　②比较支持　③无所谓　④不支持　⑤很不支持

A9. 您的亲人中有人经常大量饮酒吗（指平均高度白酒≥4两/天)？（可多选）

①都没有　②父亲　③母亲　④兄弟　⑤姐妹　⑥配偶　⑦儿子　⑧女儿

A10. 您的饮酒知识获取渠道？（可多选）

①周围人　②电视与广播　③医患沟通　④政府宣传　⑤网络⑥其他_____

B. 消费者买酒情况：

B1. 您最近一年是否买过酒（不限白酒）：　①否　②是（选否跳转到C1）

B2. 您对各种促销手段的态度及购买情况：

促销手段	态度		是否购买
B2.1　免费品尝	①很好　②比较好　③一般　④不好　⑤很不好		①是　②否
B2.2　广告	①很好　②比较好　③一般　④不好　⑤很不好		①是　②否
B2.3　买一送一	①很好　②比较好　③一般　④不好　⑤很不好		①是　②否

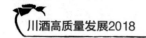

续表

促销手段	态度	是否购买
B2.4　打折	①很好　②比较好　③一般　④不好　⑤很不好	①是　②否
B2.5　送赠品	①很好　②比较好　③一般　④不好　⑤很不好	①是　②否
B2.6　购物抽奖	①很好　②比较好　③一般　④不好　⑤很不好	①是　②否

B3. 您最近一年是否买过白酒：　①否　②是（选否跳转到 C1）

B4. 您买的白酒价格一般是多少？（元/斤）

①50 以下　②50~149　③150~499　④500 及以上

B5. 您最常买什么牌子的白酒？

①无所谓　②泸州老窖　③五粮液　④茅台　⑤其他_____

B6. 您购买酒时会注重商品包装吗？

①非常注重　②注重　③无所谓　④不注重　⑤完全不注重

B7. 您一般在哪些地方买白酒？（可多选）

①酒类专卖店　②连锁超市　③零售店　④网购　⑤别人推销　⑥电话订购

B8. 您购买白酒的目的是？（可多选）

①自己喝　②给亲人买　③招待客人　④送礼　⑤其他（请注明）_____

B9. 近一年你买过多少白酒？（斤/年）

①<20　②20~39.9　③40~59.9　④60~79.9　⑤80~99.9　⑥≥100

C. 喝白酒情况：

C1. 请问近一年您喝过白酒的情况是？

①从来不喝　②偶尔　③经常喝　④天天喝（如果选①结束调查）

C2. 您喝白酒的原因是？（可多选）

①亲朋聚会　②婚寿宴请　③工作应酬　④保养身体　⑤调节心情

⑥释放压力　⑦习惯喝酒　⑧有点酒瘾

C3. 您大多数喝白酒的意愿是？

①完全被动　②多数被动　③各占一半　④多数主动　⑤主动喝酒

C4. 您最喜欢喝哪种香型的白酒？

①都不喜欢　②无所谓　③浓香型　④酱香型　⑤兼香型　⑥其他_____

C5. 您最喜欢喝什么牌子的白酒？

①都不喜欢　②无所谓　③泸州老窖　④五粮液　⑤茅台　⑥其他_____

C6. 您喝的白酒价格一般是 1 斤多少元？

①50 以下　②50~149　③150~499　④500 及以上

C7. 您每年饮白酒的量大概是多少斤？（高度酒，低度 2 斤＝1 斤）。

①<20　②20~39.9　③40~59.9　④60~79.9　⑤80~99.9　⑥≥100

C8. 您的饮酒风格多数是哪一种？

①每次严格限量　②随意、不拼酒　③接受拼酒　④主动劝酒拼酒

C9. 您的饮酒方式多数是哪一种？

①细细品味　②小口浅尝　③一口一杯　④连干数杯甚至更多

D. 饮酒者的日常生活习惯及健康状况：

D1. 你最常喝什么酒？（可多选）

①高度白酒　②低度白酒　③葡萄酒　④啤酒　⑤家酿米酒　⑥药酒

D1.1　饮酒年限：＿＿＿年；

D1.2　饮酒频率：春节＿＿＿次/月，平常＿＿＿次/月；

D1.3　每次平均饮酒量是多少？春节：喝＿＿＿两/次；平常：喝＿＿＿两/次。

（折合成高度白酒：1 两指高度白酒＝低度白酒 2 两＝葡萄酒 3 两＝啤酒 1 瓶）

D2. 您吸烟吗？

①不吸烟　②已戒烟（戒＿＿＿年；吸＿＿＿年，＿＿＿支/天，）③吸烟（＿＿＿年，＿＿＿支/天）

D3. 您平常参加体育运动（含散步）的情况是：

①不参加　②参加（＿＿＿次/周，＿＿＿分钟/次，坚持＿＿＿年）

D4. 您平常做体力劳动的情况是：

①不参加　②参加（＿＿＿天/周，＿＿＿分钟/天，干＿＿＿年）

D5. 您一般多长时间做一次体检？

①从未做过　②看病时做过　③半年　④1 年　⑤2 年及以上

D6. 您的家庭烹饪用油使用情况？

①植物油为主　②动物油为主　③植物动物油各半　④纯植物油　⑤纯动物油

D7. 您一般吃饭时食物荤素比例如何？

①基本全肉　②肉多菜少　③荤素各半　④菜多肉少　⑤基本全素

D8. 您吃水果情况如何？①从不　②偶尔　③比较少　④经常　⑤天天吃

D9. 您吃蔬菜情况如何？①从不　②偶尔　③比较少　④经常　⑤天天吃

D10. 你每天睡眠情况如何？①很好　②比较好　③一般　④比较差

⑤很差

　　D10.1 睡眠时间（小时）：①<6　②6~8　③≥9

　　D10.2 熬夜情况：①从不　②偶尔　③比较少　④经常　⑤天天都是

　　D11. 您觉得自己的身体健康状况如何？

　　①很健康　②比较健康　③一般　④比较差　⑤非常差

　　D12. 您的身体健康状况测量指标知晓情况：

指标	知晓情况
D12.1 身高	①不知道　②知道（_____厘米）
D12.2 体重	①不知道　②知道（_____公斤）
D12.3 腰围	①不知道　②知道（_____尺，可以填最合适的裤腰）
D12.4 血脂	①不知道　②正常　③低于正常　④高于正常
D12.5 血糖	①不知道　②正常　③低于正常　④高于正常（具体值_____ mmol/L）
D12.6 血压	①不知道　②正常　③低于正常　④高于正常（具体值_____/_____ mmHg）

　　D13. 饮酒与健康的关系自评情况：

　　①饮酒让我身体更健康了　②饮酒让我身体变差了　③目前身体状况与饮酒无明显关系

　　D14. 慢性病患病情况：①无　②不知道　③有（如果有则继续，否则结束调查）

　　D14.1 患病时间：_____年。

　　D14.2 患什么病？（可多选）

　　①肠胃炎　②胃溃疡/胃出血　③胰腺炎　④肝炎　⑤脂肪肝

　　⑥肝硬化　⑦肝癌　⑧高血压病　⑨冠心病（心肌梗塞/心绞痛）

　　⑩脑卒中　⑪肥胖　⑫其他_____

　　调查结束，谢谢您！

　　E. 联系方式（如果愿意我们后期对您进行健康随访，请留下联系方式）：

　　E1. 姓名_____，E2. 联系电话_____，E3. 邮箱_____。

　　调查员：_____　协调员：_____　日期：____月____日

　　数据录入员：_____　日期：____月____日

白酒文化与社会价值对消费者需求的影响

——基于微观数据的实证研究

付 宇

(四川轻化工大学管理学院，四川自贡 643000)

摘要：本文主要从传统社会文化背景的视角，研究白酒消费者的购买行为。在大量综合已有文献研究、专家访谈的基础上，结合实践经验和研究目标，以消费者人口社会学统计特征为控制变量（性别、年龄、受教育程度、收入状况、职业属性），以消费者对白酒产品的社交价值考虑、对白酒传统文化内涵认同度、对白酒客观知识掌握程度、对饮用白酒是否有益于身体健康的态度以及对白酒产品的外在品质认知这五个方面为认知变量，开发问卷及量表，来共同考察这些变量如何影响消费者的购买行为。

项目组在全国范围内，利用线上、线下等多种手段收集消费者个人微观数据，在经过问卷的信度及效度检验后，通过描述统计、二元 Logit 模型及排序 Logit 的方式，对消费者的购买行为（是否购买）、消费量决策及购买动机方面进行了广泛研究，得出了一些有意义的结论。

在个人特征因素上，性别、收入往往是影响最为显著的因素。特别是性别因素，研究表明，在其他因素相同的情形下，女性消费者对白酒消费的意愿往往大大低于男性消费者，白酒消费潜在的性别特点还比较明显，这不利于白酒产品在女性消费者中推广，这是白酒产业需要认真思考的一个问题。在分性别考察的时候，其他个人特征因素会产生一些显著影响。

研究表明，虽然白酒是传统文化背景非常丰富的一种产品，消费者总体

作者简介：付宇（1981—），男，汉族，四川自贡人，理学硕士、理学硕士、经济学博士，四川轻化工大学管理学院讲师。主要研究方向为：研发创新理论、大数据因果识别等。发表论文十余篇，主持省部级及市厅级科研项目多项，编撰教材一部。

对白酒与传统文化的联系认同度还是比较高的，但当前这一因素对白酒购买行为并不显著。一个有意义的解释是：当前传统文化融合和依赖的理念在白酒产品领域还没有形成，白酒文化消费的社会氛围还不足，从回归分析上看，消费者主要还是依赖其社交价值而进行消费，所以白酒文化市场还需要进一步的培育和发展。而相对应地，社交因素在各方面（购买与否、消费量及购买动机方面）均对消费者影响显著，说明当前白酒的消费大环境仍然是社交消费占主要地位，而居家日常消费的动机居于其次，还没有形成如红酒类产品大众日常消费的氛围。

在其他认知因素上，消费者对白酒客观知识的掌握程度往往能显著正面影响消费者的各种消费行为，但统计数据表明，当前消费者对白酒知识掌握的情况非常不全面，白酒行业推广品酒及生产知识的努力还需要进一步加强；在健康认知因素上，不出意外，对白酒知识健康认知越正面的消费者，其购买意愿及消费量意愿均会得到显著提高，但大量消费者对饮用白酒的健康认知仍然是偏负面的，生产健康白酒、推广健康饮酒知识仍然任重道远。

本项目的实证研究对完善白酒消费者的行为理论、为白酒行业及厂商的正确营销推广提供建议，有利于促进白酒行业的健康发展。

16.1　引言

我国白酒市场近十年来发展较快，2015 年全行业规模以上白酒企业完成了 5558.86 亿元销售收入。不过因为市场环境和政策调整等一系列外部因素，自 2013 年以来，白酒市场增速放缓，进入了一个调整时期。高增长态势的结束，意味着更加残酷的竞争，代表性白酒企业需要结束以往稍显粗放的经营理念，精耕细作产品市场才能得以更好地生存和发展。当前红酒等竞品凭借其自身优良品质，借助其代表的西方文化、生活理念以及价值取向等因素在我国酒类市场上发展迅猛，不断挤压和蚕食传统白酒市场，加速转化新生代、高端消费者，对白酒类产品造成很大的竞争压力。面对市场环境的改变，白酒企业更应加深对潜在消费者行为和需求的理解，在产品和营销上加以精准和有效地应对，摆脱对公务消费和商务消费等传统模式的高度依赖，回归消费者导向本质，把握乃至引领消费行为，从而提高白酒产品以及白酒企业内在竞争力水平，在未来多元化的消费价值观环境下避免白酒市场规模的停滞乃至萎缩，这是我国白酒行业需要认真面对的核心问题。

本文主要基于社会背景及传统文化价值的视角，探讨消费者白酒消费的行为机制，考察影响因素时，除了以社会学人口统计变量（性别、年龄、受教育程度、收入水平、职业属性）为控制变量，加以消费者对白酒产品的社交价值考虑、对白酒传统文化内涵认同度、对白酒客观知识掌握程度、对饮用白酒是否有益于身体健康的态度以及对白酒产品的外在品质认知这五个方面设计变量，共同考察消费者购买行为的影响因素。项目组通过文献梳理、总结及专家咨询，结合实践经验，开发了消费者白酒购买影响因素问卷及量表，通过纸质随机调查及网络在线调查，收集全国范围内消费者行为数据，并通过描述统计分析、二元 Logit 模型及排序 Logit 模型对消费者购买行为、消费量行为以及购买动机进行了统计分析，得出了一些有意义的结论，增进了对消费者行为的了解，对白酒行业的营销也有一定的借鉴意义。

本文结构安排如下所示：

第一节，引言。主要介绍了本文立项背景、研究内容及相应研究方法，介绍全文研究安排。

第二节，影响因素分析与变量设计。主要通过文献总结、专家咨询及结合实践的方式，探索分析影响白酒消费者行为的主要因素，并针对这些因素开发相应变量及测量方法。

第三节，问卷设计及调研方法。针对影响因素及其变量，开发调查问卷及量表，并介绍数据调研、收集方法。

第四节，问卷信度与效度分析。在采集数据之后，需要针对问卷的信度及效度进行分析，只有通过信度和效度检验的量表数据，才能进行进一步的统计分析。

第五节，消费者样本特征及描述性的统计分析。通过信度和效度检验之后，对采集的数据进行初步的样本特征展现和描述统计分析，对样本数据大概全貌有一个初步了解。

第六节，消费者购买行为及其动机的影响因素分析。运用离散选择模型，对消费者购买行为、消费量选择以及购买动机进行分析，以判断影响消费者白酒消费行为的重要因素。

第七节，总结与展望。根据前文研究结果，对研究结论给出总结和阐述，并指出研究中存在的不足和进一步的研究方向。

16.2　影响因素分析与变量设计

本小节在文献梳理以及针对白酒产品特性的基础上，首先对可能影响白酒消费者购买行为的因素进行了梳理和分析，并以此为基础，构建了分析消费者行为的计量模型；其次针对问卷设计、数据收集及数据的有效性进行了

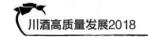

说明，为进一步的统计分析打下了基础。

16.2.1 影响白酒消费者购买行为的因素分析

营销学理论及前沿研究认为，消费者的购买行为受到其认知、感知以及环境因素的影响，因此若要利用消费者微观数据揭示白酒消费者的购买行为特征，需要分析可能的影响因素并以此构建因素变量。课题组根据白酒产品的产品属性、社会文化特征，总结前人研究基础及本项目的关注要点，分析归纳可能对消费者购买行为产生影响的因素，并总结如下：

16.2.1.1 产品品质特征因素

产品的质量、品质、外在特性等因素往往对消费者的购买决定造成很大的影响。有学者在研究葡萄酒消费者行为时指出，消费者往往根据其感知到的产品内部和外部因素来对葡萄酒品质的高低加以判断，综合考虑现实经验，我们认为这一特点对白酒消费者来说很可能也是共通的，因此，我们考虑了产品本身的特质因素对白酒消费者的可能影响。经过多年的历史传承和发展，当前我国白酒市场上形成了一些著名的全国性品牌，同时一些地域性的品牌在一定区域也具有相当的影响力，因此，白酒品牌对消费者的影响很可能是显著的；另外，价格因素往往也是左右消费者认识的一个外部因素，消费者往往认为高价产品可能具有较高的品质，因此，价格也是消费者认知产品的一个外部产品属性。类似地，产品的包装设计因素也是我们考虑的白酒产品外部属性。综合白酒产品的特点，课题组选用了"价格"、"品牌"和"包装"作为白酒产品的外部认知因素，选用"传统酿造方式"、"窖藏时间"和"酒精度数"作为度量白酒产品的内在品质因素，来考察白酒产品质量因素对消费者购买行为的影响。

16.2.1.2 社交因素

食品作为人类社会社交的媒介是很常见的现象，而白酒产品的社交属性在中国社会更是一个众所周知的特点。一些学者针对白酒产品的社交属性对消费者行为的影响进行过实证研究，石青辉等（2007）认为，白酒是友谊的载体，是社会交往的纽带，承载着显著的社交功能；赵亮（2012）在其实证研究中发现，消费者的公关需求与高端白酒的消费行为呈显著正相关关系。通过对理论文献的梳理，结合针对白酒在实际社会生活中作用的感受，课题组认为社交因素有必要纳入白酒消费者购买行为的变量体系中。由于许多文献对社交因素的分析维度不清晰或过于简单，难以全面刻画消费者对白酒社交功能的认知，因此本文从"亲友聚会"、"商务（公务）聚会"、"家庭宴饮"及"礼品赠送"几个角度设计变量，以较为全面地考察了消费者对白酒产品的社交功能认知，从而探求社交功能对消费者购买行为的影响。

16.2.1.3　传统文化内涵因素

白酒并不是生活的必需品，但白酒消费行为中有许多民族文化、传承的体现。中国白酒的酿造和进化历史悠久，传统酒文化与传统礼仪、艺术、文学及处世哲学息息相关，联系紧密，这在诸多酒文化研究的文献中都有深入研究。张国豪等（2008）认为，白酒的历史文化背景已在消费者心中根深蒂固，其蕴含的文化乃至艺术因子就是消费者对白酒品质的一种认知维度，对白酒产品的消费，对消费者来说，也是一种文化消费，是一种情感的交流和寄托。文化因素对白酒消费者购买行为的影响，在定量实证分析的文献中少见分析，或是针对文化因素的测度过于简单。由于缺少理论和数据的支撑，企业对文化与白酒的销售的关联也不太清晰，在营销时或是过度文化粉饰，或是毫不关心，或是营销不精准，因此，进一步在实证层面厘清当前消费者对白酒文化的认知及白酒文化对购买行为的推动力，显得很有实践及理论意义。本文从白酒文化与"传统文学""传统艺术""传统器具形制""传统节日""传统礼仪""传统社会关系"六个维度的关系入手，调查消费者对白酒文化与中国社会传统文化联系的认知，以度量白酒蕴含的传统文化内涵因素对消费者白酒消费行为的影响。

16.2.1.4　健康认知因素

随着社会发展的进步、生活水平的提高及消费升级带来的消费理念转变，消费者对食品类消费品的健康关注度不断提高，白酒消费行为模式也深受此影响，2012年白酒行业塑化剂事件，就给白酒产品营销带来很大的负面影响。受近年来养生、医学领域的宣传，许多消费者对白酒的健康认知有了变化，加上葡萄酒等竞品在产品健康知识上的宣传和普及，强化了消费者对消费酒类产品在身体健康、保健上的关注度，因此很可能对消费者在酒类产品的购买行为上产生很大的影响。本义主要从消费者对白酒产品的主观健康认知的角度入手，调查消费群体对白酒类产品的健康认知，进而希望进一步了解这种健康认知对消费者购买行为产生了怎样的影响。为了较为全面地了解消费者对白酒的健康认知态度，本文从"白酒有益成分""白酒能否增强身体活力""白酒对消化系统的作用""白酒对肝脏的作用""白酒对心血管系统的作用"几个方面设计变量，探索消费者对白酒产品在身体健康上的主观认知，以综合了解消费者的平均倾向，进而了解探索这种认知对购买行为的影响。

16.2.1.5　对白酒客观知识了解的因素

按相关理论，消费者客观知识是指消费者对某种产品认知的真实掌握情况。在进行购买决策时，消费者对产品客观了解程度将很可能对其产生影响。在消费者行为研究领域，许多学者认为，对产品客观知识的了解有助于增加消费者进行判断的能力，消费者对产品知识的掌握程度（客观认知程度）将对消费者的购买行为产生显著的影响。白酒产品在我国生产消费的历史悠久，但大众对白酒饮用及酿造的知识参差不齐，因此本文想要考察消费者对白酒产品的客观知识认知是否对其购买行为产生影响。课题组通过设定四个与白酒相关的常识性知识来对被调查者加以简单测试，分别从"香型""生产方式""发酵用酒曲"等几个方面考察消费者对白酒基本知识的认知。

16.2.1.6　个人特征因素

个体特征在很大程度上反映了消费者所处的社会、经济、文化、受教育程度等圈层，而大量消费者个体行为研究表明，个人特征因素对其购买行为常常有显著影响，例如：尚旭东等（2012）的研究表明，受教育程度对消费者购买可追溯食品的意愿有显著影响；杨楠（2015）的研究表明，消费者的婚姻状况、性别对其在有机食品的购买决策上有显著影响。因此，研究白酒消费者的购买行为，其个人特征因素将是很重要的前置因素，必须针对其有较为详尽的调查和分析。本文主要关注消费者的"性别""年龄段""职业属性""受教育程度""收入分布"这五大个体特征，以观察其对白酒购买行为的影响。

16.2.2　变量设计与理论模型

根据前面所研究的影响消费者行为的各项潜在因素，研究组队针对各因素设计模型变量及测量方法，为问卷及量表开发做准备。

16.2.2.1　白酒消费者购买行为变量及其测量

在当前消费者行为实证研究的文献中，常用于测度消费者行为的变量类型为：是否购买（二元选择变量）、购买频率、购买金额、购买金额与收入比等变量，各种形式的测量方式有各自的优点，适应不同的情形和研究目的。由于需要研究消费者是否购买以及购买量的多少如何受潜在因素的影响，因此本文将是否购买与购买金额一起考虑到行为变量之中，以构造一个多元选择变量，包含是否购买以及如果购买则购买的金额的选择，来对消费者的白酒购买行为加以度量，以"您每年大致花费多少钱购买白酒（从不购买白酒＝0；不超过1000元＝1；1001～2000元＝2；2001～3000元＝3；3001～4000元＝4；4000元以上＝5）"来加以度量，变量类型为分类变量。

16.2.2.2　白酒消费购买行为影响因素变量

根据前面对白酒消费者购买行为影响因素的分析以及本文的关注重点，课题组将主要影响因素归类为"产品品质因素""社交因素""传统文化内涵因素""健康认知因素""白酒客观知识认知因素""环境参照因素""消费者个人特征因素"七大类，其测量方式如下：

对于"产品品质因素""社交因素""传统文化内涵因素""健康认知因素""环境参照因素"主要考察消费者对产品品质、白酒社交作用、白酒文化与传统文化的关联度、消费者对白酒饮用健康的认知以及参照群体对消费者态度的影响等方面的主观认知和态度，本文选用引用较为广泛的李克特五点量表法进行测量，测量方式为："非常不同意＝1；不同意＝2；不确定＝3；同意＝4；非常同意＝5"，以表达消费者对某种观点的态度，变量类型为定序变量。

对于"白酒客观知识认知因素"，主要目的是了解消费者对白酒基本知识的客观认知程度。在这个部分，为消费者设定了四个白酒基本知识的客观题（包含多选题型），仍然采用李克特五点量表法，其测量方式为："4 题全部答错＝1"，代表消费者几乎没有白酒知识；"只答对 1 题＝2"，表示消费者对白酒知识知道一点；"答对 2 题＝3"，代表消费者对白酒知识了解一般；"答对 3 题＝4"，表示消费者对白酒知识掌握得较为丰富；"全部答对＝5"，表示消费者对白酒知识掌握得非常全面。白酒知识因素变量为定序变量，其得分显示了消费者掌握白酒知识的程度。

在本研究中，"消费者个人特征因素"包含了个体的"性别""年龄""职业""收入""学历"。其中，"性别"变量取值表现为："男性＝1"，"女性＝0"；"职业"变量按从低到高"1，2，3，…"进行赋值，它们均为分类变量。而"年龄""收入""学历"变量分别也按从低到高"1，2，3，…"进行赋值，为定序变量。

16.2.2.3　数据模型

本文首先对数据进行常规的描述统计分析，以初步判断各因素消费者观点和认知的分布，此项工作可以初步探究消费者偏好及购买行为受到的影响。为了更进一步定性及定量分析各潜在因素对购买行为的影响，本文选择利用计量方法进行数据分析。

由于消费者的行为变量为多值离散变量，代表着消费者的不同选择（行为方案），因此采用成熟的离散选择模型加以研究是较为可靠的方案。对于消费者购买行为（买或不买）以及购买动机，主要采取二元 Logit 模型；而对影响消费者消费量的选择，根据数据特征，主要采取排序 Logit 模型加以研究。

16.3 问卷设计及调研方法

问卷调查是在社会科学研究领域获取个人微观数据常用的研究方法，问卷根据研究者的关注点进行设计，遵循精准、简洁、全面的原则。问卷设计完成后，对问卷进行了测试，以完善问卷的内容，在此之后进行了正式调查。本问卷的调查主要采用网络调查和纸质问卷调查两种方式，在全国范围内通过网络和纸质调查方式，共发放问卷413份，剔除不合格问卷31份之后，有效回收问卷382份，有效回收率为92.5%。

本文的问卷变量定义及测量描述具体如表16.1所示。

表 16.1 白酒消费者购买行为影响因素变量定义及描述

变量名称	变量代码	变量定义	变量测量与取值
包装	package	外包装越好的白酒质量越好	非常不同意 = 1；不同意 = 2；不确定 = 3；同意 = 4；非常同意 = 5
价格	price	价格越高的白酒品质越好	非常不同意 = 1；不同意 = 2；不确定 = 3；同意 = 4；非常同意 = 5
品牌	brand	知名品牌的白酒产品质量更好	非常不同意 = 1；不同意 = 2；不确定 = 3；同意 = 4；非常同意 = 5
窖藏时间	cellar	窖藏时间越长的白酒质量越好	非常不同意 = 1；不同意 = 2；不确定 = 3；同意 = 4；非常同意 = 5
酿造工艺	brewing	传统酿造工艺生产的白酒品质更好	非常不同意 = 1；不同意 = 2；不确定 = 3；同意 = 4；非常同意 = 5
酒精度数	alcohol	酒精度数越高的白酒品质越好	非常不同意 = 1；不同意 = 2；不确定 = 3；同意 = 4；非常同意 = 5
亲友聚会	fparty	亲友聚会时白酒是不可或缺饮品	非常不同意 = 1；不同意 = 2；不确定 = 3；同意 = 4；非常同意 = 5
对公宴请	banquets	公务宴请时白酒是不可或缺饮品	非常不同意 = 1；不同意 = 2；不确定 = 3；同意 = 4；非常同意 = 5
礼品	gift	白酒是适合赠送亲友的礼品	非常不同意 = 1；不同意 = 2；不确定 = 3；同意 = 4；非常同意 = 5
家庭就餐	famDinner	白酒是家庭就餐时合适的佐餐饮品	非常不同意 = 1；不同意 = 2；不确定 = 3；同意 = 4；非常同意 = 5
白酒文化与诗词	poetry	白酒文化与传统诗词歌赋紧密相连	非常不同意 = 1；不同意 = 2；不确定 = 3；同意 = 4；非常同意 = 5

变量名称	变量代码	变量定义	变量测量与取值
白酒文化与艺术	art	白酒文化与传统艺术紧密相连	非常不同意＝1；不同意＝2；不确定＝3；同意＝4；非常同意＝5
白酒文化与器皿	utensil	白酒文化与传统器皿形制联系紧密	非常不同意＝1；不同意＝2；不确定＝3；同意＝4；非常同意＝5
白酒文化与节日	festival	白酒文化与传统节日有紧密联系	非常不同意＝1；不同意＝2；不确定＝3；同意＝4；非常同意＝5
白酒文化与礼仪	etiquette	白酒文化与传统礼仪紧密联系	非常不同意＝1；不同意＝2；不确定＝3；同意＝4；非常同意＝5
白酒文化与社会关系	Social－net	白酒文化与传统关系文化联系紧密	非常不同意＝1；不同意＝2；不确定＝3；同意＝4；非常同意＝5
白酒成分	microelement	白酒含有有益微量元素	非常不同意＝1；不同意＝2；不确定＝3；同意＝4；非常同意＝5
身体活力	vitality	饮用白酒有利于增强身体活力	非常不同意＝1；不同意＝2；不确定＝3；同意＝4；非常同意＝5
健康认知1	hcognition1	正常饮用白酒有可能伤害消化系统	非常不同意＝5；不同意＝4；不确定＝3；同意＝2；非常同意＝1
健康认知2	hcognition2	正常饮用白酒有可能伤害肝脏	非常不同意＝5；不同意＝4；不确定＝3；同意＝2；非常同意＝1
健康认知3	hcognition3	正常饮用白酒可能增加心血管疾病发作可能性	非常不同意＝5；不同意＝4；不确定＝3；同意＝2；非常同意＝1
购买行为	pb	每年大致花费多少钱用于购买白酒	从不购买白酒＝0；不超过1000元＝1；1001~2000元＝2；2001~3000元＝3；3001~4000元＝4；4000元以上＝5
购买动机	pm	购买白酒的最主要原因	不购买白酒＝0；保健＝1；佐餐＝2；社交＝3；投资/收藏＝4；不清楚＝5
白酒客观知识	knowledge	针对白酒客观知识的四题作答	全错＝1；答对1题＝2；答对2题＝3；答对3题＝4；全对＝5
性别	sex	性别	男＝1；女＝0
年龄段	age	年龄	18~30岁＝1；31~40岁＝2；41~50岁＝3；51~60岁＝4；60岁以上＝5
学历	education	受教育程度	初中及以下＝1；高中/中专＝2；大学/大专＝3；研究生及以上＝4

本问卷调查在全国范围内采用线上及线下多种形式开展调研，数据来源分布如图 16.1 所示，由于调查组所在地理位置及社会关系网络等客观原因，数据主要以四川数据为主。

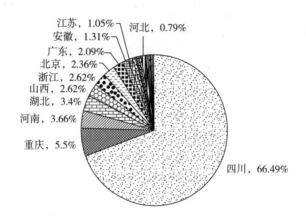

图 16.1　调查样本地域来源分布情况

16.4　问卷信度与效度分析

当问卷设计好并初步测试之后，便可进入数据收集阶段。不过收集的问卷数据还需经过信度与效度检验，其数据质量才能得到保证，在此基础上进行的进一步分析才是可靠的。

16.4.1　信度分析

信度分析也即可靠性分析（Reliability），主要是指数据结构的一致性。大体上，信度可以分为外在信度和内在信度两种，本文主要采用的是内在信度的概念，其原理是指检测问卷中的某一组问题是不是指向同一个维度。目前应用最广的内在信度检验系数是克隆巴赫 α 信度系数（Cronbach's α），这也是本文采用的信度检验方式。其计算公式为：

$$\alpha = \frac{n}{n-1}\left(1 - \sum \frac{s_i^2}{s_t^2}\right)$$

式中：n 为测试题数量；s_i^2 为第 i 题得分的方差；s_t^2 为所有题目得分的总方差。一般来说，克隆巴赫系数得分在 0.7 以上可以接受。

根据采集的数据，人口社会学统计变量（个人特征因素）数据不纳入信

度分析，同时消费者对白酒客观知识的掌握水平，根据题设生成一项消费者
的客观知识指标，不进行信度分析。

对于产品品质因素，由于测量白酒产品内在品质的三个问题（窖藏时间、
酿造方式、酒精度）的共同信度不高（0.6以下），说明问题设计的一致性不
好，为了改善问卷，将此三个问题从问卷中删除；另外，在健康主观认知因
素中，五项问题的整体信度系数为0.816，将"消费者对白酒含有益微量元素
的认知"去掉之后，信度上升为0.825，进一步删除"饮用白酒能提高身体
活力"问项后，信度上升为0.854；同时针对健康因素问项进行因子分析后发
现，"消费者对白酒含有益微量元素的认知"和"饮用白酒能提高身体活力"
问项的变量共同度较低（见表16.2），因此综合考虑删掉这两个问项。

表 16.2　白酒消费者主观健康认知因素信度检验

变量名	删除该项后的 Cronbach'α 系数	变量共同度
Microelement	0.825	0.352
Vitality	0.793	0.505
HCognition1	0.766	0.651
HCognition2	0.747	0.719
HCognition3	0.761	0.665

另外，通过因子分析，发现在社交因素中，"白酒适合作为赠送亲友礼
物"的变量共同度较低，为0.492，小于0.5，因此也删去此变量，结果可见
表16.3。

表 16.3　白酒社交因素信度检验

变量名	删除该项后的 Cronbach'α 系数	变量共同度
fparty	0.651	0.665
banquets	0.710	0.553
gift	0.733	0.492
famdinner	0.687	0.605

经调整后，本文所使用问卷的所有量表的克隆巴赫 α 信度检验结果如
表16.4所示。

表 16.4　白酒消费者购买行为问卷量表信度分析

量表	变量个数	Cronbach'α
产品外在品质因素	3	0.735
社交因素	3	0.733
传统文化内涵因素	6	0.867
主观健康认知因素	3	0.854
总体	16	0.776

从信度分析中可以看出，问卷各维度和问卷整体的信度较好，均为 0.7 以上，因此调整后的量表信度通过了检验。

16.4.2　效度分析

结构效度分析主要指问卷量表能够测量出的特质的程度，主要利用因子分析方法进行检验。本文的量表设计了可能影响白酒消费者购买行为的多个因素，每个因素下有多个指向性问题。经过上一步量表的信度检验之后，剔除一些不合理的项目，对保留下来的量表针对不同因素的选项分别做因子分析以检验其结构效度。根据特征值大于 1 的标准，同时结合碎石图提取公因子，各因素的因子分析结果如表 16.5 所示。

表 16.5　各因素因子分析

题项	公因子（载荷）				KMO度量	Bartlett 球形度检验 Sig.	累积解释变异量（%）
	传统文化	健康认知	社交价值	外在品质			
白酒文化与传统器皿	0.783						
白酒文化与传统节日	0.816						
白酒文化与传统礼仪	0.783				0.875	近似卡方 977.263 0.000	60.161
白酒文化与传统文学	0.747						
白酒文化与传统艺术	0.789						
白酒文化与传统社会关系文化	0.733						
健康主观认知 1		0.868				近似卡方 509.843 0.000	77.456
健康主观认知 2		0.900			0.726		
健康主观认知 3		0.871					

续表

题项	公因子（载荷）				KMO度量	Bartlett球形度检验 Sig.	累积解释变异量（%）
	传统文化	健康认知	社交价值	外在品质			
亲友聚餐适合饮用白酒			0.868			近似卡方	
商务(公务)宴请适合饮用白酒			0.757		0.644	262.475	65.353
白酒适合家庭佐餐			0.797			0.000	
包装				0.821		近似卡方	
价格				0.845	0.668	253.533	65.433
品牌				0.758		0.000	

从表 16.5 中分析结果来看，各因素变量的 KMO 度量均达到 0.6 以上，Bartlett 球形检验均非常显著，说明各因素变量下的多个问项适合进行因子分析。各因素变量按特征值大于 1 的条件抽取公共因子，均只抽取 1 个公共因子，按问项的类型，公共因子含义较为清晰，可分别命名为：传统文化、健康认知、社交价值和外在品质。各因素变量下的问项，在其公共因子上的因子载荷均较高，反映了该公共因子对原始问项的反映程度较好，各公共因子的累积解释变异量均在 60% 以上，解释程度较好，以上因子分析数据说明量表有较为有效的结构效度。

16.5　消费者样本特征及描述性统计分析

本节首先对样本数据特征进行初步的描述性统计分析，来为进一步的深入回归分析打好基础。

16.5.1　性别、年龄因素与购买行为和动机的交叉分析

被调查者中男女性别比例男士稍高一些，男性被访者占 59.42%，女性被访者占 40.58%。与国内人口性别比例相比较，被调查者男性占比稍高一些，不过也大致契合白酒消费者中男士占比较高的实际情形。不过提高女性消费者对白酒产品的关注度，有利于开拓潜在的市场，因此了解女性对白酒产品的态度和认知，就显得很有意义。从消费者性别与年度购买白酒的决策的交叉分析上来看（见表 16.6），在被调查消费者中，男性的购买比例较高，而女性被调查消费者超过 1/3 的比例（33.55%）从不购买白酒；有 37.44% 的男性消费者和 39.35% 的女性消费者每年购买白酒花费不超过 1000 元。数据说明女性消费

者相对于男性消费者来说，在白酒产品的消费上确实积极性较低，这是当前白酒厂商需要思考的一个问题，即在当前市场增长乏力的情形下，如何抓住女性消费者的关注。同时，每年消费量不超过1000元的浅度消费者，不论男女比例都很高，这也是白酒厂商需要探索的一个问题。从二维列联表的独立性卡方检验可知，性别与白酒购买行为显著相关，并不相互独立，也即可认为消费者性别显著影响了其购买行为。

表 16.6 性别因素与购买行为的交叉分析

X/Y	从不购买白酒	不超过 1000 元	1001~2000 元	2001~3000 元	3000 元以上
男士	15 （6.61%）	85 （37.44%）	37 （16.30%）	25 （11.01%）	65 （28.60%）
女士	52 （33.55%）	61 （39.35%）	21 （13.55%）	7 （4.52%）	14 （9.03%）
Pearson $\chi^2 = 60.417$, df=4, P=0.000					

从年龄分布上来看（见图16.2），18~30岁年龄段被调查消费者占25.39%，31~40岁年龄被调查段消费者占41.10%，41~50岁年龄段消费者占25.39%，此三个年龄段为社会青壮年群体，是收入较为稳定、消费较为旺盛的主力阶层。从年龄段与购买行为的交叉分析中可以看出，在青年人群（18~30岁）中，高达30.93%的受访者表示从不购买白酒，这可能源自青年群体酒类消费偏好的变化，具体原因还需要后面进行进一步的回归分析。而中年群体购买白酒的比例是最高的，并且每年在白酒消费上超过3000元的群体也主要集中在这个年龄段，说明目前白酒消费的主力市场为社会主体的中年群体。表16.7清晰地反映了不同年龄段消费者购买行为分布情况，二维列联表的独立性检验显示，消费者年龄因素对其购买行为有显著影响。

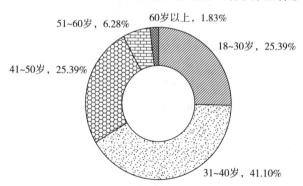

图 16.2 调查样本年龄段分布情况

表 16.7　年龄因素与购买行为的交叉分析

X/Y	从不购买白酒	不超过 1000 元	1001~2000 元	2001~3000 元	3000 元以上
18~30 岁	30 (30.93%)	46 (47.42%)	13 (13.40%)	4 (4.12%)	4 (4.12%)
31~40 岁	19 (12.10%)	53 (33.76%)	27 (17.20%)	16 (10.19%)	42 (26.75%)
41~50 岁	14 (14.43%)	32 (32.99%)	14 (14.43%)	11 (11.34%)	26 (26.81%)
50 岁以上	4 (12.90%)	15 (48.39%)	4 (12.90%)	1 (3.23%)	7 (22.58%)

Pearson $X^2 = 40.917$, df = 12, P = 0.000

就购买动机而言，男性和女性均在社交动机上占比较高，不过男性在白酒消费社交动机上明显高于女性，占比达 61.67%。其次，在购买白酒的人群中，佐餐动机不论男女均排在第二位，仍然是男性占比明显高于女性。在保健和投资动机上，消费人群占比均较少，说明消费者对白酒的保健和收藏价值并不看好。二维列联表独立性检验说明，性别对购买动机具有显著影响，表 16.8 展现了性别与购买动机的交叉分析情况。

表 16.8　性别因素与购买动机的交叉分析

X/Y	我不购买白酒	保健	佐餐	社交	投资/收藏	不清楚
男士	15 (6.61%)	7 (3.08%)	55 (24.23%)	140 (61.67%)	4 (1.76%)	6 (2.64%)
女士	52 (33.55%)	3 (1.94%)	21 (13.55%)	73 (47.10%)	2 (1.29%)	4 (2.58%)

Pearson $X^2 = 47.502$, df = 5, P = 0.000

分年龄段来看，从表 16.9 中可以看出，各年龄阶段人群其以社交和佐餐为目的的白酒消费均占比排名第一、第二位，以社交为目的的白酒消费以31~40 岁人群为最高比例，达到 66.24%，凸显该年段人群的白酒社交需求较为旺盛；而以佐餐为目的的白酒消费，以 51 岁以上人群占比最高，凸显高龄人群更具有日常白酒消费的习惯。二维列联表独立性检验也显示，年龄因素与白酒消费目的之间具有显著相关性。

表 16.9　年龄因素与购买动机的交叉分析

X/Y	我不购买白酒	保健	佐餐	社交	投资/收藏	不清楚
18~30 岁	30 （30.93%）	1 （1.03%）	14 （14.43%）	47 （48.45%）	1 （1.03%）	4 （4.12%）
31~40 岁	19 （12.10%）	3 （1.91%）	26 （16.56%）	104 （66.24%）	2 （1.27%）	3 （1.91%）
41~50 岁	14 （14.43%）	5 （5.15%）	24 （24.74%）	51 （52.58%）	2 （2.06%）	1 （1.03%）
51~60 岁	2 （8.33%）	1 （4.17%）	8 （33.33%）	10 （41.67%）	1 （4.17%）	2 （8.33%）
60 岁以上	2 （28.57%）	0 （0.00%）	4 （57.14%）	1 （14.29%）	0 （0.00%）	0 （0.00%）

$$\text{Pearson } \chi^2 = 47.502, \quad df = 5, \quad P = 0.000$$

16.5.2　受教育程度与购买行为和动机的交叉分析

本次调查人群受教育程度低学历群体人数较少，因此将高中及初中以下学历被调查者合并以提高统计分析显著性。其样本总体分布情况为：研究生及其以上群体占样本总量的 35.08%，大学/大专学历群体占样本总量的48.43%，高中及其以下群体占样本总量的 16.49%（见图 16.3）。农村及城市低学历人群样本总量较少，这也是本次样本抽查的一个遗憾。就受教育程度与购买行为之间的交叉分析如表 16.10 所示。但二维列联表的独立性检验显示，受教育程度与购买行为相关性不显著，也即学历的高低对购买行为没有显著影响，这将在后面的统计分析中进一步加以验证。

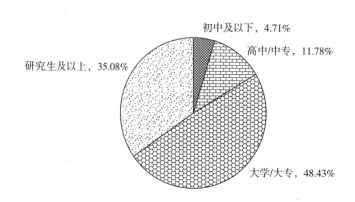

图 16.3　调查样本受教育程度分布情况

表 16.10 受教育程度与购买行为的交叉分析

X/Y	从不购买白酒	不超过 1000 元	1001~2000 元	2001~3000 元	3000 元以上
高中及以下	7 (11.11%)	30 (47.62%)	8 (12.7%)	5 (7.94%)	13 (20.63%)
大学/大专	40 (21.62%)	66 (35.68%)	28 (15.14%)	19 (10.27%)	32 (17.29%)
研究生及以上	20 (14.93%)	50 (37.31%)	22 (16.42%)	8 (5.97%)	34 (25.37%)

Pearson $\chi^2 = 10.137$, df = 8, P = 0.256

从购买动机的角度来看，受教育程度对购买动机之间相关性较强。大学本科及高学历人群的购买动机以社交需求为主，特别是研究生学历以上的高学历人群，70.15%的人群的白酒购买动机为社交因素，其所占比例要高于其他学历人群；而低学历人群的佐餐需求较高学历人群会更强一些，这反映了不同学历人群的白酒消费场景的不同（见表 16.11）。

表 16.11 受教育程度与购买动机的交叉分析

X/Y	我不购买白酒	保健	佐餐	社交	投资/收藏	不清楚
高中及以下	7 (11.11%)	3 (4.76%)	19 (30.16%)	29 (46.03%)	1 (1.59%)	4 (6.35%)
大学/大专	40 (21.62%)	4 (2.16%)	41 (22.16%)	90 (48.65%)	4 (2.16%)	6 (3.25%)
研究生及以上	20 (14.93%)	3 (2.24%)	16 (11.94%)	94 (70.15%)	1 (0.74%)	0 (0%)

Pearson $\chi^2 = 29.016$, df = 10, P = 0.001

16.5.3 收入情况与购买行为及购买动机的交叉分析

本次问卷调查受访者的收入分布情况比较均匀，各种收入阶层的消费者调查样本比较接近，这对统计分析比较有利，具体情形如图 16.4 所示。

从表 16.12 中可以看出，二维列联表独立性检验显示，消费者收入与其购买行为相关性强。从其表中分布来看，高收入者（月平均收入 10000 元以上）对白酒产品的需求较强，且大致一半比例（50.58%）的高收入消费者每年平均白酒消费在 3000 元以上。而低收入消费者的白酒消费较为低迷，1/3

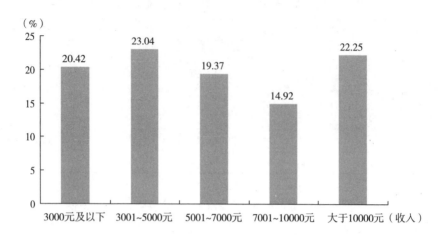

图 16.4　调查样本收入分布情况

多（38.46%）的低收入消费者几乎不购买白酒，而 47.44% 的此类消费者年平均消费白酒产品不超过 1000 元。二维列联表交叉分析显示，收入因素对白酒消费行为的影响还是很大的。

表 16.12　收入与购买行为的交叉分析

X/Y	从不购买白酒	不超过 1000 元	1001~2000 元	2001~3000 元	3000 元以上
3000 元及以下	30 (38.46%)	37 (47.44%)	5 (6.41%)	0 (0%)	6 (7.69%)
3001~5000 元	11 (12.50%)	42 (47.73%)	14 (15.91%)	11 (12.50%)	10 (11.36%)
5001~7000 元	11 (14.86%)	24 (32.43%)	17 (22.97%)	12 (16.22%)	10 (13.52%)
7001~10000 元	8 (14.04%)	23 (40.35%)	13 (22.81%)	3 (5.26%)	10 (17.54%)
10000 元以上	7 (8.24%)	20 (23.53%)	9 (10.59%)	6 (7.06%)	43 (50.58%)

Pearson $\chi^2 = 108.787$, df = 16, P = 0.000

从消费者收入与购买动机的交叉分析（见表 16.13）来看，独立性检验表明收入水平与购买动机相关性较为明显。可以看出，社交和佐餐仍然是各收入水平消费者最大的两个消费动机。随着收入水平的提高，消费者开始出现对白酒产品的投资/收藏需求,不过总体上白酒产品的投资或收藏动机显得较弱,与葡萄酒产品在这方面差别明显。

表 16.13　收入与购买动机的交叉分析

X/Y	我不购买白酒	保健	佐餐	社交	投资/收藏	不清楚
3000 元及以下	30 (38.46%)	3 (3.85%)	15 (19.23%)	28 (35.9%)	0 (0%)	2 (2.56%)
3001~5000 元	11 (12.5%)	2 (2.27%)	27 (30.68%)	45 (51.14%)	0 (0%)	3 (3.41%)
5001~7000 元	11 (14.86%)	2 (2.7%)	18 (24.32%)	41 (55.41%)	0 (0%)	2 (2.71%)
7001~10000 元	8 (14.04%)	1 (1.75%)	9 (15.79%)	34 (59.65%)	3 (5.26%)	2 (3.51%)
10000 元以上	7 (8.24%)	2 (2.35%)	7 (8.24%)	65 (76.47%)	3 (3.53%)	1 (1.17%)

Pearson $\chi^2 = 62.904$, df $= 20$, P $= 0.000$

16.5.4　消费者职业属性与购买行为及其动机的交叉分析

在许多消费者行为研究中,消费者职业属性在一定程度上界定了消费者的个人特征,往往对消费者购买行为产生影响。从表 16.14 中交叉分析表独立性检验来看,职业属性与白酒购买行为之间相关性很强,有显著影响。18岁以上学生群体(大学本科生、研究生人群)不买白酒比例最高,即使消费白酒,每年消费量不超过 1000 元的浅度消费也占绝大部分比例。而私营企业主、企业事业单位的行政管理人员和公务员群体中,消费白酒的比例较高,特别是自由职业者/私营企业主这一人群,在白酒大量消费领域的占比最高,这也可能跟这几个群体的社会交往较为频繁有一定关系。

表 16.14　职业属性与购买行为的交叉分析

X/Y	从不购买白酒	不超过 1000 元	1001~2000 元	2001~3000 元	3000 元以上
学生	18 (42.86%)	17 (40.48%)	6 (14.29%)	0 (0%)	1 (2.37%)
自由职业/私营企业主	6 (9.52%)	17 (26.98%)	9 (14.29%)	6 (9.52%)	25 (39.69%)

续表

X/Y	从不购买白酒	不超过 1000 元	1001~2000 元	2001~3000 元	3000 元以上
企事业单位专业技术人员	12 (12.12%)	41 (41.41%)	20 (20.2%)	10 (10.1%)	16 (16.17%)
企事业单位行政管理人员	9 (12.33%)	23 (31.51%)	9 (12.33%)	10 (13.7%)	22 (30.13%)
公务员	5 (15.62%)	13 (40.63%)	4 (12.5%)	3 (9.37%)	7 (21.88%)
其他	17 (23.29%)	35 (47.95%)	10 (13.7%)	3 (4.1%)	8 (10.96%)
Pearson $\chi^2 = 62.705$, df = 20, P = 0.000					

交叉分析表 16.15 展示了消费者职业属性与其购买动机之间的关系, 二维列联表独立性检验显示, 职业属性与购买动机之间相关性较强。各群体的最主要白酒消费动机为社交, 其次为佐餐。在学生、自由职业/私营企业主群体中, 佐餐动机要明显低于其他群体, 自由职业/私营企业主群体的社交动机是最高的。比较有趣的是, 在企业事业单位人员中, 专业技术人员的社交购买动机要高于行政管理人员, 同时也高于公务员群体。而企事业单位行政管理人员与公务员的社交购买动机较为接近。

表 16.15　职业属性与购买动机的交叉分析

X/Y	我不购买白酒	保健	佐餐	社交	投资/收藏	不清楚
学生	18 (42.86%)	1 (2.38%)	4 (9.52%)	18 (42.86%)	0 (0%)	1 (2.38%)
自由职业/私营企业主	6 (9.52%)	2 (3.17%)	6 (9.52%)	44 (69.84%)	2 (3.17%)	3 (4.77%)
企事业单位专业技术人员	12 (12.12%)	1 (1.01%)	22 (22.22%)	61 (61.62%)	1 (1.01%)	2 (2.02%)
企事业单位行政管理人员	9 (12.33%)	2 (2.74%)	18 (24.66%)	41 (56.16%)	3 (4.11%)	0 (0%)
公务员	5 (15.62%)	1 (3.13%)	8 (25.00%)	18 (56.25%)	0 (0%)	0 (0%)

X/Y	我不购买白酒	保健	佐餐	社交	投资/收藏	不清楚
其他	17 （23.29%）	3 （4.11%）	18 （24.66%）	31 （42.47%）	0 （0%）	4 （5.47%）

Pearson $X^2 = 50.871$，df = 25，P = 0.002

16.6　消费者购买行为及动机的影响因素分析

16.6.1　消费者对白酒的认知变量整理及统计特征

除了以社会人口统计学变量（性别、年龄、职业、收入、学历水平）来表征消费者个体特征以外，在进行微观计量分析之前，首先对预备进入模型的原始数据进行整理，以形成供分析的变量。主要针对消费者对白酒产品的客观知识、传统文化内涵度、社交价值认同度及健康认同度这四个方面进行处理，其他认知变量可直接进入模型。具体叙述如下：

16.6.1.1　消费者对白酒的客观知识变量及其特征

本问卷设定了四个针对白酒客观知识的问项，以测试被调查者对白酒知识的掌握。测量结果被赋予变量"knowledge"，当消费者答案全错时，knowledge = 1，代表消费者对白酒知识一无所知；当消费者答对 1 题时，knowledge = 2，代表消费者对白酒知识知道一点；当消费者答对 2 题时，knowledge = 3，代表消费者的白酒知识水平一般；当消费者答对 3 题时，knowledge = 4，代表消费者对白酒知识比较了解；当消费者 4 题全部答对，knowledge = 5，代表消费者对白酒知识非常了解。本问卷所调查消费者对白酒知识的了解如图 16.5 所示。

由图 16.5 可知，我国消费者对白酒产品的客观知识的认知普遍偏低，对白酒知识一无所知的消费者达到了调查人数的 43.19%，而得分在 4 或 5 的消费者，也即对白酒知识较为了解和非常了解的占比仅为 9.16%，消费者白酒知识平均得分仅为 1.942，得分偏低（见表 16.16）。这显示了虽然我国是白酒的传统酿造和消费大国，但白酒知识的普及实际并不理想，大部分消费者并不清楚自己所消费的白酒产品的品酒知识和酿造方法。

16.6.1.2　消费者对白酒传统文化内涵认同度变量及其统计特征

本文针对白酒传统文化内涵对消费者的影响，设计了六个白酒文化与我国传统文化联系认知的问项，每个问项得分以 1~5 的整数来表示，代表消费者

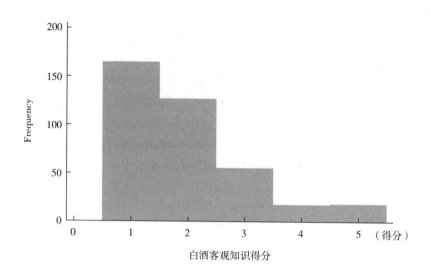

图 16.5　消费者白酒客观知识得分分布

表 16.16　白酒消费者客观知识变量统计指标

变量	观察数	均值	方差
knowledge	382	1.942	1.085

对该问项认同的程度从低到高，将六个问项得分加总再求算术平均值四舍五入后赋值给变量："culture"，以表示该消费者对白酒传统文化内涵的认同度，得分越高，代表消费者认为白酒与传统文化联系越紧密。

从图 16.6 中可以看出，总体来看，消费者对白酒的传统文化内涵认同度较高，大部分消费者认可白酒具有较为浓烈的传统文化气息，消费者在这方面的平均得分为 3.825 分（见表 16.17），总体来看，消费者还是认为白酒与传统文化联系较为紧密。

16.6.1.3　消费者对白酒的社交价值认同度变量及其统计特征

白酒在我国人民的社交生活中扮演着较为重要的角色，本文针对此项因素，设计了四个问项，经问卷的信度检验后淘汰一项，剩下三项从社交生活的各场景调查白酒在消费者社交生活中的重要程度。三个问项得分均表示为 1~5 分，代表消费者对该场景下白酒类饮品重要性的主观态度，求其平均值并四舍五入后赋值给变量："social"，以综合表示该消费者对白酒的社交价值态度。其分布如图 16.7 所示。

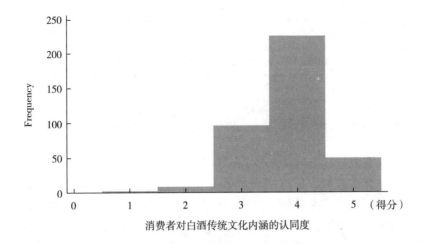

图 16.6　消费者对白酒传统文化内涵认同度分布

表 16.17　白酒传统文化内涵认同度变量统计指标

变量	观察数	均值	方差
culture	382	3.825	0.69

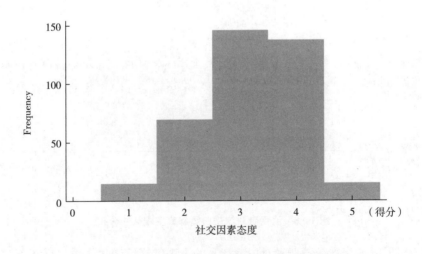

图 16.7　消费者对白酒社交价值认同度分布

　　从图 16.7 中可以看出，消费者对白酒社交价值的认同分布比较接近正态分布，稍微左偏一点，总体认知偏中性，认同白酒重要社交价值的消费者不少，但也有一部分消费者对其不以为然，中间消费者（对社交价值持中性态度）的数量最多。表 16.18 展示了白酒社交价值认同度变量统计指标。

表 16.18　白酒社交价值认同度变量统计指标

变量	观察数	均值	方差
social	382	3.186	0.902

16.6.1.4　消费者对饮用白酒的主观健康认知变量及其统计特征

本文设计了五个问项以调查消费者对白酒类产品健康因素的主观认知，回收数据后经问卷信度检验，删除两项信度较差的问项，剩下三项问题来反映消费者对饮用白酒是否健康的主观认知。将三项问题得分的平均分赋值给变量："health"代表消费者对白酒产品的主观健康认知，综合得分介于 1~5 分，得分越高，对白酒在健康方面的认知越正面。被调查消费者的健康认知分布如图 16.8 所示。

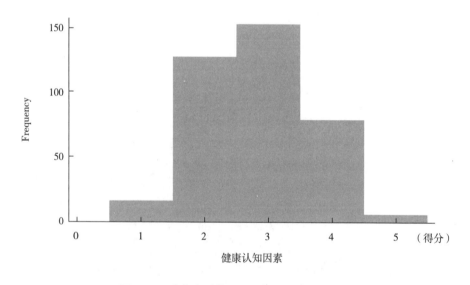

图 16.8　消费者对饮用白酒健康主观认知分布

从图 16.8 来看，消费者对白酒产品的主观健康认知也大致接近正态分布的形态，稍微右偏一点，健康认知的均值为 2.819，平均来看略偏负面一点，总体来看，消费者对饮用白酒是否有利健康看法不一，还有大量消费对此处于认知不清状态。表 16.19 展示了饮用白酒健康认同度变量统计特征。

表 16. 19　饮用白酒健康认同度变量统计指标

变量	观察数	均值	方差
health	382	2.819	0.861

16.6.2　基于二元选择模型的消费者购买行为影响因素分析（Logit）

本文度量消费者行为的变量为："*pb*"，其含义在前文问卷量表说明中已有解释。为了探求哪些因素影响消费者是否消费白酒，对量表中的消费者行为变量 *pb* 的取值进行整合，新命名二元取值变量为："*pb*1"。当 $pb \neq 1$ 时，也是消费者实际上购买白酒时，$pb1 = 1$；否则 $pb1 = 0$，代表消费者不购买白酒。也是变量 *pb*1 代表了消费者是否购买白酒的选择。在这里二元 Logit 模型设定为：

$$P(pb1 = 1 \mid X) = \Lambda(X'\beta) = \frac{\exp(X'\beta)}{1 + \exp(X'\beta)}$$

式中：X 为各解释变量构成的列向量；β 为包含常数项的待估计系数向量。该模型参数由最大似然法估计。经转换，该二值选择模型可表示为：

$$\ln\left(\frac{P}{1-p}\right) = \beta_0 + \beta_1 sex + \beta_2 age + \beta_3 education + \beta_4 income + \beta_5 occupation + \beta_6 knowledge +$$

$$\beta_7 culture + \beta_8 social + \beta_9 health + \beta_{10} price + \beta_{11} brand + \beta_{12} package$$

16.6.2.1　全部样本的回归结果

首先，我们针对全部样本进行二元 Logit 回归。同时需要注意的是，对于二元选择模型，如果模型的累积分布函数设定不正确，则最大似然估计是不一致的。对此可比较稳健标准误和普通标准误的差距，若两者相差不大，可认为模型设定基本正确；反之，则认为模型设定有误。对白酒消费者购买行为的二元 Logit 回归估计的结果如表 16.20 所示。

表 16. 20　消费者白酒购买行为二元 **Logit** 回归结果（概率比）

*pb*1	概率比 Odds Ratio	普通标准误 Std. Err	稳健标准误 Robust Std. Err
sex	0.1911 ***	0.0667	0.0656
age	1.2171	0.2523	0.2563
education	0.8536	0.2389	0.2340
income	1.4935 ***	0.2031	0.2032

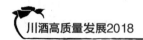

续表

pb1	概率比 Odds Ratio	普通标准误 Std. Err	稳健标准误 Robust Std. Err
occupation	0.9909	0.1041	0.1047
knowledge	1.7522***	0.3563	0.3645
culture	1.1379	0.2820	0.2990
social	2.3413***	0.4714	0.4730
health	1.5434**	0.3182	0.3340
price	0.8095	0.1711	0.1516
brand	0.9632	0.2092	0.2181
package	0.9065	0.2157	0.1972
_cons	0.3547	0.5647	0.6285

LR 统计量 = 106.63, Sig. = 0.000

Pseudo R^2 = 0.2980, percent correctly predicted = 83.77%

注：***表示在1%的水平上显著，**表示在5%的水平上显著，*表示在10%的水平上显著。

为了检验模型累积分布函数的设定是否有问题，分别用普通标准误（Std. Err）和稳健标准误（Robust Std. Err）对模型进行了估计，从结果上看，普通标准误与稳健标准误相差无几，故认为几乎不需要担心模型设定问题，用普通标准误进行 Logit 回归即可。该二元 Logit 模型估计的似然比检验（LR）统计量为106.63，对应 P 值为0.000，非常显著，故整个方程除常数项之外的所有系数联合显著性非常高。伪 R^2 为0.2980，模型预测正确率达到83.77%，整体拟合情况较好。

模型结果（见表16.20）显示，在个人特征方面，性别（sex）对消费者是否购买白酒影响极为显著（sex = 1 表示为男性，sex = 2 表示为女性，显著性水平1%），在其他因素保持不变的情况下，女士相对男士来说，购买白酒的可能性要低80.9%。这显示了白酒产品相对来说还是一个男性化的产品，其消费群体性别单一性很强，这可能跟中国传统社会背景对女性饮用高度酒的影响有关系。在当前社会，女性经济独立加强，在社会各领域发挥着越来越重要的作用，女性群体对白酒产品的"低关注度"或者说"高拒绝度"，极大地限制了白酒产品的营销范围。模型中年龄（age）因素的概率比显示，随着年龄的增高购买白酒的可能性会增加，但这在检验上并不显著，同样受教育程度（education）和职业属性（occupation）在白酒购买与否的选择上也没有显著影响。收入（income）对消费者购买白酒有显著影响（1%的显著性水平），模型显示，收入水平每提高一个等级，消费者购买白酒的可能性会增加49.4%。

在对白酒产品的认知因素中，消费者对白酒产品的传统文化认同度（culture）对是否购买白酒并没有显著影响，这是一个相对来说出乎意料的结果。当代社会的急速发展，使得传统白酒文化在新的时代传承有所断档，且白酒文化的内涵在新的时代也跟传统意义上的白酒文化有所差别，同时整个社会还没有形成白酒传统文化的消费路径和习惯，因此，以上几点原因可能是消费者对白酒传统文化内涵的认同度并不显著影响其购买行为的一些内在原因。当前企业在白酒的传统文化营销方面，仅仅依靠将传统文化与白酒产品外在捆绑在一起可能效果不会特别明显，深度推广传统文化在酒类产品上的表现、融合与互动，持之以恒地推动消费者对优秀传统文化的接受度和消费习惯，那么针对白酒产品的传统文化营销可能才更有效。

消费者对白酒客观知识的了解程度（knowledge）对其白酒产品购买行为影响显著（1%的显著性水平）。前面客观知识认知变量的统计特征显示，当前消费者群体对白酒客观知识的了解总体偏低，43.19%的消费者对白酒相关知识一点都不了解。但当消费者对白酒知识的认知每提升一个等级，消费者购买白酒产品的可能性将提高75.2%，这说明：第一，当前白酒知识的普及率低；第二，开展多样性的白酒知识普及活动对提升白酒购买率很可能非常显著。

消费者对白酒社交价值（social）的考虑是目前模型里面看到的影响购买行为程度最高的变量，消费者对白酒的社交价值认同度每提高一个档次，其购买白酒产品的概率将大幅提高134.1%。毫无疑问，这个结果实际上并不太出乎研究者的意料，白酒在各种社交场所的重要媒介作用是显而易见的，消费者越认可白酒产品在社交活动中的作用，其购买白酒的概率越呈大幅提高的趋势。

食品健康及养生是近年来消费者越来越重视的一个领域。回归模型显示，消费者对饮用白酒的主观健康认知态度（health）显著影响其是否购买白酒的行为。该变量的统计数据表明，消费者对饮用白酒的健康性认知呈现近似正态分布，即认为饮酒不健康与认为饮酒健康的人群大致差不多，当然在中间状态，也即不清楚饮用白酒是否有利于身体健康的人群是最多的。该变量的Logit回归概率比显示，每当消费者对饮用白酒的健康认知向正面提升一个档次（变量增大1），则其购买白酒的可能性将增加54.3%。由此看来，加强白酒的安全生产监管、健康饮酒意识的推广将有利于推动消费者购买白酒产品。

另外，消费者对白酒产品的外在因素与品质联系的态度（价格、品牌、包装）并不显著影响其购买与否的概率。

16.6.2.2 分性别回归结果

全样本回归的结果显示了性别因素对消费者白酒购买行为有非常显著的影响，为了进一步研究不同性别消费者是否购买白酒产品的影响因素，我们将性别作为控制变量，分别对男女消费者样本进行了二元 Logit 回归，表 16.21 展示了回归的结果。

表 16.21　消费者白酒购买行为二元 Logit 分性别回归结果（概率比）

pb1	男性	女性
age	1.034 (0.5073)	1.1254 (0.2784)
education	0.1173*** (0.0931)	1.2437 (0.4102)
income	4.6841*** (2.4577)	1.2592 (0.1904)
occupation	1.0859 (0.2614)	1.0522 (0.1330)
knowledge	2.7865** (1.3161)	1.5659** (0.3574)
culture	1.1895 (0.6972)	1.4159 (0.4242)
social	8.0021*** (4.6063)	1.7572** (0.4279)
health	4.9945*** (3.0606)	1.2339 (0.3204)
price	1.7001 (0.8701)	0.6569* (0.1706)
brand	0.7175 (0.3469)	0.9495 (0.2479)
package	0.5000 (0.2962)	0.9844 (0.2674)

续表

pb1	男性	女性
_cons	0.0005 (0.0019)	0.0289** (0.0495)
拟合优度	LR 统计量 = 54.53*** Pseudo R^2 = 0.4934 正确预测率为：96.04%	LR 统计量 = 28.29*** Pseudo R^2 = 0.1421 正确预测率为：70.32%

注：*** 表示显著性水平为 1%，** 表示显著性水平为 5%，* 表示显著性水平为 10%。

　　观察控制性别变量回归后的结果，各解释变量联合对因变量的解释非常显著，特别是针对男性消费者的拟合程度比较好，伪 R^2 为 0.493，正确预测率达到了 96.04%（可能跟样本量有关，男性消费者的样本量高于女性消费者）。另外，在某些因素上显示出与全样本回归不一样的特性。与整体回归时展现的结果相反，受教育程度（education）对男性消费者的白酒购买决策有显著影响（1% 的显著性水平），受教育程度越高的男性消费者，其购买白酒的可能性越低，且影响强烈（回归概率比显示，受教育程度每提高一个等级，其购买白酒的可能性将下降 88.3% 左右）；女性消费者受教育程度提升对其购买白酒可能性影响正好与男性消费者相反，不过其统计意义并不显著。同样地，收入因素（income）对男性购买白酒决策有显著影响（1% 的显著性水平），但其对女性消费者是否购买白酒的决策却没有显著性的影响。

　　职业属性（occupation）依然对男女的购买决策没有显著性的影响，消费者的白酒客观知识掌握程度（knowledge）影响机制与全样本回归的结果基本一致，其对男女消费者均有显著的正向影响（均为 5% 的显著性水平），也即知识水平掌握程度提高将会显著提升其购买白酒产品的可能性，差别在于其作用于男性消费者身上的程度要比其对女性消费者的影响高很多。对白酒的社交作用认识（social）的情形与客观知识因素基本类似，其对男女消费者的影响均是正向的（倾向于提高消费者购买白酒的可能性），不过对男性消费者的购买决策的影响要比对女性消费者的影响来得更强烈（两者的概率比差距更大，同时对男性消费者的影响在统计上更显著）。

　　对白酒的主观健康认知态度显著影响了男性消费者的购买决策（1% 的显著性水平），且影响程度较为强烈，但这一因素对女性消费者的影响不显著。综合观察前面对女性决策影响显著的因素，似乎女性消费者购买白酒主要动机在于社交，并且对白酒内在的了解有助于其做出消费白酒的决策，至于饮酒健康与否的因素反而对女性消费者没有统计意义上的显著影响，这一点在

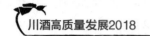

后面针对女性消费者购买量决策的研究中也有相应的印证。

比较有意思的是，模型显示女性消费者判断价格与白酒品质联系程度的态度会影响到其对白酒产品的购买决策，并且当其对"价格越高，品质越高"的判断越认可的时候，其购买白酒的可能性会降低，而这个因素对男性消费者的影响却并不显著。实际上，对于这一现象比较难以得到准确的解释。一个可能的解释是，价格确实传递出产品品质的某些信息，但并不完全，若仅凭此一点对白酒品质加以判断，是有偏颇的，持此观点越深的消费者可能对白酒知识的了解其实更不全面，根据前面知识因素的影响机制，这降低了其购买白酒的可能性。由于价格因素的显著性水平也不够理想（10%的显著性水平），加上其解释机制不明朗，我们倾向于忽略此项因素的影响。

16.6.3　基于排序 Logit 模型的消费者白酒购买量影响因素分析（Ologit）

除了研究影响消费者是否购买的决策因素，我们也想探求影响其购买量的因素。在购买行为变量 pb 的取值中，取值为 1 表示没有购买白酒，大于 1 的取值表示每年有购买白酒，并对应于相应的购买量，其取值依次对因为："每年购买量不超过 1000 元，$pb=2$"，"每年购买量 1001~2000 元，$pb=3$"，"每年购买量 2001~3000 元，$pb=4$"，"每年购买量 3000 元以上，$pb=5$"，作为衡量白酒消费者购买量的因变量。因为该因变量的取值从小到大依次体现了消费者消费量的大小程度排序，因此这里选择用排序 Logit（Ologit）模型进行回归；同时为了分别考察影响男性与女性消费者购买量的因素，因此控制性别因素再分别进行排序回归。

该消费量排序 Logit 模型可构建为：

$$P(pb=1\mid X)=\Lambda(\alpha_1-X'\beta)$$
$$P(pb=2\mid X)=\Lambda(\alpha_2-X'\beta)-\Lambda(\alpha_1-X'\beta)$$
$$P(pb=3\mid X)=\Lambda(\alpha_3-X'\beta)-\Lambda(\alpha_2-X'\beta)$$
$$P(pb=4\mid X)=\Lambda(\alpha_4-X'\beta)-\Lambda(\alpha_3-X'\beta)$$
$$P(pb=5\mid X)=1-\Lambda(\alpha_4-X'\beta)$$

其中：X 是解释变量向量，β 是待估参数，$\alpha_1<\alpha_2<\alpha_3<\alpha_4$ 为切点，同样需要根据样本进行估计。模型的回归结果可如表 16.21 所示，三个模型似然比检验都很显著，各变量联合对因变量有显著影响。

16.6.3.1　消费者购买量影响因素的全样本分析

就具有购买行为的消费者全样本排序回归结果来看（见表 16.22），性别（sex）因素对消费者白酒购买量影响显著（1%的显著性水平），相比男性，在其他因素不变的情况下，女性提升其白酒消费量的可能性要下降65%左右，也即女性消费者的白酒消费量普遍来说更可能偏低。从年龄（age）因素来看，对所有购买白酒的消费者来说，随着其所属年龄段的增大，消费更多白酒的可能性增加了（每增加一个年龄段，白酒消费量提升的可能性增加了34.31%，5%的显著性水平），这显示青年阶段（18~30岁）的人群并不是当前白酒消费的主力，这可能与多元化的消费观在年青一代更加盛行有一定关系，从关注未来消费者角度来说，这应该引起白酒厂商的注意。

表 16.22 消费者白酒购买量影响因素排序回归

pb	全样本回归（Odds ratio）	男性（Odds ratio）	女性（Odds ratio）
sex	0.3489*** (0.0754)	—	—
age	1.3431** (0.1681)	1.4970** (0.2435)	1.1281 (0.2375)
education	0.9945 (0.1603)	0.9638 (0.2009)	0.9656 (0.2597)
income	1.6401*** (0.1282)	1.8344*** (0.1947)	1.4437*** (0.1767)
occupation	0.8840* (0.0588)	0.8640* (0.0776)	0.9795 (0.1059)
knowledge	1.2530** (0.1220)	1.0733 (0.1366)	1.5891*** (0.2522)
culture	1.1436 (0.1861)	1.1080 (0.2389)	1.1441 (0.2958)
social	1.9580*** (0.2442)	2.1257*** (0.3550)	1.8452*** (0.3641)
health	1.2084* (0.1413)	1.2900* (0.1900)	1.0541 (0.2200)
price	0.9329 (0.1146)	1.0675 (0.1766)	0.7677 (0.1484)
brand	1.1499 (0.1427)	1.1865 (0.1965)	1.0663 (0.2127)

续表

pb	全样本回归（Odds ratio）	男性（Odds ratio）	女性（Odds ratio）
package	0.7723 * (0.1047)	0.6319 * (0.1159)	1.0213 (0.2172)
拟合优度	LR = 168.73 P = 0.000 Pseudo R² = 0.1479	LR = 84.85 P = 0.000 Pseudo R² = 0.1294	LR = 26.58 P = 0.005 Pseudo R² = 0.1185

注：*** 表示显著性水平为1%，** 表示显著性水平为5%，* 表示显著性水平为10%。

消费者的健康认知因素（health）在对增加白酒购买量的概率方面有显著影响，但其显著性水平不是很高（10%），其概率比显示，消费者对饮用白酒在身体健康方面的认知每向正面提升一个等级，其白酒消费量提升等级的可能性将增加20.84%，在当前消费者对食品健康因素关注度越来越高的背景下，这一点应该引起白酒行业的注意，加强生产管理、推广健康饮酒理念将有助于提高白酒产品的销售量。

受教育程度（education）因素对白酒消费者的购买量没有显著影响，但收入（income）和职业属性（occupation）因素对消费量有显著影响（分别为1%和10%的显著性水平）。收入水平每提升一个等级，消费者白酒购买量提升一个等级的可能性显著增加，而且可以说影响程度很高（增加64.1%）；从职业属性来看，自由职业者/私营企业主相比企事业单位人员和公务员有更大的可能性购买更多白酒，这跟其可能有更多的应酬、聚会需求有关系。

传统文化因素对消费者的购买量没有显著影响，其原因很可能和前面在购买行为分析时一样。白酒的客观知识水平（knowledge）因素显示，对白酒知识的了解每上升一个等级，将使其白酒消费水平上升一个等级的可能性增加25.3%，这说明总体来看，白酒知识水平的普及是有利于提升白酒销量的。

消费者所认为的白酒社交作用（social）对白酒购买量产生了非常显著的影响作用（1%的显著性水平），消费者对白酒社交价值的认知变化每提升一个等级，其消费更多白酒的可能性将提高95%左右。和前面的消费者购买行为研究结果一样，白酒社交价值是非常突出的影响因素，其对于消费者购买量的影响非常高，结果和现实经验感受十分吻合。

比较有意思的是，与消费者购买与否不同，外包装与产品质量的潜在联系对白酒消费者的购买量有显著影响（10%的显著性水平），该变量（package）表达的是消费者对白酒外包装与质量联系的认可程度，从概率比

(0.7723) 可以看见，越认可白酒产品包装越好则质量越好的消费者，其消费量更低的可能性越大。对这一现象的一个可能解释是：对白酒品质知识认知不丰富的消费者通常更可能通过外包装来对白酒品质加以判断，而这类消费者有可能因为某些原因（低收入、低年龄阅历不丰富等）并不是白酒消费的主力。

16.6.3.2   控制性别的排序 Logit 回归结果分析

针对有购买白酒的男性及女性消费者排序回归模型显示（表 16.22 第二、第三列结果），年龄因素对男性白酒消费水平影响显著，随着年龄的增加，男性消费者的白酒购买量有提升的可能性，但对女性消费者的白酒消费水平影响并不显著，也即女性消费者的消费量从统计上说不受其年龄段变化的影响。即使控制了性别变量，和全样本回归时的结果一样，受教育程度在男性和女性两组样本中都不显著。

在收入因素上，男性、女性的情况基本一致，影响都比较显著（1%的显著性水平），但男性消费者的概率比要高于女性消费者的概率比，说明收入等级的变化对男性消费量影响要强于对女性的影响。职业属性对男性消费者的消费量有显著影响（10%的显著性水平），但对女性消费者影响并不显著。

白酒客观知识因素对男性的白酒消费水平没有显著影响，而与之相反的是，白酒客观知识因素对女性消费者的影响非常显著（1%的显著性水平），且影响水平很高（知识了解每提升一个等级，女性消费者的白酒消费量上升等级的可能性提高 58.91%），这可能意味着女性消费者普遍对白酒知识的掌握较男性来说总体偏低，从而白酒知识水平提高对其消费量影响的边际效应比较高。

健康认知因素对男性消费者消费量概率的增加有显著影响（10%的显著性水平），这和全样本的结果保持一致，但对白酒的健康认知没有显著影响女性消费者的购买量。不过鉴于其显著性水平不够高（全样本时的显著性水平也仅为10%），也许增加样本量和性别抽样更精准一些，能得到更准确的结论。

对白酒社交价值的态度，无论男女都非常显著（均为1%的显著性水平），相较于其他影响因素，白酒的社交作用对提升消费量的影响更为明显，无论男女均是如此。在影响程度上，男性消费者受白酒社交作用的影响高于女性消费者，这很可能说明白酒在男士的社交场合中的作用更大。白酒的文化内涵因素在分性别场合依然影响并不显著。

在对白酒外在品质的几个因素中，总体上对消费者的影响都不显著。不过针对外包装态度的因素，对女性消费者影响不显著，但对男性消费者影响显著，均是对"外包装越好代表品质越好"更认同的男性，其消费量更可能较低，不过该因素显著性水平也不够理想（10%），这和全样本回归时的结果保持一致。

16.6.4 消费者购买动机影响因素分析（Logit）

在消费者购买动机选项中设置了六个因素，除去不购买白酒的消费者，绝大多数消费选择购买白酒的动机主要是"佐餐"和"社交"这两个选项，其他诸如"保健"和"投资/收藏"等选项的样本非常少（只有不超过 10 个样本），因此已经失去了分析此类选项动机的统计意义，必须要进一步扩大样本量才可以。所以在本部分，主要针对消费者选择"佐餐"和"社交"这两个购买动机的影响因素进行分析，实际上在这里运用二元 Logit 模型或者多项 Logit 模型没有太大差别，这里选用二元 Logit 模型加以回归。

在有购买行为样本中，提取购买动机为"佐餐"和"社交"的样本，以变量 pm 表示消费者购买动机选择，当其动机为佐餐时，$pm=0$；当其购买动机为社交时，$pm=1$。二元 Logit 模型回归结果如表 16.23 所示。

表 16.23　消费者白酒购买动机影响因素排序回归（Logit）

pm	概率比 Odds Ratio	平均边际效应 dy/dx
sex	1.8170* (0.6097)	0.1* (0.0553)
age	0.7661 (0.1386)	−0.0446 (0.0299)
education	1.2879 (0.3123)	0.0424 (0.0403)
income	1.5093*** (0.1783)	0.0689*** (0.0184)
occupation	0.8628 (0.0847)	−0.0247 (0.0162)
knowledge	1.3042* (0.1937)	0.0444* (0.0244)
culture	1.1831 (0.2846)	0.0282 (0.0402)

续表

pm	概率比 Odds Ratio	平均边际效应 dy/dx
social	0.8794 (0.1617)	-0.0215 (0.0307)
health	0.9214 (0.1568)	-0.0137 (0.0285)
price	0.8697 (0.1665)	-0.0234 (0.032)
brand	1.0582 (0.1966)	0.0095 (0.0311)
package	1.2668 (0.2678)	0.0396 (0.0352)
_cons	0.2886 (0.408)	—

LR 统计量 = 38.94, Sig. = 0.0001

Pseudo R^2 = 0.1169, Percent correctly predicted = 75.43%

注：＊＊＊表示在 1%的水平上显著，＊＊表示在 5%的水平上显著，＊表示在 10%的水平上显著。

从表 16.23 中可以看出，模型整体预测正确率为 75.43%，LR 统计量为 38.94，所有变量对因变量的联合影响显著。从回归结果来看，在影响消费者 "佐餐" 和 "社交" 的因素中，只有性别、收入和对白酒客观知识的了解程度是显著的，显著性水平分别为 10%、1%、10%。从性别因素来看，相对于男性消费者，女性消费者购买动机更可能是 "社交"，表明女性在日常家庭就餐情景下饮用白酒的可能性较低，而男性在日常就餐时饮用白酒的现象更加普遍，这符合现实观测经验。从收入因素看，消费者收入每提升一个等级，其购买白酒动机为 "社交" 的可能性大幅增加，这表明在白酒消费者中，高收入阶层的社交需求较低收入阶层更高，而低收入阶层白酒消费者的主要消费场景更可能是日常就餐使用。对白酒知识掌握程度越高的消费者，越可能因为 "社交" 的因素购买白酒，这一现象可能是很多因素造成的，目前来讲，没有较为合理的解释，需要收录更多样本数据加以深入研究。受限于样本量的原因，针对其他购买动机的影响因素暂时没能进行深入分析，这也是本文的一个缺憾之处，在进一步的研究之中，会针对性地加以改进。

16.7 　总结与展望

本文研究白酒消费者的消费行为，通过文献梳理、总结及专家咨询，结合实践经验，开发了消费者白酒购买影响因素问卷及量表，通过纸质随机调查及网络在线调查，收集全国范围内消费者行为数据，并通过描述统计分析、二元 Logit 模型及排序 Logit 模型对消费者购买行为、消费量行为以及购买动机进行了统计分析，得出了一些有意义的结论，增进了对消费者行为的了解，对白酒行业的营销也有一定的借鉴意义，但在研究过程中也总结出一些不足和缺陷。现将本文的成果及不足分别总结如下：

16.7.1 　研究成果总结

本文主要基于社会背景及传统文化价值的视角，探讨消费者白酒消费的行为机制，考察影响因素时，除了以社会学人口统计变量（性别、年龄、受教育程度、收入水平、职业属性）为控制变量，加以消费者对白酒产品的社交价值考虑、对白酒传统文化内涵认同度、对白酒客观知识掌握程度、对饮用白酒是否有益于身体健康的态度以及对白酒产品的外在品质认知这五个方面设计变量，共同考察消费者购买行为的影响因素。

16.7.1.1 　消费者的白酒购买行为影响及分析建议

总体来看，在通过问卷及量表整理出的 12 个主要影响因素变量中，二元 Logit 模型显示，性别和收入者两个个体特征变量对消费者是否购买白酒产品的决策影响显著，其他三个个体特征变量（年龄、受教育程度以及职业属性）的影响在统计上不显著。特别是性别因素影响较为强烈，其显著性水平高（1%），概率比显示消费者中，在其他因素保持不变的情况下，女性比男性购买白酒的可能性要低 81% 左右，产生非常巨大的影响和差距；收入因素对于购买行为产生正面影响，数据显示，在其他因素不变的情况下，收入每提升一个档次，消费者购买白酒的可能性将提升 49% 左右。在消费者认知因素中，消费者对白酒客观知识的掌握程度、对白酒社交价值的认知以及对饮用白酒健康性的态度是显著的，其他几个因素并不显著，包括消费者对白酒传统文化的认知度。整体而言，消费者对白酒知识掌握越强，其购买白酒的可能性就越高，且统计性显著；对饮用白酒的健康认知越正面，也能提高消费者购买白酒的概率；社交因素是对消费者购买行为影响效应最强的显著性因素，其概率比要高于其他显著性的影响因素。

控制性别因素后，分别考察男女消费者的白酒购买行为。和全样本时一样的是，年龄和职业属性因素仍然对消费者的购买行为没有统计上的显著影响，但发现受教育程度对男性消费者有显著影响，受教育程度越高，男性消费者购买白酒的可能性越低，但受教育经历对女性消费者却没有显著影响。在消费者认知因素方面，对白酒知识的掌握程度和对白酒社交价值的看法显著影响男女消费者的购买行为，但两者在男性身上的效果要高于女性消费者。对饮用白酒健康的认知显著正向影响男性购买行为，但对女性消费者影响不显著。实际上对女性消费者来说，社交因素和是否对白酒了解才是真正影响其购买行为的最主要因素。

根据上面的结果和总结，从营销和推广的角度来看，可以给出以下几点建议：

（1）同等情形下，女性消费者相对男性消费者的购买概率大幅降低，说明当前女性并不是白酒的主要销售对象，其对白酒产品的关注度很低，这影响了白酒产品的市场扩大，关注女性消费者也许是白酒营销的一个重大课题，增加女性对白酒产品的了解是有效扩大白酒类产品在女性群体中影响力的一个有力的办法。

（2）在个人特征层面，同等条件下，高收入群体的白酒消费可能性更高，结合推广白酒常识和基本知识，营造白酒产品的高端形象有利于增加高收入群体的消费概率。

（3）社交因素在所有人群中的影响都非常显著，而且其效应往往高于其他因素的影响，因此着力打造白酒在各种社交场合的得体、合理地位将有助于白酒产品的营销。

（4）消费者对白酒健康的认知会带来显著影响，特别是男性消费者，当前消费者对食品安全、健康的关注度也在不断升高，因此着力打造健康的白酒产品、健康的饮酒理念是有利的营销理念。

（5）根据白酒文化内涵认同度的统计特征可以看到，消费者总体对白酒与传统文化的联系认同度还是比较高的，但当前这一因素对白酒购买行为并不显著。一个有意义的解释是：当前传统文化融合和依赖的理念在白酒产品领域还没有形成，白酒文化消费的社会氛围还不足。从回归分析上看，消费者主要还是依赖其社交价值而进行消费，所以白酒文化市场还需要进一步的培育和发展。

16.7.1.2　消费者白酒消费量的影响因素及分析建议

利用排序 Logit 模型对全样本及控制性别变量后进行了回归。全样本回归发现，年龄和性别都对消费者白酒消费量有显著影响，女性消费者倾向于低水平的白酒消费量，而大龄消费者更有可能有更高的白酒消费量。收入和职业因素对消费者白酒消费量有显著影响，但受教育程度影响不显著，收入越高的消费者更有可能有更高的白酒消费量，从职业属性上看，私营企业主和自由职业者相比企事业单位职工以及公务员，拥有更高的白酒消费量的概率更大。在消费者认知因素里面，对白酒知识了解程度、社交因素以及对白酒健康性的态度是影响消费者消费量的主要因素，更专业的白酒知识掌握、对白酒社交作用更为重视以及更认可白酒健康性的消费者，更可能会消费更多的白酒产品，当然，这里面对社交因素的重视的效应要远大于其他两者，白酒传统文化内涵因素对白酒消费量的影响仍然不显著。

分性别来看，年龄对男性消费者的消费量有显著影响，年龄更高的男性消费者消费更多白酒的可能性更高，但年龄对女性消费量没有显著影响；收入效应对男女消费者都是显著的，收入更高的消费者有更大消费量的倾向，不过在影响效应方面，男性要大于女性；职业属性对男性消费者有影响，但其显著性并不高（10%），对女性消费者没有影响。从认知因素来看，掌握更多的白酒知识对女性消费者消费量的影响非常显著，掌握越全面，消费量更大的可能性就越高，但这一点对男性不显著；在社交因素层面上，男女消费者的消费量都受其显著影响，同样是男性消费者在这一点上受影响的程度更高，除此之外，女性消费者就没有显著的影响因素，男性消费者的消费量还受到健康认知和外包装品质的影响，不过这两个因素的显著性均不太理想（10%）。

根据以上总结，我们可以给出如下营销建议：

（1）与购买行为的结果一样，女性消费者更倾向于低消费乃至不消费白酒产品，这也需要针对女性进行相关营销，目前来看，对女性影响显著的地方在于推广白酒知识与文化，并强化白酒社交场景的推广，这同样有利于提高男性消费者的消费量。

（2）低龄消费者的白酒消费量更低或不消费白酒产品的可能性更大，这对未来白酒消费者群体的形成带来隐忧，需要培育青年（18~30岁）群体消费者对白酒产品的正确和正面认识，培育未来市场。

（3）饮酒健康因素仍然值得引起注意，虽然其对女性消费者消费量的影响不够显著；另外需要注意的是，社交因素仍然是推动白酒消费量的最主要因素，而文化背景因素在目前看来并不显著，文化营销当前还是应当以培养消费习惯的长线营销为主。

16.7.1.3 购买动机影响分析及建议

由于样本量及量表设计的原因，主要针对佐餐和社交这两个动机进行分析。从回归结果来看，其他因素相同时，女性的社交购买动机要远高于男性，说明女性的白酒消费场合更多在于社交，而男性的消费场合更多元化一些，日常佐餐也是男性的常见消费目的；高收入阶层更可能的白酒消费场景是社交场景，可能是在其他同等条件下，高收入群体的社交需求更旺盛；而白酒知识掌握程度虽然对购买动机影响显著，知识程度掌握越多的消费者，越可能购买白酒用于社交，对这一点暂时没有较为合理的解释。其他因素均对购买动机没有统计上的显著影响。

从动机分析结果来看，白酒的佐餐目的在各层面其实远低于社交目的，这说明目前白酒产品的社交价值远大于其生活价值，特别是对女性消费者而言，跟红酒产品相比，红酒产品的生活属性在消费者群体中很有影响力，这是白酒产品更需要推广的地方。只有更生活化的普及，白酒产品的市场规模才可能做大，才更可能加强其竞争力和影响力。

16.7.2 不足之处及未来研究展望

本文针对白酒消费者行为及动机展开了实证研究，取得了一定的成果，但也有一些不足之处。首先是在问卷的设计和量表的开发上，可能对一些影响因素的调查不太到位，例如对白酒品质的外在因素设计，收集到的数据在信度分析时不显著，因此被淘汰出了问卷量表，但这也可能损失了一些白酒产品外在特征对消费者影响的有用信息；另外在一些问项上的设计存在不足，例如消费者职业属性和消费者购买动机上，导致问卷各答案的区分度过于模糊或者研究指向性不够明确，可能对研究的结果造成一定的影响。其次是样本数据的收集上，限于各种原因和条件，样本量还是显得不够，如果本研究能收集到 1000 份左右的样本，可能一些细微的弱影响在统计意义上就会变得更清晰起来；另外样本的来源的分布更均匀一些将会更具代表性，例如农村样本、低学历样本以及外省样本还需进一步完善。

未来白酒消费者行为还值得进一步地研究，以得到更为全面有效的结果。笔者认为，除了完善上面提到的问卷设计缺陷外，将红酒、啤酒等竞争产品因素，以及社会参照环境因素等非常有意义的假设纳入考虑，将会更加完善地刻画白酒消费者行为的全貌，为消费者行为理论及行业提供更有完善的补充和建言，当然，进一步完善数据的采集工作也是应有之义。

[参考文献]

[1] 石青辉，张贵华. 白酒消费行为的价值体现及营销启示 [J]. 消费经济，2007（6）：20-22.

［2］赵亮，郑子杰，黄翔．高端白酒消费者购买行为影响的实证研究［J］．统计与决策，2012（12）：109-112.

［3］张国豪，张丞，武振业．对中国白酒市场的剖析［J］．酿酒科技，2007（10）：95-101.

［4］尚旭东，乔娟，李秉龙．消费者对可追溯食品购买意愿及其影响因素分析——基于730位消费者的实证分析［J］．生态经济，2012（7）：28-32.

［5］杨楠．消费者有机食品购买行为影响因素的实证研究［J］．中央财经大学学报，2015（5）：89-95.